THE MILLIONAIRE NEXT DOOR

THE MILLIONAIRE NEXT DOOR 20TH ANNIVERSARY EDITION

Translated from the English Language edition of The Millionaire Next Door: The Surprising Secrets of America's Wealthy 20th Anniversary edition, by Thomas J. Stanley Ph.D and William D. Damko Ph.D, Foreword by Sarah Stanley Fallaw, originally published by Taylor Trade, an imprint of The Rowman & Littlefield Publishing Group, Inc., Lanham, MD, USA.

Copyright © 2016. Translated into and published in the Korean language by arrangement with Rowman & Littlefield Publishing Group, Inc. All rights reserved.

No part of this book may be reproduced or transmitted in any form or by any means electronic or mechanical including photocopying, reprinting, or on any information storage or retrieval system, without permission in writing from Rowman & Littlefield Publishing Group

Korean translation copyright © 2022 by Genie's Library Co., Ltd.
Korean translation rights arranged with The Rowman & Littlefield Publishing Group, Inc.
through EYA (Eric Yang Agency).

이 책의 한국어판 저작권은 EYA(Eric Yang Agency)를 통해 The Rowman & Littlefield Publishing Group, Inc. 사와 독점 계약한 ㈜지니의서재에 있습니다. 저작권법에 의하여 한국 내에서 보호를 받는 저작물이므로 무단전재 및 복제를 금합니다.

THE MILLIONAIRE NEXT DOOR

1000명의 부자를 추적한
세계 최초 백만장자 보고서

이웃집 백만장자

토머스 J. 스탠리·윌리엄 D. 댄코 지음 | 홍정희 옮김

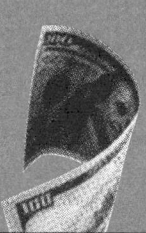

지니의서재

들어가는 글

　20년 전 우리는 부자가 되는 방법을 연구하기 시작했다. 처음에는 일반적인 연구 방법을 택했다. 즉, 미국 전역의 소위 부자 동네 사람들을 대상으로 조사를 시작한 것이다. 그러나 비싼 집에 살고 고급 차를 모는 사람 중에는 사실 큰 부자가 아닌 사람이 더 많았다. 범접할 수 없을 정도의 부를 가진 이들 대다수가 부자 동네에 살지 않았다.

　우리가 알아낸 이 작은 사실 하나가 우리의 인생을 바꾸어 놓았다. 우리 연구팀의 일원인 토머스 스탠리는 그 덕분에 학문적 경력을 쌓아, 미국 부유층을 대상으로 하는 마케팅에 관한 책을 세 권이나 쓸 수 있었으며, 부유층에게 상품과 서비스를 제공하는 기업들을 컨설팅할 수 있었다. 게다가 스탠리는 미국의 상위 10대 금융 서비스 기업 중 7개 기업을 위해 부유층에 관한 조사를 실시하였다. 우리는 '부유층을 타깃으로 한 마케팅'을 주제로 지금까지 수백 차례나 세미나를 열었다.

　우리가 말하려는 것에 그토록 많은 사람이 관심을 쏟는 이유는 무엇일까? 진짜 부자가 누구인지, 그리고 누가 부자가 아닌지를 우리가 알아냈기 때문이다. 그러나 그보다 더 중요한 것은 보통 사람이 부자가 될 수 있는 방법을 알아냈다는 것이다!

그렇다면 우리가 발견한 이 사실들이 왜 그토록 중요한 걸까? 그것은 바로 대부분의 사람이 미국의 부에 관해 완전히 잘못된 인식을 가지고 있기 때문이다. '부富'는 '수입'과 반드시 일치하지는 않는다. 만일 당신이 해마다 많은 수입을 벌어들이면서도 그것을 다 써 버린다면 '부유'해지고 있는 것이 아니다. 단지 '부유층의 생활'을 누리고 있을 뿐이다. 부는 축적하는 것이지 소비하는 것이 아니다.

어떻게 하면 부자가 될 수 있을까? 이 점에 관해서도 대부분의 사람이 잘못된 인식을 가지고 있다. 부를 축적하는 능력은 대부분의 경우 행운도, 유산도, 고학력도, 심지어 지성과도 관계가 없다. 부는 대개 근면하고 인내심이 강하며, 계획적이고 자제력 있는 생활 습관으로 얻을 수 있다. 이 중에서도 가장 중요한 것이 바로 '자제력'이다.

"왜 나는 부자가 아닐까?"

많은 사람이 자신에게 늘 이런 질문을 던진다. 그들 대부분은 근면하게 일하고, 고등 교육을 받았으며, 수입도 좋은 사람들이다. 그런데 왜 부자는 그토록 적은 것일까?

백만장자와 당신

오늘날 미국의 개인 재산은 총 22조(1996년 기준)가 넘는다. 과거 어느 때보다도 많은 액수이다. 그러나 대부분의 미국 시민은 부자가 아니다. 미국 가구의 3.5%가 거의 절반의 부를 소유하고 있다. 나머지 가구는 대부분 그 근처에도 못 미친다. 여기에서의 '나머지 가구'란 빈곤층에 속하는 가구를 일컫는 게 아니다. 수백만에 달하는 이 가구들은 대부분 중간, 혹은 그 이상의 수입을 올리고 있다. 미국의 2,500만 가구가 연간 5만 달러 이상의 소득을 올린다. 700만 가구는 연간 소득이 10만 달러가 넘는다. 지극히 많은 가구가 이렇게 '고소득'을 올리고 있지만, 재산을 모아 놓은 사람은 얼마 되지 않는다. 따라서 많은 이가 월급에만 매달려 산다. 바로 이들이 이 책에서 배울 것이 가장 많은 사람이다.

미국의 전형적인 가구, 즉 평균치에 해당하는 가구의 경우를 보자. 지금 살고 있는 집을 구입하는 데 들인 돈을 제외하면 순자산이 1만 5,000달러 미만이다. 여기에서 자동차, 가구 등을 빼 버리면 어떻게 될까? 대개의 경우 주식이나 유가 증권 같은 가정 금융 자산은 제로 상태가 된다. 평범한 가정이 고용주에게 받는 월수입 없이 경제적으로 버틸 수 있는 기간은 얼마나 될까? 보통 한두 달 정도일 것이다. 상위 20%에 속한 사람조차도 진짜 부자는 아니다. 이들의 평균치에 해당하는 가구의 순자산은 15만 달러 미만이다. 주택에 투자한 돈을 제외하면 평균 순자산은 6만 달러 미만으로 뚝 떨어진다. 그렇다면 미국의 노인들은 사정이 어떠할까? 사회 복지 수당이 없다면 65세가 넘은 미국 노인 중 거의 절반이 가난하게 살아야 할 것이다.

　미국인들 가운데 소수만이 전통적인 형태의 금융 자산을 가지고 있다. 말하자면 미국 가정의 약 15%만이 단기 금융 시장 예금 계좌가 있으며, 22%만이 양도성 예금 증서를, 4.2%만이 금융 시장 기금(단기 투자 신탁 상품)을, 3.4%만이 사채권社債券이나 지방 채권地方債券을, 25% 미만이 주식과 뮤추얼 펀드를, 8.4%만이 임대 부동산을, 18.1%만이 미국 정부가 발행하는 저축 채권을, 23%만이 개인 퇴직 구좌나 자영업자를 위한 연금 계좌를 가지고 있다.

　그러나 미국 가구의 65%가 자신의 주택을 소유하고 있으며, 85% 이상이 한 대 이상의 자동차를 가지고 있다. 차의 가치는 빠른 속도로 떨어지지만, 금융 자산은 보통 가치가 상승한다.

　이 책에서 우리가 논하고 있는 백만장자들은 재정적으로 독립한 사람들이다. 말하자면 수년간 전혀 일을 하지 않더라도 현재의 생활 방식을 그대로 누리며 살아갈 수 있는 사람들이다. 이 백만장자들은 대부분 록펠러가나 밴더빌트가 같은 부호의 후손이 아니다. 이들 중 80% 이상이 자신의 세대에 부를 축적한 평범한 사람이다. 이들은 꾸준히 재산을 모았을 뿐 뉴욕 양키스와 수백만 달러의 계약을 맺은 일도, 복권에 당첨된 일도, 믹 재거처럼 슈퍼스타가 된 일도 없다. 횡재는 엄청난 센세이션을 일으키며 신문 1면을 장식하지만, 그런 해프닝은 매우 드물게 일어난다. 성인이 된 뒤 그런 방법으로 부자가 될 확률은 0.025%도 안 된다. 순자산 100만 달러 이상의 범주에 속하는 미국 가구 비율이 3.5%인 것에 비하면 매우 낮은 확률이다.

부자들의 7가지 공통점

부자가 되는 사람은 누구인가? 대개 부유한 사람은 '성인기의 전 생애를 한 도시에서 살아온 사업가'이다. 이들은 소규모 공장이나 여러 개의 체인점, 또는 서비스 회사를 가지고 있다. 또한 이혼 경험이 없는 기혼자이다.

그러면서 자신의 몇 분의 1도 안 되는 재산을 가진 사람의 바로 옆집에 살고 있는 것이다. 그는 절약과 투자에 강박 관념을 가지고 혼자 힘으로 재산을 모은 사람이다. 미국 백만장자의 80%는 제1세대 부자이다.

부유한 사람들은 대개 돈을 모으는 데 도움이 되는 생활 방식을 따른다. 조사를 해 나가는 동안 우리는 성공적으로 부를 축적한 사람들에게서 7가지 공통점을 발견했다.

1. 그들은 자신의 부에 비해 훨씬 검소하게 생활한다.
2. 그들은 부를 축적하는 데 도움이 되도록 시간과 에너지와 돈을 효율적으로 할당한다.
3. 그들은 상류층이라는 사회적 지위를 과시하는 것보다 재정적 독립을 더 중요시한다.
4. 그들의 부모는 성인 자녀에게 경제적 지원을 하지 않았다.
5. 그들의 성인 자녀들은 경제적으로 자립하고 있다.

6. 그들은 돈 벌 기회를 잡는 데 능숙하다.

7. 그들은 적절한 직업을 선택했다.

지금부터는, 위와 같은 '부자들의 7가지 특징'을 공부하게 될 것이다. 이 7가지 특징들을 스스로 개발하도록 하라.

연구에 관하여

『이웃집 백만장자 The Millionaire Next Door』는 '미국에서 누가 부자인가', '그들은 어떻게 부자가 되었는가'라는 질문에 답하기 위해 진행된 가장 종합적인 연구 결과를 담고 있다. 우리는 지난 20년의 연구를 근간으로 조사를 실시했으며, 그 결과를 토대로 이번 연구의 상당 부분을 개발하였다. 이 연구에는 500명의 백만장자 대상 개인 인터뷰와 포커스 그룹 인터뷰가 포함되어 있으며, 1만 1,000여 명의 고소득자 및 고순수익자에 대한 조사 내용도 포함되어 있다.

1995년 5월부터 1996년 1월까지 실시한 최근 조사에는 1,000여 명이 참여해 주었다. 이 조사에서 우리는 부와 관련된 매우 다양한 문제에 관한 태도와 행동 양식을 물었다. 질문은 모두 249가지였는데, 가계 예산을 세우는지 여부와 방법에서부터 재정적인 두려움이나 근심에 이르기까지 여러 가지 주제를 다루고 있다. 또한 자동차를 구입할 때의 거래 방식에서부터 부유층 사람들이 성인 자녀에게 주는 재정적 선물에 이르기까지 포괄적인 질문들을 담고 있다. 설문지의 몇 개 섹션에서는 자동차, 손목시계, 정장, 신발, 휴가 등에 얼마나 큰 비용을 들였는지 기록하도록 했다. 이 연구는 우리가 지금까지 수행했던 연구 중 가장 철저하고 야심 찬 연구였다. 한 세대 만에 어떻게 부자가 되는지를 설명하는 핵심 요소들을 집중적으로 다룬 연구는 지금까지 없었다. 왜 많은 사람이, 심지어 대부분의 고소득자조차 적정 수준의 재산을 모으지 못하는지를 설명한 연구 역시 없었다.

이 조사 외에 다른 연구를 통해서도 백만장자에 대한 상당한 통찰력을 얻을 수 있었다. 우리는 자수성가한 백만장자와의 깊이 있는 인터뷰와 그 내용 분석에 많은 시간을 투자했다. 또한 그들의 자문 대상인 회계사 같은 전문가들도 인터뷰했다. 이 전문가들은 부의 축적에 있어 기초가 되는 문제들을 탐구하는 데 큰 도움을 주었다.

이 모든 연구를 통해 과연 우리는 무엇을 발견했을까? 가장 중요한 것은 '부를 축적하려면 절제와 희생, 근면이 필요하다'라는 것이다. 당신은 진정으로 재정적인 독립을 원하는가? 당신과 가족들은 이 목표를 달성하기 위해 기꺼이 지금의 생활 방식을 버리고 새로운 방식을 택하겠는가? 그렇게는 못하겠다는 결론을 내리는 사람도 많을 것이다. 그러나 만일 당신이 기꺼이 시간과 에너지, 소비 성향에 있어 필요한 부분을 취사선택한다면, 부를 축적하고 재정적 독립을 달성하는 첫걸음을 뗄 수 있다. 『이웃집 백만장자』가 당신이 이 여행을 떠날 수 있도록 이끌어 줄 것이다.

차례

들어가는 글　　　　　　　　　　　　　　　　008

CHAPTER 1
평범한 이웃을 백만장자로 만든 비결　　021

CHAPTER 2
백만장자의 계산기는 1원도 가치를 매긴다　049

CHAPTER 3
백만장자의 공식: 시간 + 에너지 = 돈　113

CHAPTER 4
명품 가방엔 빚더미가 들었을지 모른다   173

CHAPTER 5
마마보이보다 무서운 '머니보이'   217

CHAPTER 6
지갑을 닫고 지혜를 여는 부모   265

CHAPTER 7
평범한 일로 비범한 부를 이룬 사람들   311

감사의 말   340

나오는 글   344

CHAPTER 1

평범한 이웃을 백만장자로 만든 비결

The Millionaire
Next Door

이들이 백만장자일 리 없어!
백만장자처럼 보이지도 않고, 백만장자처럼
차려입지도 않았고, 또 백만장자처럼 먹지도 않고,
백만장자처럼 행동하지도 않으니까!
게다가 백만장자 같은 이름도 가지고 있지 않잖아.
진짜 백만장자처럼 보이는 백만장자는
도대체 어디에 있는 거지?

이렇게 말한 사람은 한 회사의 신용 담당 부사장이었다. 우리는 포커스 그룹의 인터뷰 및 저녁 식사에 제1세대 백만장자 10명을 초대했는데, 모임을 마친 후 그가 한 코멘트였다. 부자가 아닌 대부분의 사람은 백만장자에 관한 그의 견해에 공감한다. 사람들은 백만장자가 비싼 옷을 입고 고가의 시계를 차는 등 사회적 지위를 잘 나타내 주는 비싼 물건들을 소유하고 있다고 생각하기 때문이다. 그러나 우리는 실제로는 그렇지 않다는 점을 깨달았다.

사실 그 부사장은 양복을 구입하는 데 미국의 전형적인 백만장자보다 훨씬 더 많은 돈을 쓴다. 게다가 그는 5,000달러짜리 시계를 차고 있는데, 우리가 조사해 본 바에 의하면 대다수의 백만장자는 시계 구입에 5,000달러의 1/10도 절대 소비하지 않는다고 한다. 또한 그는 최신형 고급 수입 자가용을 몰고 다닌다. 그러나 대부분의 백만장자는 그 해에 출시된 최신형은 타지 않는다. 수입 승용차를 타는 건 소수이고, 고급 수입 승용차는 그보다 훨씬 적은 극소수만이 탄다. 우리의 신용 담당 부사장은 자가용을 리스(장기 임대)한 반면, 백만장자 가운데 자가용을 리스한 사람은 극소수였다.

그러나 평범한 미국 성인에게 이 두 가지 타입 중 누가 더 백만장자 같아 보이는지 물어보라. 우리 부사장 친구일까? 아니면 우리 인터뷰에 참여했던 사람 중 하나일까? 사람들은 대체로 이 부사장을 백만장자로 찍을 것이 분명하다. 그러나 보이는 것은 눈속임일 수 있다.

이 개념은 부사장 같은 타입을 **'모자만 클 뿐 소 떼는 없는 카우보이'**에 비유했던 현명하고 부유한 텍사스인이 가장 적절하게 표현했던 것 같다. 우리는 이 표현을 서른다섯 살의 텍사스인에게 처음 들었다. 그는 대형 디젤 엔진을 재건하는 사업을 매우 성공적으로 해내고 있었다. 그러나 10년 된 자가용을 몰았고, 청바지에 양가죽 셔츠를 입고 있었으며, 하위 중산층 동네에서 적당한 규모의 집을 가지고 살고 있었다. 그의 이웃사촌들은 집배원, 소방관, 그리고 기계공이었다.

이 텍사스인은 자신의 경제적 성공을 실제 수치로 증명해 보인 후 우리에게 이렇게 말했다.

"내 사업이 깔끔해 보이지 않는 것은 사실입니다. 그러나 나는 연극은 하지 않아요. 영국에서 사업 파트너들이 처음 나를 만나러 왔을 때, 나를 트럭 운전사들 중 한 사람으로 생각했습니다. 그들은 사무실 전체를 훑어보고는 나를 제외한 모든 사람을 쳐다보았죠. 그러더니 그중 나이 든 친구가 "아 참, 우리가 지금 텍사스에 있다는 걸 깜빡 잊고 있었군!" 하고 말했습니다. 나에게 큰 모자는 없지만 소는 많이 있습니다."

백만장자의 초상

전형적인 미국 백만장자는 어떤 사람일까? 바로 이런 사람들이다.*

- 미국 백만장자는 평균 연령 57세로, 기혼 남성이며 평균 3명의 자녀를 두고 있다. 이들의 약 70%는 가계 수입의 80% 이상을 벌어들인다.
- 백만장자 5명 가운데 1명 정도는 퇴직한 상태이다. 퇴직하지 않은 백만장자 중 약 2/3는 자기 사업을 하고 있다. 흥미로운 점은 자영업자가 미국 노동 인구의 20%가 안 되는 데 비해 백만장자 중 자영업

* 전형적인 백만장자에 대한 프로필은 개인 단위가 아닌 백만장자 가구의 단위를 기본으로 삼았다. 따라서 대개의 경우 전형적인 백만장자가 여성인지 남성인지는 확실히 말할 수 없다. 그러나 백만장자 가구의 95%가 결혼한 부부로 구성되어 있으며, 그중 70%의 가정에서 남자 가장이 가계 소득 중 적어도 80%를 벌어들이고 있다. 따라서 우리는 이 책에서 전형적인 미국 백만장자를 대체로 남자로 간주한다(이 모든 것은 1996년도를 기준으로 한 것이다).

자는 2/3나 된다는 사실이다. 또한 자영업을 하는 백만장자 4명 중 3명은 기업가이고, 나머지는 대부분 의사나 회계사 같은 개업 전문인들이다.

- 백만장자가 업으로 삼고 있는 사업의 대부분은 평범한 일이라고 할 수 있는 것들이다. 말하자면 이들은 용접 기술자, 경매인, 농부, 이동 주택 단지 주인, 해충 퇴치업자, 수집용 우표 및 동전 판매 업자, 도로 포장 업자 등의 직업을 가지고 있다.

- 백만장자의 배우자 중 절반가량이 직업을 가지고 있지 않다. 밖에서 일하는 배우자의 경우, 가장 많은 직업이 교사이다.

- 백만장자 가계의 연간 총 과세 소득은 13만 1,000달러(중앙값)이지만, 평균 소득은 24만 7,000달러이다. 평균 소득이 높은 이유는 소득 수준 50만 달러에서 99만 9,999달러의 카테고리에 들어가는 8%와, 100만 달러 이상의 카테고리에 들어가는 5%의 고소득 백만장자들 때문이다.

- 백만장자들의 평균 가계 순자산은 370만 달러이다. 물론 일부는 이보다 훨씬 더 많은 재산을 축적했지만, 거의 6%가 1,000만 달러 이상의 순자산을 가지고 있다. 다시 말해서, 이 사람들이 평균 수치를 높이고 있는 것이다. 전형적인 중앙값의 백만장자 가구는 160만 달러의 순자산을 가지고 있다.

- 평균적인 백만장자의 연간 총 과세 소득은 백만장자들이 지닌 부의 7% 미만이다. 다시 말해서, 백만장자는 자신이 지닌 부의 7% 미만에 의존해서 살아가고 있는 것이다.

- 대부분의 백만장자(97%)는 집을 소유하고 있다. 백만장자가 살고 있

는 집의 평균 시세는 32만 달러이다. 이들 가운데 절반가량이 20년이 넘도록 한집에서 살았다. 따라서 그동안 이들의 집값도 매우 상승했다.

- 대부분의 백만장자가 유산을 물려받지 못해 불리하다고 느끼지 않는다. 약 80%가 제1세대 부자이다.
- 백만장자는 자신의 재산에 비해 훨씬 검소하게 생활한다. 값싼 양복을 입고, 국산 자동차를 몬다. 소수만이 신형 자동차를 몬다. 또, 소수만이 자동차를 임대하여 사용한다.
- 백만장자의 배우자는 대부분 계획적이고, 예산을 세우는 데 매우 철저하다. "내게 여유가 있어야 비로소 남을 도울 생각을 할 수 있게 된다."라는 말에 동의하지 않는 백만장자는 사실 18%밖에 되지 않는다. 대부분의 배우자는 백만장자보다 돈에 관해 훨씬 더 보수적이다.
- 백만장자는 '엄청난 자본'을 가지고 있다. 다시 말해서, 10년 이상 일하지 않고도 살 수 있을 만큼 충분한 부를 축적해 두었다는 뜻이다. 이렇게 순자산 160만 달러를 가지고 있는 백만장자들이라면 12년 이상을 안락하게 살아갈 수 있을 것이다. 사실 백만장자는 안락한 생활을 그보다 더 오래 영위할 수 있다. 소득 가운데 적어도 15%를 저축하기 때문이다.
- 백만장자는 이웃에 사는 보통 사람들의 6.5배가 넘는 부를 소유하고 있다. 그러나 그 동네에서 백만장자가 아닌 사람의 수는 백만장자의 3배가 넘는다.
- 백만장자는 대부분 학력이 높다. 5명 가운데 약 1명만이 대학 졸업자가 아니다. 대부분은 고학력자들이다. 18%가 석사 학위를 가지고

있으며, 8%가 법학을, 6%가 의학을 전공했고, 6%가 박사 학위를 소유하고 있다.

- 백만장자 자신이나 배우자 가운데 17%만이 사립초등학교나 사립고등학교를 다녔다. 그러나 이들의 자녀는 55%가 현재 사립학교에 다니고 있거나 혹은 이전에 다닌 적이 있다.

- 백만장자들은 대개 교육이 자신과 자녀, 그리고 손주들에게 매우 중요하다고 생각한다. 이들은 후손들의 교육에 많은 돈을 지출한다.

- 백만장자는 까다로운 투자가들이다. 대체로 백만장자들은 매년 가계 과세 소득 중 거의 20%를 투자한다. 대부분의 백만장자가 적어도 15%를 투자한다. 백만장자 중 79%가 증권 회사에 적어도 하나의 계좌를 가지고 있다. 그러나 이들은 투자 결정을 스스로 내린다.

- 백만장자는 20% 가량을 공개 거래되는 주식이나 뮤추얼 펀드 같은 시장성 유가 증권으로 가지고 있다. 그러나 주식 투자분을 파는 경우는 거의 없다. 재산을 연금에 훨씬 더 많이 투자해 두었으며, 가계 재산의 평균 21%를 개인 사업에 투자한 상태이다.

- 백만장자는 자신의 자녀가 부유한 사람들에게 무언가 가치 있는 서비스를 제공하는 일을 하는 것이 바람직하다고 생각한다. 전체적으로 보았을 때 백만장자가 가장 신뢰하는 재정 부문 조언자는 회계사이다. 변호사 역시 매우 중요하다. 그래서 백만장자는 자녀들에게 회계나 법을 공부하도록 추천한다.

- 백만장자는 구두쇠이다. 그들은 빳빳한 1달러짜리 지폐 뭉치를 받기 위해 이렇게 긴 설문을 완성하는 것이다. 그렇지 않다면 그 구두쇠들이 무엇 때문에 개인 인터뷰에 응하기 위해 2~3시간을 투자하

겠는가? 이들은 인터뷰에 응하고 100달러나 200달러, 또는 250달러를 받았다. 게다가 한 가지 제안을 더 받았다. 인터뷰로 번 돈을 가장 좋아하는 자선 기관에 그들 이름으로 기부해 준다는 것이었다. 그러나 이 구두쇠들은 "제가 가장 좋아하는 자선 기관은 바로 저 자신입니다."라고 말했다.

'부자'의 정의

평범한 미국인에게 '부자'에 대해 정의해 달라고 부탁하면 대부분이 웹스터 사전Webster Dictionary에 있는 것과 똑같은 정의를 말할 것이다. 그들에게 부자란 **'풍부한 물질을 소유한 사람'**을 의미한다.

그러나 우리는 부자를 다르게 정의한다. 물질적인 면에서의 부유함이나 풍부함으로 정의하지는 않는다. 사치스러운 생활 방식을 과시하는 사람들은 투자해 둔 돈이나 증식하고 있는 자산, 소득을 올려 주는 자산, 일반 주식, 채권, 개인 사업, 석유나 천연가스 채굴권, 목재용 삼림지 등을 소유하고 있는 경우가 거의 없다. 반대로, 우리가 부자로 정의하는 사람들은 고도의 소비 지향적 생활 방식보다는 증식 자산을 소유하는 데서 훨씬 더 큰 기쁨을 얻는다.

'부자'의 명목상 정의

부자인지 아닌지를 판단하는 방법 중 하나는 순자산을 보는 것이다. '소떼'를 얼마나 가지고 있는가를 보는 것이지, '소지품'을 얼마나 가지고 있는가를 보는 것이 아니다. 순자산의 정의는 현재의 자산 가치에서 부채를 뺀 것이다. 이 책에서 우리는 100만 달러 이상의 순자산을 가진 사람부터 부자로 정의한다. 이 정의에 근거하면 미국의 1억 가구 가운데 3.5%인 350만 명만이 부자의 범주 안에 든다. 미국의 백만장자 중 약 95%는 순자산을 100만 달러에서 1,000만 달러 사이로 가지고 있다. 이 책에서 다룬 이야기의 대부분이 바로 이 카테고리에 속한 사람들에게 집중되어 있다. 왜 이 집단에 집중적인 관심을 두는가? 이 정도의 부는 한 세대 만에 달성할 수 있는 것이기 때문이다. 많은 미국인이 이것을 이루어 낼 수 있는 것이다.

얼마나 부자가 되어야 하나?

부자인지 아닌지 가늠하는 또 하나의 방법은 **순자산에 대한 기대치**에 근거한다. 소득과 연령은 그 사람에게 얼마만큼의 가치가 있는가를 결정하는 중요한 요소이다. 다시 말해서, 퇴직하지 않고 일하고 있는 경우 소득 수준이 높을수록 순자산 기대치는 높아진다. 마찬가지로, 소득을 올리는 기간이 길수록 재산을 더 많이 축적할 가능성도 커진다. 그러므로 나이가 많은 고소득자는 나이가 적은 저소득자보다 재산을 더 많이 축적했어야 마땅한 것이다.

연간 과세 소득이 5만 달러 이상인 미국인과 25세에서 65세 사이인 미국인에게는 그에 해당하는 부의 기대치가 있다. 이 수준보다 훨씬 많은 부를 가진 사람은 같은 소득과 연령 집단에 속한 사람에 비해 부자라고 할 수 있다.

예를 들어, 찰스 보빈스는 41세의 소방관이다. 아내는 비서직을 맡고 있다. 이들의 연간 소득은 합쳐서 5만 5,000달러이다. 우리의 연구 결과에 의하면 보빈스 씨는 약 22만 5,500달러의 순자산을 가지고 있어야 한다. 그러나 그는 그 소득 및 연령 카테고리에 속한 다른 사람에 비해 훨씬 더 많은 재산을 가지고 있다. 보빈스 부부는 순자산을 평균 수준보다 더 많이 축적할 수 있었던 것이다. 이렇게 이 부부는 소방관으로서, 그리고 비서로서 살아가야 할 생활 수준을 확실히 알고 있으며, 지금도 상당한 액수의 돈을 저축하고 또 투자한다. 이들은 아마도 소비를 줄이는 생활 방식으로 살아가고 있는 것 같다. 이런 생활 방식으로 미루어 보아 보빈스 씨는 일하지 않고도 가족과 함께 10년 동안은 먹고살 수 있을 것이다. 이들의 소득 및 연령 범주 내에서 보빈스 부부는 '부자'이다.

보빈스 씨네는 의사 존 애쉬톤과는 상당히 다르다. 애쉬톤 씨는 나이가 56세이고, 연간 소득은 약 56만 달러이다. 그렇다면 애쉬톤 박사의 재산은 얼마나 될까? 그는 과연 부자일까? 어떤 의미에서는 부자라고도 할 수 있다. 순자산이 110만 달러이기 때문이다. 그러나 애쉬톤 박사는 우리의 정의에 의하면 부자가 아니다. 소득 및 연령을 고려할 때 박사는 300만 달러 이상의 재산을 가지고 있어야 한다.

소비 지향적 생활 방식을 지닌 애쉬톤 박사의 경우 더 이상 소득이 없다면 그와 가족이 얼마나 오랫동안 버틸 수 있을까? 아마도 2년 정도? 아니면 길어야 3년이다.

부자를 판단하는 방법

당신의 연령과 소득을 고려할 때 현재 당신의 부가 어느 정도가 되어야 한다고 생각하는가? 고소득, 고순자산을 보유한 다양한 사람들을 오랫동안 연구한 결과, 우리는 여러 가지 변수를 고려한 '부자 방정식'을 몇 가지 개발해 냈다. 그러나 그중 순자산 기대치를 계산할 수 있는 한 가지 간단한 방법을 소개하고자 한다.

'당신의 나이에 상속 재산을 제외한 모든 수입원에서 나오는 세전稅前 연간 실현 소득을 곱한다. 그 결과를 10으로 나눈다. 모든 상속 재산을 제외한 이 수치가 당신의 순자산 기대치이다.'

예를 들어, 앤소니 O. 덩컨은 41세이고, 연봉이 14만 3,000달러이며, 그 외에 매년 1만 2,000달러의 투자 이익이 들어온다고 가정하자. 우선 그의 나이 41세에 소득 합계 15만 5,000달러를 곱한다. 그러면 635만 5,000달러가 된다. 그것을 10으로 나누면 그의 순자산 기대치는 63만 5,500달러가 된다. 또 하나의 예를 들어 보자. 루시 R. 프랑켈의 나이는 61세이고, 연간 총 실현 소득은 23만 5,000달러이다. 계산하면 프랑켈의 순자산 기대치는 143만 3,500달러가 된다.

나이와 소득을 고려할 때 당신의 순자산은 어떠한가? 당신은 부의 축적이라는 면에서 과연 어떤 사람일까? 만약 당신의 재산 축적 정도가 상위 25% 이내에 든다면 당신은 '**엄청난 부를 축적한 사람** Prodigious Accumulator of

Wealth : PAW'이고, 만약 하위 25%에 속한다면 당신은 '기대 이하의 부를 축적한 사람 Under Accumulator of Wealth : UAW'이다. 당신은 PAW인가, UAW인가? 아니면 그저 '평균 정도의 부를 축적한 사람 Average Accumulator of Wealth : AAW'인가?

우리는 또 다른 간단한 규칙을 발견했다. PAW 부류에 속하려면 소유하고 있는 재산이 순자산 기대치의 2배는 되어야 한다는 점이다. 다시 말해서, 덩컨의 순자산은 그의 나이·소득을 지닌 집단의 순자산 기대치인 63만 5,500달러의 2배, 즉 127만 1,000달러가 되어야 한다는 것이다. 만약 덩컨의 순자산이 그 이상이라면 덩컨은 PAW이다. 그러나 반대로 재산이 기대치의 절반 이하라면 어떨까? 덩컨의 재산이 31만 7,750달러(63만 5,500달러의 절반) 이하라면 그는 UAW로 분류될 것이다.

PAW와 UAW

PAW는 재산을 잘 모으는 사람들이다. 즉, 자신이 속한 나이·소득 집단의 다른 사람들에 비해 재산 축적 면에서 탁월한 사람들이다. PAW는 대개 적어도 UAW가 지닌 재산의 4배 이상을 가지고 있다. 사실 PAW와 UAW의 성격 대조는 지난 20년간 우리가 실시했던 연구 중 가장 중요한 부분에 속한다.

PAW와 UAW의 성격 차이는 다음 2가지 사례 연구에 잘 나타나고 있다. 50세의 밀러 버바 리처드는 이동 주택 판매점을 경영하고 있다. 리처드 가족의 작년 소득은 9만 200달러였다. '부자 방정식'으로 계산한 그의 순자산 기대치는 45만 1,000달러이다. 그러나 리처드는 PAW이다. 그의 실제 순자산이 110만 달러이기 때문이다.

반대 경우는 51세의 변호사 제임스 H. 포드 2세이다. 포드의 작년 소득은 리처드보다 약간 많은 9만 2,330달러였다. 포드의 실제 순자산은 얼마일까? 또, 순자산 기대치는 얼마일까? 포드의 순자산은 22만 6,511달러이지만 부자 방정식으로 계산한 순자산 기대치는 47만 883달러여야 한다. 따라서 우리가 정의 내린 대로 보자면 포드는 UAW이다.

포드는 대학에서 7년간이나 공부했다. 그런데 어떻게 포드의 재산이 이동 주택 판매점 주인인 리처드보다 적을 수 있단 말인가? 사실 리처드는 포드보다 거의 5배나 많은 순자산을 가지고 있다. 게다가 이들은 모두 같은 나이·소득 집단에 속한다. 위의 질문에 대한 답을 얻기 위해 다음과 같은 간단한 질문을 2가지 더 해보자.

'변호사와 그 가족이 중·상류층 생활 방식을 유지하는 데 돈이 얼마나 필요할까?'

'이동 주택 판매점 주인과 그 가족이 중류층 또는 노동자 계층의 생활 방식으로 살아가는 데 돈이 얼마나 들까?'

변호사인 포드가 중·상류층 생활 방식을 유지 및 과시하는 데 훨씬 더 많은 돈이 들 것이 분명하다. 어떤 자동차가 변호사라는 신분에 잘 어울릴까? 보나 마나 고급 수입 승용차일 것이다. 일을 위해 매일 비싼 고급 양복을 입어야 하는 사람은 누구일까? 컨트리클럽 한두 군데 정도는 가입해 두어야 하는 사람은 누구일까? 비싼 티파니 은식기류나 쟁반이 필요한 집은 어느 집일까?

UAW인 포드가 PAW 그룹에 속한 사람들보다 더 높은 소비 성향을 가지고 있다. UAW 그룹에 속한 사람들은 자신이 지닌 재산에 비해 지나치게 소비적으로 생활하며, 부를 축적하는 데 필요한 여러 가지 중요한 요소들을 무시하는 경향이 있다.

자수성가한 제1세대 부자들

미국의 백만장자는 대부분 제1세대 부자들이다. 평범한 가정 출신이 자신의 당대에 백만장자가 되는 것이 어떻게 가능할까? 또한 과거에 비슷한 사회·경제적 배경을 가졌던 대다수의 사람이 백만장자는커녕 조금의 부도 축적하지 못하는 이유는 무엇일까?

백만장자가 되는 사람들은 대부분 자신의 능력에 자신감을 가지고 있다. 이들은 부모가 부자인지 아닌지 고민하느라 시간을 낭비하지도 않고, 백만장자 가정에서 태어나는 것이 중요하다고 생각하지도 않는다. 반대로, 부유한 가정에서만 백만장자가 나온다고 믿는 평범한 가정 출신의 사람들은 결코 부유해지지 못한다. 당신 역시 대부분의 백만장자가 태어날 때부터 부자였다고 생각하고 있다면 우리 연구가 미국의 백만장자들에 관해 밝혀낸 다음의 사실들을 참고해 보기 바란다.

- 어떤 종류든 신탁 기금이나 부동산을 통한 수입이 있는 경우는 백만

장자 가운데 겨우 19%에 불과하다.
- 자기 재산 중 10% 이상을 상속받은 백만장자는 20% 미만이다.
- 백만장자의 50% 이상이 1달러도 상속받지 않았다.
- 부모나 조부모, 또는 친척에게서 1만 달러 이상을 증여받은 사람은 백만장자의 25% 미만이다.
- 가족이 경영하는 사업체의 지분을 1달러도 받은 적이 없는 백만장자가 91%나 된다.
- 부모나 다른 친척에게서 대학 등록금을 받은 적이 전혀 없는 백만장자가 50% 정도 된다.
- 장차 유산 상속을 받을 것으로 기대하는 백만장자는 10% 미만이다.

자신의 당대에 부를 축적하기를 원하는 사람들에게 미국은 지금도 큰 희망을 불어넣고 있다. 사실 미국의 사회 체계와 경제가 지닌 유동적 성격을 신봉하는 사람들에게 미국은 늘 기회의 땅이었다.

100여 년 전에도 마찬가지였다. 스탠리 레버곳은 1892년에 4,047명의 미국인 백만장자를 대상으로 실시한 연구 결과를 자신의 저서 『미국의 경제 The American Economy』에 실었다. 여기에서 그는 백만장자 가운데 84%가 재산을 상속받지 않고 정상에 도달한 소위 '신흥 부자'였다고 보고했다.

영국인계는 지배적이다?

독립 전쟁 이전에는 미국 대부분의 부를 토지 소유자가 가지고 있었다. 땅의 50% 이상을 영국에서 태어난 사람, 또는 영국인 부모 밑에서 태어난 미국인들이 차지하고 있었다. 그렇다면 지금도 미국 부의 절반 이상을 영국계 사람들이 차지하고 있을까? 그렇지 않다. 미국인들이 부와 관련해 크게 잘못 인식하고 있는 것 가운데 하나가 인종적 배경에 관한 부분이다. 미국 부유층은 대부분 메이플라워호를 타고 온 사람들의 자손이라고 생각하는 사람이 많다.

다음과 같은 가정을 객관적으로 생각해 보자. "만일 출신 국가가 빈부의 차이를 설명하는 데 중요한 요소가 된다면 어떻게 될까?" 아마도 우리는 미국 백만장자의 절반 이상이 영국인의 후손이라고 추측할 것이다. 하지만 결코 그렇지 않다([표 1-1] 참고). 최근 전국의 백만장자를 대상으로 실시한 설문 조사에서 우리는 응답자에게 출신 국가·조상·인종을 표시해 달라고 요청했다. 그 결과는 놀라웠다.

자신의 조상이 영국계라고 대답한 백만장자는 전체의 21.1%였다. 미국 전체 가구 중 영국계가 차지하는 비율은 10.3%이다. 이를 고려하면 영국계 미국인 백만장자는 예상보다 많다(10.3% 대 21.1%). 다시 말해서, 영국계의 경우는 백만장자 집중률이 2.06%(백만장자 가구 중 영국계 비율÷전체 가구 수 중 영국계 비율=21.1%÷10.3%)이며, 이것은 영국계 가구의 경우 전체 가구에서 차지하는 비율보다 백만장자 가구 비율이 2배 이상이라는 사실을 의미한다.

그렇다면 전체 영국계 미국인 가운데 몇 %가 백만장자 범주에 들어갈까? 영국계가 가장 많을 것이라고 생각하겠지만, 사실 영국계는 네 번째이다. 우리 연구에 따르면 전체 영국계 가구 가운데 재산을 100만 달러 이상 가지고 있는 가구는 7.71%이다. 3개의 다른 국가 출신들이 백만장자 인구 비율 면에서 영국계보다 훨씬 더 높다.

[표 1-1] 백만장자들의 출신별 상위 10개 종족

출신 종족	영국계	독일계	아일랜드계	스코틀랜드계	러시아계	이탈리아계	프랑스계	네덜란드계	미국 원주민	헝가리계
미국 전체 가구에서 차지하는 비율(%)	10.3	19.5	9.6	1.7	1.1	4.8	2.5	1.6	4.9	0.5
백만장자 가구 수 1)	732,837	595,171	429,559	322,255	219,437	174,929	128,350	102,818	89,707	67,625
백만장자 전체 가구에서 차지하는 비율(%)	21.1	17.3	12.5	9.3	6.4	5.1	3.7	3.0	2.6	2.0
백만장자 전체 가구에서 차지하는 비율 : 순위	1	2	3	4	5	6	7	8	9	10
집중률 : 백만장자 가구에서의 비율÷전체 가구에서의 비율	2.06	0.89	1.30	5.47	5.82	0.94	1.48	1.88	0.53	4.00
출신 종족 가구 중 백만장자 가구가 차지하는 비율(%)	7.71	3.32	4.88	20.8	22.0	4.00	5.50	7.23	1.99	15.1
출신 종족 가구 중 백만장자 가구가 차지하는 비율 : 순위	4	9	7	2	1	8	6	5	10	3

주 1) 백만장자 가구는 총재산이 100만 달러 이상인 가정을 뜻한다.

    그렇다면 영국계가 가장 높은 백만장자 집중률을 나타내지 못하는 이유는 도대체 무엇일까? 그들이야말로 이 신대륙에 가장 먼저 도착했고, 이 기회의 땅에서 경제적인 우위를 누릴 수 있었던 민족이었다. 1790년 미국이 독립하기 이전에는 전체 가구의 2/3 이상이 자영업을 했었다. 미국에서는 부의 축적을 설명하는 데 있어 과거의 업적보다는 현세대의 업적이 더 중요한 요소가 된다. 다시 말해서, 전체 백만장자의 약 80%가 당대에 자수성가한 경우이다. 대개 이들이 이룩한 부는 제2세대 또는 제3세대에서 완전히 다 소모된다. 미국 경제는 매우 유동적인 성격을 띠고 있다. 지금도 부를 쌓아 가고 있는 사람이 많은가 하면, 반대로 돈을 소비하며 부유층에서 벗어나고 있는 사람도 많다.

백만장자 비율이 가장 높은 종족

가장 높은 백만장자 집중률을 자랑하는 종족이 영국계가 아니라면 도대체 어떤 종족이 그 자리를 차지하고 있는 것일까? 러시아계가 첫 번째, 스코틀랜드계가 두 번째, 헝가리계가 세 번째이다. 미국 전체 인구 가운데 러시아계 가구가 차지하는 비율은 고작 1.1%밖에 안 되지만, 이들의 백만장자 비율은 6.4%나 된다. 러시아계 100가구 중 약 22가구는 100만 달러 이상의 순자산을 가지고 있다는 이야기이다. 이것은 영국계 100가구 중 약 7.71% 가구만이 백만장자인 것에 비하면 엄청나게 많은 숫자이다. 그렇다면 러시아계 백만장자의 재산을 모두 합치면 얼마나 될까? 대략 1조 1,000억 달러로서, 현재(1996년 기준) 미국 전체 개인 재산의 거의 5%에 달하는 액수이다!

러시아계 미국인들의 이러한 경제적 생산성을 어떻게 설명할 수 있을까? 일반적으로 백만장자들은 대부분 자신의 사업체를 직접 운영하는 경우가 많다. 하지만 러시아인들은 이런 경우가 비정상적일 정도로 많다. 게다가 이러한 사업가적 기질은 한 세대에서 다음 세대로 이어 내려가는 듯하다.

헝가리계 사람들도 사업가적 기질이 다분하다. 헝가리계 사람들이 미국 전체 가구에서 차지하는 비율은 0.5%밖에 안 되지만, 백만장자 중에서는 2%나 된다. 이것을 독일계와 비교해 보자. 독일계 사람들은 미국 전체 가구의 19.5%를 차지하면서도 백만장자 전체 가구 중에서는 겨우 17.3%이다.

또한 독일계 가구 중 백만장자 가구는 겨우 3.3%에 불과하다.

스코틀랜드계 사람들의 절약 정신

스코틀랜드계는 미국 전체 가구 중 1.7%에 불과하지만, 백만장자 전체 가구 중에서는 9.3%나 된다. 따라서 스코틀랜드계의 백만장자 집중률은 5.47%(9.3%÷1.7%)로, 미국 전체 가구 수에서 차지하는 비율인 1.7%에 비해 5배가 넘는다.

스코틀랜드계는 스코틀랜드 전체 가구 가운데 백만장자의 비율로 따지면 두 번째로 비율이 높다. 100가구당 거의 21가구(20.8)가 백만장자이다. 이것을 어떻게 설명할 수 있을까? 스코틀랜드계 가구 중 초기 이민자들의 후손이 많은 것은 사실이다. 그러나 그러한 상황만으로 그들의 높은 경제적 생산력을 설명할 수는 없다. 영국계도 초기 이민자의 후손이지만 백만장자 가구 비율은 스코틀랜드계보다 상대적으로 훨씬 낮다. 또한 스코틀랜드계 사람들은 영국인들처럼 독립 당시 많은 부를 차지하고 있지도 않았다. 이런 점을 고려한다면 영국계 전체 인구 가운데 백만장자 비율은 스코틀랜드계보다 월등히 높아야 한다. 그러나 현실은 그 반대이다. 다시 말하면, 스코틀랜드계 전체 가구 중 백만장자가 차지하는 비율은 영국계 전체 가구 중 백만장자가 차지하는 비율보다 거의 3배나 높은 것이다(5.47대 2.06). 스코틀랜드계가 이렇게 특별해진 이유는 과연 무엇일까?

어떤 종족 집단의 백만장자 집중률이 높을 때, 우리는 그 집단의 소득에 어떤 특징이 있다고 추측할 수 있을까? 그 집단은 아마도 고소득자 집중률이 높을 것으로 추측할 것이다. 소득은 순자산과 상관관계가 밀접하다. 미국의 백만장자 중 2/3 이상은 연간 소득이 10만 달러가 넘는다. 사실 이러한 상관관계는 스코틀랜드계를 제외한 다른 모든 종족 집단의 경우에는 공통적으로 해당된다. 그러나 스코틀랜드계의 경우는 단지 소득이 높은 가구 수가 많다는 것만으로는 설명할 수 없을 만큼 소득에 비해 순자산이 많은 백만장자의 비율이 높다. 소득이 높은 전체 가구 중 스코틀랜드계가 차지하는 비율은 2%가 채 안 되는 실정이지만, 현재 미국의 백만장자 중 스코틀랜드계가 차지하는 비율은 9.3%나 된다. 스코틀랜드계 백만장자 중 60% 이상의 연 소득은 10만 달러가 되지 않는다. 다른 어떤 종족 집단의 경우도 적은 고소득자 비율에 비해 그렇게 높은 백만장자 집중률을 나타내는 경우는 없다.

그렇다면 과연 스코틀랜드계의 이러한 현상을 어떤 요인으로 설명할 수 있을까? 여기에는 근본적인 여러 요소가 있다. <u>그 가운데 가장 큰 특징은 스코틀랜드계 사람들은 대체로 검소하다는 것이다.</u> 가계 수입을 고려할 때, 그에 걸맞은 소비 수준의 수학적 기대치가 있는 법이다. 그러나 이 집단의 경우는 그런 소비 수준 기대치에 들어맞지 않는다. 스코틀랜드계 사람들은 대체로 자신이 속한 소득 수준 범주의 다른 이들보다 훨씬 검소하게 생활한다. 이들은 근검절약하는 환경을 스스로 정하여 그 범위 내에서 생활한다. 연간 소득이 10만 달러인 스코틀랜드계 가정은 소득이 8만 5,000달러인 가정 수준으로 생활한다. 근검절약함으로써 비슷한 소득 수준의 다른 사람들보다 더 많이 저축하고 투자할 수 있다. 이런 식으로 하여 연간 소득이 10만 달러인 스코틀랜드계 가정은 15만 달러인 가정 수준으로 저축하고 투자한다.

다음 챕터에서는 일반적인 백만장자가 양복, 신발, 손목시계, 자동차 구입에 최고 얼마까지 지불했는지에 대한 조사 결과를 살펴보자. 스코틀랜드계 백만장자들의 경우, 이 조사에 참여한 모든 백만장자에 비해 적은 액수를 지불한 사람의 수가 훨씬 더 많았다. 예를 들어, 가장 비싼 자동차를 구입하는 데 지불한 금액 면에서 볼 때, 스코틀랜드계 백만장자의 2/3 이상(67.3%)이 조사에 참여한 모든 백만장자의 평균치에 비해 적은 금액을 썼다.

스코틀랜드계의 부자들은 이런 식으로 재산을 모으기 때문에 자손에게 물려줄 재산이 있는 것이다. 우리 연구 결과에 따르면 스코틀랜드계의 자손들은 대체로 청소년기부터 경제적, 정서적으로 독립하게 된다. 따라서 대개의 경우 부모의 재산을 낭비하지 않는다.

스코틀랜드계 사람들은 근검절약, 경제적 성취, 재정적 독립이라는 그들의 가치관을 자손들에게 대대로 교육하는 데 성공했다. 이런 가치관들은 자수성가한 대부분의 백만장자가 가지고 있는 전형적인 특징이기도 하다.

소수 민족

대개 소수 민족은 부자에 관한 연구에서 고려의 대상이 되지 않는다. 그러나 부유한 가정의 집중률이 높은 소수 민족도 많다. 어떤 소수 민족이 특히 그럴까? [표 1-2]에 있는 15개 민족은 모두 미국 전체 가구 수에 대한 백만장자의 비율에 비해 적어도 2배는 된다. 미국 전체 가구 중 약 3.5%만이 100만 달러 이상의 재산을 가지고 있다. 그러나 [표 1-2]에 있는 민족의 경

[표 1-2] 경제적으로 가장 생산적인 미국의 소수 민족[1] 상위 15개

종족	미국 전체 가구에서 차지하는 비율	종족별 고소득 지표[2]	종족별 공공 복지 의존도[3]	종족별 경제적 생산성 지표[4]	종족별 경제적 생산성 순위
이스라엘계	0.0003	2.6351	0.3870	6.8095	1
라트비아계	0.0004	2.4697	0.5325	4.6383	2
호주계	0.0001	2.1890	0.5329	4.1080	3
이집트계	0.0003	2.6546	0.6745	3.9357	4
에스토니아계	0.0001	1.8600	0.4787	3.8855	5
터키계	0.0003	2.2814	0.6650	3.4305	6
아이슬란드계	0.0001	1.8478	0.5600	3.2997	7
시리아계	0.0004	2.1659	0.6698	3.2335	8
이란계	0.0009	2.0479	0.6378	3.2107	9
슬라브계	0.0002	1.2292	0.4236	2.9018	10
룩셈부르크계	0.0002	1.1328	0.3992	2.8379	11
유고슬라비아계	0.0009	1.3323	0.5455	2.4424	12
팔레스타인계	0.0002	1.8989	0.7823	2.4274	13
슬로베니아계	0.0004	1.0083	0.4246	2.3748	14
세르비아계	0.0004	1.3184	0.5950	2.2157	15

주 1) 여기에서의 소수 민족 집단은 1990년도 인구 조사에서 미국에 거주하는 인구가 10만 가구 미만인 경우이다.

주 2) 예를 들면, 이스라엘계 가구는 미국 전체 가구에 비해 10만 달러 이상의 고소득 가구 비율이 2.6351배라는 뜻이다.

주 3) 예를 들면, 이스라엘계 가구는 미국 전체 가구에 비해 공공복지 제도에 대한 의존도가 0.3870배라는 뜻이다.

주 4) 예를 들면, 이스라엘계 가구의 경제적 생산성 지표(6.8095)는 고소득 지표(2.6351)를 공공복지 의존도(0.3870)로 나눈 값이다.

우는 그 비율이 적어도 2배는 된다(15개 민족의 부유층 가구 수를 모두 합쳐도 미국 전체 부유층 가구 수의 1%가 안 된다). 사실 어떤 종족의 전체 인구 규모와 그 종족의 부유층 비율은 반비례 관계에 있다는 강력한 증거가 있다. 다시 말해서, 인구가 적은 종족에 비해 인구가 많은 종족은 부유층의 비율이 대체

로 낮은 편이다.

그렇다면 미국에서 생활한 기간과는 어떤 관계가 있을까? 미국에서 살아온 기간이 길수록 그 종족에서 백만장자 비율이 높게 나오기란 어렵다. 왜 그럴까? 그것은 <u>미국이 소비 성향이 강한 사회이기 때문이다.</u> 일반적으로 한 종족의 평범한 사람이 미국에서 생활한 기간이 길수록 소비 성향이 강한 미국적 생활 방식에 완전히 물들 가능성도 커진다. 다른 이유도 있다. 미국 이민 제1세대는 자영업을 하는 경우가 많다. 자영업과 부는 매우 밀접한 상관관계를 가지고 있다.

그렇다고 미국 이민 제1세대 자영업자들이 모두 백만장자가 될 수 있다는 말은 아니다. 전혀 재산을 모으지 못하는 자영업자들의 경우가 대부분이다. 대부분의 미국 이민 제1세대 역시 마찬가지이다. 그러나 1996년 현재 미국에 살고 있는 사람들 가운데 2,300만 명은 미국이 아닌 다른 곳에서 태어난 사람들이다. 이것은 대단히 많은 수이다. 《INC》지誌가 조사한 상위 500대 기업가 가운데 12%는 미국 이민 제1세대였다.

사람들은 어쩌면 이들의 아들, 딸, 손자, 손녀는 자동적으로 그들보다 더 큰 경제적 성공을 이룰 것이라고 생각할지도 모르겠다. 그러나 사실 그렇지 않다. 챕터 5와 챕터 6에서 부의 세습에 관해 좀 더 자세하게 다루기로 하고, 여기에서는 왜 '다음 세대'가 이전 세대보다 경제적으로 덜 생산적인지 설명해 보겠다.

빅터와 자녀들

미국 이민 제1세대이며 사업가로서 성공한 노동자였던 빅터의 경우를 예로 들어 보자. 빅터와 같은 사업가들은 대개 근검절약하고 지위가 낮으며, 절제가 강하고, 낭비하지 않으며, 진취적이고, 매우 근면한 것이 특징이다. 그러나 이렇게 훌륭한 자질 덕분에 재정적으로 성공한 다음에는 어떻게 될까? 자녀들에게 무엇을 가르칠까? 부모의 전철을 밟도록 권할까? 자녀들 역시 지붕 공사 하청업자, 굴착 공사 하청업자, 고철상 등이 될까? 대부분 그렇지 않다. 그런 경우는 5명 가운데 1명도 안 된다.

빅터는 자녀들이 '자신보다 더 나은 삶'을 살기를 원한다. 그는 자녀들에게 대학에 다니도록 권한다. 자녀들이 의사, 변호사, 회계사, 회사 중역 등이 되기를 원한다. 그러나 그런 방식이 결국 자녀들이 사업가로 성장하는 길을 막고 있는 셈이다. 무의식적으로 그는 자녀들의 노동 시장 진입 시기를 지연시키고 있으며, 또한 자신이 따르고 있는 검소하고 내핍하는 생활 방식을 자녀들이 거부하도록 만들고 있는 것이다.

그러면 빅터가 말하는 '더 나은 삶'이란 정확히 어떤 것일까? 그가 말하는 더 나은 삶이란 자녀가 고등 교육을 받고, 자신보다 훨씬 더 높은 지위의 직업을 갖게 되는 것이다. 또한 '더 나은 삶'이란 물질적으로 더 좋은 것, 말하자면 좋은 집, 고급 신형 자동차, 고급 의류, 사교 클럽 회원권 등을 의미한다. 그러나 빅터는 자신의 성공에 초석이 되었던 여러 가지 좋은 요소들을 여기에 포함시키지 못했다. 또한 고등 교육을 받는 것이 경제적인 면에서 어쩌면 불리할 수도 있다는 점을 깨닫지 못했다.

빅터에게 교육받은 자녀들은, 대학이나 전문학교에서 충분히 공부한 사람이라면 그에 걸맞은 높은 소비 수준을 유지해야 한다는 사실을 배웠다. 오늘날 그의 자녀들은 UAW가 되었다. 그들은 노동자로서 성공한 사업가인 아버지와는 반대의 경우가 되었다. 빅터의 자녀들은 미국화되어 과소비를 하며 취업을 미루는 세대가 되어 버린 것이다.

빅터와 같은 인물을 많이 포함하고 있는 종족 집단이 미국화되기까지 몇 세대나 걸릴까? 단 몇 세대면 미국화된다. 1~2세대가 채 지나기도 전에 '평범한 미국인' 범주에 들어가는 경우가 대부분이다. 그래서 미국은 빅터처럼 용기 있고 끈기 있는 이민자들의 물결이 끊임없이 필요한 것이다. 이런 이민자들과 그 자손들이 미국에서 계속 빅터와 같은 역할을 맡아 주어야 하기 때문이다.

언젠가 사라질지 모르는 자수성가들

우리는 몇 년 전에 미국의 부유층들에 관한 연구를 요청받은 적이 있다. 한 대기업의 자회사 부사장이었던 토디가 우리를 고용했다. 토디의 조상은 영국계였다. 그의 조상은 남북 전쟁이 일어나기 전에 미국으로 이민 온 사람들이었다. 비교적 최근까지 그들은 펜실베이니아주에 제강소를 가지고 있었다. 그 직계 자손인 토디는 뉴잉글랜드에 있는 매우 유명한 사립 고등학교와 프린스턴대학을 졸업했고, 재학 시절에는 대학 축구팀에서 활약했었다.

미국의 보통 사람들이 생각하는 것처럼 토디 역시 부자들은 재산을 상속받았기 때문에 부자가 된 것이라고 믿어 왔으며, 또한 대부분의 부자가 영국계라고 알고 있었다. 그렇다면 토디가 오랫동안 믿어 왔던 미국 부유층에 대한 생각은 우리 연구에 참가하여 실제 백만장자들을 만나 본 후 과연 어떻게 바뀌었을까? 토디가 만난 조사 대상 백만장자들은 대부분 당대에 부를 이룬 사람이었다. 게다가 대부분이 영국계가 아니었다. 그들은 대다수가 공립학교 출신이었고, 미국산 자동차를 몰았으며, 철갑상어 알보다는 일반적인 클럽 샌드위치를 더 좋아했다. 게다가 토디와는 달리 대부분이 검소했다.

또 하나의 사건으로 인해 토디는 백만장자에 관해 더 많은 것을 배우게 되었다. 우리가 연구를 수행하는 동안 알렉스라는 사업가가 토디와 회사 중역들에게 접근하여 그 회사를 사들이고자 했다. 도대체 이 알렉스라는 친구는 어떤 인물일까? 알렉스가 태어나기 전에 그의 아버지는 러시아에서 미국으로 이민을 왔다. 그의 아버지는 소규모 사업체를 가지고 있었고, 알렉스는 주립대학을 졸업했다. 토디는 "어떻게 이런 사람이 이 회사를 사려는 생각을 했으며, 또 그럴 만큼 돈이 많을 수가 있을까요?"라고 물었다. 알렉스의 아버지는 이런 간단한 답을 주었다.

"러시아 사람들이야말로 최고의 장사꾼이다."

알렉스는 자수성가한 백만장자이다. 알렉스의 이야기는 전형적인 미국 성공담이다. 반대로, 토디 같은 부류의 사람들은 멸종 위기에 처해 있다. 언젠가 이들은 멸종하게 될지도 모른다. 옛날 옛적 자기 조상들이 어떻게 제강소와 철도 회사, 그리고 1860년대 조랑말 속달 우편 회사를 설립했는지 늘어놓으면서 많은 시간을 허비하는 사람들에게 특히 해당되는 말이다.

CHAPTER 2

백만장자의 계산기는 1원도 가치를 매긴다

The Millionaire Next Door

백만장자들은 자신의 재산 수준보다 훨씬 검소하게 생활한다

재산이 1,000만 달러 이상인 사람들을 대상으로 인터뷰를 시작했을 때, 그 인터뷰는 우리가 처음에 계획했던 것과는 전혀 다르게 흘러갔다. 우리는 부유층에 관해 연구하기로 국제적인 대규모 신탁 회사와 계약을 맺었다. 이 회사는 우리가 부자들에게 필요한 것이 무엇인지 연구하기를 원했다.

우리는 연구 대상인 백만장자들이 편안한 분위기 속에서 인터뷰할 수 있도록 하기 위해, 맨해튼에서도 현대적인 이스트사이드에 호화로운 고급 주택을 빌렸다. 또한 최고급 요리사도 2명 고용했다. 요리사들은 프랑스 고기파이인 파테 4종류와 캐비아 3종류를 준비했다. 그들은 이런 고급 요리에 어울리는 고급 포도주 1970년산 보르도 1상자와 1973년산 카베르네 소비뇽 1상자도 준비하자고 제안했다.

우리는 나름대로 이상적인 메뉴라고 생각되는 것들을 잔뜩 준비하고는 매우 들뜬 분위기로 연구 대상 백만장자들을 기다리고 있었다. 제일 먼저 도착한 사람은 우리가 '버드'라고 별명 붙인 사람이었다. 69세의 버드는 자수성가한 사람으로, 뉴욕 도심권에 여러 채의 비싼 상업용 빌딩을 가지고 있을 뿐만 아니라 회사를 2개나 운영하고 있었다. 그러나 외모만 보고서는 그가 1,000만 달러가 넘는 재산을 지닌 백만장자라고는 생각할 수 없을 것이다. 낡은 양복과 코트를 입은 그의 복장은 매우 수수했다.

그렇지만 우리는 버드 같은 미국 백만장자들의 음식과 음료에 대한 취향을 충분히 파악하고 있다는 인상을 심어주고 싶었다. 그래서 서로 인사를 나누고 난 후 그에게 "버드 씨, 1970년산 보르도 포도주 한잔하시겠습니까?" 하고 권했다.

그는 당황한 얼굴로 말했다.

"저는 스카치위스키하고 두 종류의 맥주만 마십니다. 공짜 맥주하고 버드와이저이지요."

우리는 순간적으로 놀라고 당황했지만, 서서히 그의 말을 이해하기 시작했다. 2시간에 걸친 인터뷰를 하는 동안 9명의 백만장자들은 계속 자리를 바꾸어 앉았다. 그들은 우리가 차려 놓은 뷔페를 가끔 슬쩍슬쩍 쳐다보았다. 하지만 어느 누구도 파테나 고급 포도주에 손을 대지는 않았다. 시장기를 느끼고 있는 것은 분명했지만 그들이 먹은 것이라고는 고작 고급 크래커뿐이었다. 우리는 아까운 음식을 버리고 싶지 않았다. 하지만 그럴 필요가 없었다. 옆방에 있던 신탁 회사 간부들이 거의 다 먹어 치운 것이다. 물론 우리 두 필자도 도움을 주었다! 우리 모두가 마치 미식가처럼 보였을 것이다. 하지만 우리 중 백만장자는 한 사람도 없었다.

＼ 재산을 모으는 토대

지금은 우리도 부유층의 생활 방식에 관해 이전보다 많은 것을 알게 되었다. 요즘은 백만장자를 인터뷰할 때 그들의 생활 방식에 좀 더 잘 맞는 음식을 준비한다. 커피, 청량음료, 맥주, 스카치위스키, 클럽 샌드위치 등이다. 물론 인터뷰의 대가로 1회당 100달러에서 250달러의 사례금도 지불한다. 가끔씩은 의외의 인센티브를 제공할 때도 있다. 큰 곰 인형을 받으면 무척 좋아할 만한 손주들이 있다면서, 돈이 아닌 대가로서 그들이 많이 선택하는 것은 크고 비싼 테디 곰 인형이다.

어떤 이들은 불행하게도 음식이나 음료, 양복, 손목시계, 자동차와 같은 물건으로 다른 사람을 평가한다. 능력 있는 사람들은 일상용품에도 남다른 취향이 있다고 믿는 것이다. 그러나 실제로 경제적인 능력을 갖추는 것보다는 경제 능력을 상징하는 물건을 구입하는 쪽이 훨씬 쉽다. 능력 있는 것처럼 보이기 위해 시간과 돈을 쓰다 보면 결과는 뻔해진다. 경제적인 능력이 낙후되는 것이다.

부자를 묘사하는 단어 세 개는 어떤 것들일까?

'절약, 절약, 또 절약!'

웹스터 사전에서는 절약을 "자원의 사용에 있어서 검약을 특징으로 하거나 반영하는 행위"라고 정의하고 있다. 절약의 반대말은 '낭비'이다. 낭비란 사치와 과소비를 특징으로 하는 생활 방식이다.

<u>절약은 재산을 모으는 초석이다.</u> 그러나 대중 매체가 돈을 많이 쓰는 사람들을 널리 알리거나 화젯거리로 삼는 경우가 지나치게 많다. 예를 들어, 대중 매체에서는 소위 백만장자 운동선수에 관한 소식을 계속 쏟아 낸다. 물론 이 소수 집단 가운데 몇 명은 백만장자이다. 그러나 고도로 숙련된 야구 선수가 연봉으로 500만 달러를 받으면서도 순자산은 100만 달러밖에 없다면 재산이 많다고 할 수 없다. 우리의 '부자 방정식'으로 계산하면 500만 달러를 버는 30세 성인은 재산이 적어도 1,500만 달러는 있어야 한다. 얼마나 많은 고소득 운동선수가 이 정도의 재산을 갖고 있을까? 아마도 극소수일 것이다. 그 이유는 무엇일까? 대부분의 고소득 운동선수가 과소비적으로 생활하고 있기 때문이다. 계속해서 고소득을 올리는 한 이들은 그런 생활을 유지할 수 있을 것이다. 재산이 100만 달러 이상이므로 이론상 그들도 백만장자일 수 있다. 그렇지만 그들은 대개의 경우 PAW 중에서도 아주 낮은 수준에 속한다.

미국의 얼마나 많은 가구가 연간 500만 달러 이상을 벌어들일까? 미국 전역의 1억 가구 가운데 5,000가구도 되지 않는다. 이것은 2만 가구 중 1가구에 해당하는 비율이다. 대부분의 백만장자가 연간 소득으로 500만 달러의 1/10도 벌어들이지 못한다. 이들은 대부분 50세가 넘어서야 비로소 백만장자가 된다. 대부분의 백만장자는 검소하다. 과소비 생활을 하면서도 백만장자가 될 수 있었던 사람은 거의 없다.

그러나 사치스런 생활 방식은 언론 매체의 관심사가 될 수밖에 없다. 젊은이들은 '돈이 많은 사람들은 사치스럽다' 또는 '돈을 많이 쓰지 않는다면 돈이 없는 것이나 다름없다'라고 잘못 생각하는 경우가 너무나 많다. 대중 매체에서 전형적인 백만장자의 검소한 생활 방식을 소개할 수 있을까? 그 결과는 어떻게 될까? 시청률은 낮아질 것이며, 신문 독자들은 냉담한 반응을 보일 것이다. 미국에서 재산을 모으는 사람들은 대부분 근면하고 검소하며 전혀 사치스럽지 않기 때문이다. 또한 복권에 당첨되거나, 홈런을 치거나, 또는 퀴즈 쇼에서 우승하는 것과 같은 방법으로 부자가 될 확률은 매우 낮다. 그럼에도 불구하고 언론에서는 그런 식으로 횡재하는 경우를 선정적으로 보도하는 것이다.

많은 사람이, 특히 UAW인 사람은 소득이 늘어나면 그것을 어떻게 해야 할지 잘 알고 있다. 써 버리는 것이다! 그들은 즉각적인 만족에 대한 욕구가 매우 크다. 그들에게 있어서 인생이란 퀴즈 쇼와 같다. 우승자는 즉석에서 상금을 타고, 눈에 띄는 좋은 상품을 받는다. 이런 퀴즈 쇼를 시청하는 사람들은 참가자들에게 깊이 감정 이입하게 된다. 그런 쇼의 시청률이 매우 높은 것을 보면 알 수 있다. 시청자들은 출연자가 자동차, 보트, 가전제품, 상금 등을 타는 것을 보며 대리 만족을 느낀다. 퀴즈 쇼의 상품으로 장학금을 제공하면 어떨까? 대부분의 사람이 즉각적인 만족을 원하므로 이러한 방식은 흥미를 끌지 못할 것이다. 말하자면, 시청자들은 10여 대의 캠핑용 밴보다 대학 학위가 더 경제적 가치가 있다는 사실을 알고 있으면서도 8년간의 야학으로 학위를 받는 것보다는 지금 당장 한 대의 밴을 받고 싶어 한다.

전형적인 미국 백만장자의 생활 방식

전형적인 미국 백만장자를 다룬 TV 쇼가 대다수의 시청자에게 인기를 끌 수 있을까? 그렇지 않을 것이다. 그 이유를 한번 생각해 보자.

카메라가 전형적인 미국 백만장자 자니 루카스의 가정에 초점을 맞추고 있다. 그는 지방 대학에서 학사 학위를 받았으며, 소규모의 청소 아웃소싱 회사를 소유하여 지난 몇 년간 잘 운영해 오고 있다. 직원 모두 회사 마크가 새겨진 모자와 멋진 유니폼을 입고 있다.

이웃 사람들에게 루카스 가족은 특별할 것 없는 그저 평범한 중산층 사람들일 뿐이다. 그러나 루카스는 200만 달러가 넘는 순자산을 가지고 있다. 사실 재산 면에서 본다면 루카스 가족은 좋은 동네에 사는 그 지역민 중 상위 10% 이내에 들며, 전국적으로 따지면 상위 2% 이내에 든다.

TV 시청자들은 텔레비전에 비친 루카스의 이미지와 그의 실제 재산에 관해 어떤 반응을 보일까? <u>첫째, 시청자들은 혼란스러워질 것이다.</u> 루카스가 대부분의 사람이 상상하는 백만장자로는 보이지 않기 때문이다.

<u>둘째, 시청자들은 마음이 불편해질 것이다.</u> 루카스 가정의 전통적인 가치관과, 근면하고 절제하며 헌신적이고 검소한 생활 방식, 그리고 건전한 투자 습관 때문에 위협을 느낄 것이기 때문이다. 만일 당신이 평범한 미국 성인에게 앞으로 재산을 모으려면 소비를 줄여야 한다고 말한다면, 어떤 반응을 보일까? 아마도 그는 당신이 자신의 생활 방식을 위협한다고 생각할 것이다. 따라서 전형적인 백만장자 TV 프로그램은 루카스 같은 부류의 사람들이나 볼 것이고, 그들은 이 프로를 보며 자신의 인생관을 더욱 확고하게 다질 것이다.

이러한 우려에도 불구하고 어떤 방송사가 루카스 가정을 시험 프로그램으로 방송하기로 했다고 가정해 보자. 이 프로그램은 과연 시청자들에게 무엇을 이야기해 줄 것인가?

신사 숙녀 여러분, 여기 자니 루카스를 소개합니다. 루카스 씨는 백만장자입니다. 소비 습관에 관해 루카스 씨에게 몇 가지를 질문해 보겠습니다. 이것은 시청자들이 보내 주신 질문입니다.

양복을 맞춰 입습니까, 아니면 사 입습니까?

"루카스 씨, 우리 시청자 한 분은 우선 당신이 지금까지 옷을 사는 데 최대 얼마까지 써 보았는지 알고 싶어 하는군요."

루카스는 잠시 눈을 감는다. 깊은 생각에 잠긴 것이 분명하다. 청중들은 숨을 죽이고 대답을 기다린다. 청중들은 아마도 '1,000달러에서 6,000달러 사이일 것'이라는 대답을 기대하고 있을 것이다. 그러나 우리 연구에 따르면 그것은 잘못된 기대이다. 우리 연구팀은 전형적인 백만장자라면 이렇게 대답할 것으로 예상한다.

"최대 얼마까지 써 보았느냐고요? 최대로 쓴 돈이 그러니까… 내 옷과 아내의 옷, 그리고 우리 아들 버디와 다릴의 옷, 그리고 딸 윌린과 진저의 옷… 최대로 쓴 돈은 399달러였습니다. 이제야 생각이 나는군요. 우리의 결혼 25주년 기념 파티를 위해 그때 특별히 아주 비싼 옷을 샀었죠."

[표 2-1] 백만장자가 의류와 액세서리를 구입하는 데 지불한 금액

의류			구두			손목시계		
가장 비싼 금액 (단위: 달러)	이보다 적게 지불한 %	이보다 많이 지불한 %	가장 비싼 금액 (단위: 달러)	이보다 적게 지불한 %	이보다 많이 지불한 %	가장 비싼 금액 (단위: 달러)	이보다 적게 지불한 %	이보다 많이 지불한 %
195	10	90	73	10	90	47	10	90
285	25	75	99	25	75	100	25	75
399	50	50	140	50	50	235	50	50
599	75	25	199	75	25	1,125	75	25
999	90	10	298	90	10	3,800	90	10
1,400	95	5	334	95	5	5,300	95	5
2,800	99	1	667	99	1	15,000	99	1

이런 루카스의 대답에 청중은 어떤 반응을 보일까? 아마도 너무나 충격적이라 믿으려 들지 않을 것이다. 청중의 기대는 대부분의 미국 백만장자의 실제 생활 모습과 일치하지 않기 때문이다.

우리가 진행한 설문 조사에서 전형적인 미국 백만장자들은 자신이나 가족 중 누구의 옷을 사더라도 399달러 이상의 돈을 쓴 적이 없다고 대답했다. [표 2-1]에 나와 있는 수치를 잘 살펴보기 바란다. 지금까지 산 가장 비싼 옷에 399달러 미만을 지불했다고 대답한 백만장자는 50% 이상이다. 10명 가운데 겨우 1명 정도만이 1,000달러 이상을 지불했으며, 100명 중 1명 정도만이 2,800달러 이상을 썼다. 반대로, 백만장자 4명 가운데 1명 정도가 285달러 미만을 지불했으며, 10명 가운데 1명 정도가 195달러 미만을 지불했다.

위의 수치는 우리 조사에 참여한 전체 백만장자의 경우이다. 연구에 참

여한 백만장자 가운데 거의 14%는 유산 상속을 받아 부자가 되었다는 점을 고려하기 바란다.

그렇다면 자수성가한 경우와 유산 상속을 받은 경우를 나누어 보면 어떨까? 자수성가한 백만장자들은 옷은 물론이거니와 그 외에 신분을 상징하는 액세서리 구입에 유산 상속을 받은 백만장자들보다 훨씬 적은 돈을 쓴다. 백분위수 50번째에 해당하는 전형적인 자수성가형 백만장자는 양복을 사는 데 360달러 정도를 지불했지만, 전형적인 유산 상속형 백만장자는 600달러 이상을 지불한 것으로 보고했다.

도대체 미국의 백만장자 루카스 가족은 어떻게 그렇게 적은 금액으로 살아갈 수 있는 것일까? 루카스는 비싼 양복을 입을 필요가 없다. 의뢰인들에게 감명 깊은 인상을 주어야 하는 성공한 변호사가 아니기 때문이다. 주주 총회에 참석한 주주들이나 금융계 언론, 또는 은행 투자가들에게 좋은 인상을 심어 줄 필요도 없으며, 똑똑한 중역들 앞에서 끊임없이 이야기해야 하는 유능한 최고 경영자도 아니다. 하지만 루카스 역시 자신이 경영하는 청소 아웃소싱 회사의 직원들에게는 좋은 인상을 주어야 한다. 어떻게 그럴 수 있을까? 1,000달러에서 6,000달러 사이의 양복을 맞춰 입을 정도로 돈을 많이 벌고 있다는 인상을 주지 않음으로써 그렇게 할 수 있는 것이다.

지난 20여 년간 우리가 인터뷰해 왔던 대부분의 백만장자는 루카스와 비슷한 견해를 가지고 있었다. 그러면 도대체 그 비싼 양복은 누가 사 입는다는 말인가? 우리는 조사를 통해 재미있는 관계를 밝혀냈다. 연간 소득이 5만에서 20만 달러 사이로, 백만장자가 아닌 사람들이 1,000달러짜리 양복을 소유한 경우가 백만장자의 경우보다 적어도 6배는 많았다. 그들이 부자가 되지 못한 것은 그들의 소비 습관과 관계가 있는 것이 분명하다. 이들은 도대체 어떤 사람들인가? 대개의 경우 자신의 사업체를 소유하고 있지 않은 사람들이다. 대부분 기업의 중간 관리자로서, 특히 맞벌이를 하거나 변호사, 영업 마케팅 전문가, 의사인 경우가 많았다.

도대체 누가, 왜 이들에게 백만장자보다 더 비싼 양복을 입으라고 제안하는 것일까? 최근 발표된 한 기사에서 비싼 양복을 여러 벌 가지고 있는 사람이 그 양복들은 자신의 탁월한 투자였다고 강조한 일이 있었다(로렌스 미나드, '선생님, 대단히 성공한 분으로 보이십니다', 《포브스》, 1996. 4.8, p. 132~133). 이 기사에서 미나드는 양복에 돈을 투자하는 것에 관한 여러 가지 질문에 이렇게 대답했다.

"맞춤 양복이 2,000달러의 가치가 있을까? 제 것은 그렇습니다. 14년이 지났고, 체중이 14파운드나 늘었는데도 여전히 근사해 보입니다. 이런 말을 해도 믿어지지 않겠지만, 저는 매우 탁월한 투자를 했다고 생각합니다."

미나드는 어떻게 해서 런던의 세빌로우 거리에 있는 양복점들을 알게 되었는지 독자들에게 말한다. 당시 '탁월한 기호'를 가지고 있으면서도 구매 습관이 경박하지 않다고 생각하고 있던 2명의 회사 고위 중역들이 그 양복점들을 그에게 소개해 준 것이다. 그들은 그에게 맞춤복을 사면 자신의 옷과 '독특하고 개인적인 관계'를 맺게 된다고 조언했다.

맞춤복의 의미는 무엇일까? 중산층 미국인에게는 그야말로 '맞추어 입는 옷'을 의미한다. 그러나 자니 루카스는 맞춤복을 사 본 적이 없다. 그런 루카스가 과연 중저가 백화점 JC 페니에서 산 고급 순모 양복과 '독특하고도 개인적인 관계'를 맺고 있을까? 잠깐! 백만장자 중에도 JC 페니 백화점에서 쇼핑하는 사람들이 있다는 사실에 놀랐는가? 그렇다면 연구 대상 백만장자 가운데 약 30.4%가 JC 페니 신용 카드를 가지고 있다는 사실에 더욱 놀랄 것이다. 이 백화점의 자체 브랜드 '스태퍼드 이그제큐티브'의 양복은 최근 유력한 소비자 잡지에서 내구성, 재단, 착용감 면에서 업계 최고 점수를 받았다.

당신이 순면 양복을 아무리 비싼 값에 샀다 할지라도 좀이나 담뱃재 같은 것들은 상관하지 않는다는 점을 명심하라. 맞춤복이라고 해서 좀이 슬지 않거나 담뱃재가 떨어지지 않는 것은 아니다. 당신 양복이 디킨스, 드골, 처칠 같은 유명 인사들이 입었던 것과 같은 상표라고 해도 마찬가지이다. 좀이나 담뱃재는 당신이 양복 덕분에 투자 배당을 받거나 자본 이득을 얻었다 하더라도 신경 쓰지 않는다. 하지만 분명한 것은 이것들이 당신의 투자 재산인 양복을 상하게 할 수 있다는 사실이다.

신발

다시 TV 쇼로 돌아가 보자. 자니 루카스는 여전히 무대에 있다. 그는 어떤 타입의 구두를 살까? 시청자들이 아직도 이 프로그램을 보고 있다면 다시 한번 놀랄 것이다. 루카스는 대부분의 백만장자와 마찬가지로 비싼 신발을 사지 않는다. 조사 대상 백만장자 중 약 50%가 신발 한 켤레에 140달러 이상 지불한 적이 없다고 대답했다. 25%는 100달러 이상 지불한 적도 없다고 한다. 겨우 약 10%만이 신발 한 켤레 사는 데 300달러 이상을 써본 적이 있다고 했다. 백만장자가 아니라면 도대체 누가 비싼 구두를 만들어 파는 제조 업체와 상점을 먹여 살리는 것일까? 물론 어떤 백만장자들은 비싼 구두를 신는다. 그러나 300달러 이상의 비싼 구두를 사는 사람 중에 백만장자보다 백만장자가 아닌 사람의 수가 최소 8배나 많았다.

그러나 대중 매체에서는 뭐라고 하는가? 그들은 비싼 신발이나 액세서리를 사는 미국의 극소수 사람에 대해 떠들썩하게 보도한다. 애틀랜타에서 구두를 사는 데 2시간을 소비한 복싱 프로모터 돈 킹에 관한 뉴스를 보자. 그는 쇼핑을 하는 동안 한 가게에서 110켤레의 신발을 구매했다. 그리고 그 값으로 세금을 포함해 6만 4,100달러를 지불했다. 이로 인해 이 가게에서 한 번에 3만 5,000달러어치를 구매했던 매직 존슨의 기록이 깨졌다. 킹의 기록은 한 켤레당 평균 582달러 73센트임을 의미한다. 가장 비싼 신발은 얼마였을까? 보도에 따르면 악어가죽 구두 한 켤레 값이 850달러로 가장 비쌌다고 한다(제프 슐츠, '신발 가게에서 6만 4,100달러를 계산한 돈 킹', 《애틀랜타 저널 컨스티튜션》, 1995. 6. 4, p. 1).

우리 조사에 참여한 백만장자 중 구두 한 켤레에 667달러 이상을 주고 산 적이 있는 사람은 1%에 불과했다. 킹이 산 악어가죽 구두의 경우는 백만장자 사이에서도 아주 드문 일이다. 그럼에도 불구하고 대중 매체는 소비 행위의 비정상적인 내용을 강조해 보도하기를 즐긴다. 결국 부자들은 흔히 비싼 물건을 구입한다는 생각을 젊은이들에게 심어 주게 되는 것이다. 따라서 젊은이들은 부자들이 '과소비'적인 생활을 하고 있으며, 미국에서 부자에게 주어지는 가장 큰 대가가 바로 과소비라는 생각을 하게 된다.

왜 킹은 크게 환영받는 반면 자니 루카스는 환영받지 못하는 것일까? 그 것은 루카스의 소비 습관이 평범하기 때문이다. 루카스가 부자이기 때문에 받게 되는 대가는 물질적인 것이라기보다는 추상적인 것들이다. 말하자면 재정적 자립, 절제, 훌륭한 가장, 좋은 남편, 교육을 잘 받은 아이들의 아버지 같은 것이다.

루카스의 마지막 기회, 손목시계

과연 자니 루카스는 흥미를 잃은 시청자들을 다시 한번 TV 앞으로 불러 모을 수 있을 것인가?

부유한 사업가인 자니 루카스는 시간을 철저히 엄수하는 사람이다. 그는 결코 모임에 늦은 적이 없으며, 주중에는 매일 아침 6시 30분이면 일터에 도착한다. 어떻게 그럴 수 있을까? 아마도 손목시계 때문일 것이다. 그렇다면 루카스는 과연 비싼 시계를 차고 있을까? 지금쯤이면 여러분도 이 질문에 대한 대답을 짐작하고 있을 것이다. 우리 조사에 참여한 백만장자 가운데 절반 정도는 평생 235달러가 넘는 시계를 차 본 적이 없다고 했다. 약 10%는 시계를 사는 데 47달러 이상 지불해 본 적이 없다고 했고, 약 25%는 100달러 이상은 지불해 본 적이 없다고 했다.

물론 어떤 백만장자들은 비싼 시계를 사기도 한다. 그러나 그런 경우는 소수에 불과하다. 백만장자 중 1,125달러가 넘는 시계를 사 본 경험이 있는 사람은 25%에 불과하다. 3,800달러 이상을 들여 시계를 산 경우는 약 10%, 1만 5,000달러 이상을 쓴 경우는 겨우 1% 정도였다.

시청자들에게 루카스는 의류와 액세서리에 대한 자신의 평범한 취향을 사과해야 할 것이다. 그러나 루카스는 다음과 같이 말함으로써 자신의 입장을 분명히 할 것이다.

"나는 좋은 집에 살고 있습니다. 하지만 주택 융자 없이 집을 샀습니다. 우리 아이들이 대학에 가기 전에 이미 대학 학자금이 완전히 마련되어 있었죠."

불행하게도 루카스의 이야기와 사과는 결코 방영되지 못할 것이다.

루카스 같은 부류의 사람은 드물다

미국인들 가운데 부유한 사람의 수가 그토록 적은 이유는 무엇일까? 심지어 연간 소득이 수십만 달러나 되는 대부분의 가정조차도 부유하지 못하다. 이런 사람들은 루카스와는 다른 성향을 가지고 있다. 게다가 앞으로 생길 돈을 미리 당겨서 지금 당장 써 버려도 괜찮다고 생각한다. 그들은 남의 돈을 빌려 쓰는 일이 다반사이며, 버는 족족 써 버린다. 그런 사람들은 대부분 많은 물건으로 풍족함을 과시하는 사람을 성공한 사람으로 생각한다. 자니 루카스같이 남의 눈을 의식하지 않는 사람은 자기네보다도 못한 사람으로 여긴다.

자니 루카스는 이웃들에게도 그다지 존경받지 못하는 것 같다. 사회적 지위 면에서 루카스는 평균 이하이기 때문이다. 그러나 어떤 기준에서 그렇다는 말인가? 이웃들의 관점에서 보면 루카스는 직업적 지위가 낮다. 그는 소규모 사업체를 가지고 있을 뿐이다. 루카스가 가끔 자기 회사의 청소차를 타고 집에 올 때면 어떤 일이 벌어질까? 청소차는 다음 날 아침 그가 다시 출근할 때까지 그의 집 마당에 서 있을 것이다. 이웃들은 이 사실을 어떻게 생각할까? 그들은 루카스가 재정적으로 자립한 사람이라는 사실을 전혀 모른다. 이웃들은 그가 이혼하지 않고 결혼 생활을 착실하게 유지한다든지, 자녀의 대학 교육비를 전부 대출 없이 마련했다든지, 수십 명의 직원을 고용하고 있다든지, 성실하고 검소하다든지, 주택 융자금을 모두 갚았다든지 하는 등의 훌륭한 점에는 점수를 주지 않는다. 오히려 많은 이웃이 루카스가 다른 동네로 이사 가기를 바랄 것이다. 왜 그럴까? 아마도 루카스와 그의 가족이 부유해 보이지도 않고, 좋은 옷을 입지도 않으며, 비싼 차를 타지도 않고, 높은 지위의 직업을 갖고 있지도 않기 때문일 것이다.

뛰어난 방어책, 검소

우리 설문 조사에 포함된 다음과 같은 3가지 질문에 대해 부유한 사람들은 대부분 긍정적으로 대답한다.

1. 당신의 부모는 매우 검소했는가?
2. 당신은 검소한가?
3. 당신의 배우자는 당신보다 더 검소한가?

이 마지막 질문이 매우 중요하다. 부를 축적하는 데 가장 뛰어난 재주를 가진 사람들은 그 자신도 물론 검소하지만 배우자는 한층 더 검소하다. 전형적인 부유층 가정을 한번 생각해 보자. 백만장자 가구의 거의 95%가 결혼한 커플로 이루어져 있다. 이 가운데 70%의 가정에서는 남편이 소득의 80% 이상을 벌어들인다. 이들은 '소득 생성'이라는 게임에서 훌륭하게 공격수 역할을 해내고 있는 셈이다. 경제적인 면에서 훌륭한 공격을 하고 있다는 것은 그 가정이 평균 가정보다 훨씬 더 많은 소득을 벌어들이고 있음을 의미한다. 말하자면, 미국 보통 가정의 연간 실현 소득인 약 3만 3,000달러보다 훨씬 더 많이 벌어들인다는 뜻이다. 이런 가정은 대부분 수비에도 뛰어나다. 다시 말해서, 소비재나 서비스 등에 돈을 낭비하지 않고 매우 검소하게 생활한다는 말이다. 그러나 결혼한 커플의 카테고리에 포함되는 검소한 고소득자가 자동적으로 순자산을 많이 가지고 있다는 뜻은 아니다. 분명히 그 외에 다른 요소가 있어야 한다. 자수성가한 어떤 백만장자가 그 요소에 대해 다음과 같이 적절하게 설명했다.

"집사람은 돈을 조금도 쓰지 않으려고 합니다!"

소비 지향적인 사람과 결혼한 사람은 대부분 결코 한 세대 만에 부자가 될 수 없다. 부부 두 사람 가운데 한 사람이 과소비적이라면 재산을 모을 수 없기 때문이다. 특히 부부 중 한 사람, 혹은 두 사람 모두가 사업체를 성공시키기 위해 애쓰고 있는 경우라면 특히 더 재산을 모으기 힘들다. 방탕한 소비 습관으로 계속 과소비를 하면서 동시에 재산을 모으기란 매우 어렵기 때문이다.

왜 당신은 부자가 아닌지 의문이 생기는가? 그렇다면 당신의 생활 방식을 좀 살펴보자. 당신은 훌륭한 공격수인가? 말하자면 당신의 소득이 7만 달러나 10만 달러, 혹은 20만 달러 범주에 들어가는가? 그렇다면 당신은 훌륭하게 공격하고 있는 셈이므로 축하할 일이다. 그런데 도대체 왜 '재산 모으기' 게임에서 계속 지는 것일까?

검소한 아내에게 바치는 송가

어떤 백만장자가 최근 공개한 자신의 회사 주식 가운데 800만 달러 상당의 주식을 아내에게 주었다. 아내는 어떤 반응을 보였을까? 31년간 함께 살아온 남편의 말에 따르면, 아내는 정말 고맙다고 말하고는 미소를 띤 채 그대로 부엌 식탁에 앉아 일주일 동안 들어온 신문 뭉치를 놓고 거기에서 25센트, 50센트짜리 식품 할인 쿠폰을 잘랐다고 한다. 그 어떤 것도 그녀가 매주 토요일 아침에 하는 일과를 방해할 정도로 중요하지 않은 것이다. "아내는 항상 하던 일을 오늘도 한 것일 뿐입니다. 그 일은 우리의 전 재산이 부엌 식탁뿐이었을 때도 했던 일이지요. 그래서 오늘날 우리가 잘살게 된 겁니다. 결혼 초부터 많은 것을 희생하고 포기했기 때문에 말입니다."

이제 솔직하게 말해 보자. 혹시 당신의 수비가 엉망인 것은 아닐까? 대부분의 고소득자가 이 같은 상황에 처해 있다. 그러나 백만장자는 대부분 그렇지 않다. 백만장자들은 공격과 수비에 모두 능하다. 그리고 그들은 그 훌륭한 수비 덕분에 자신보다 소득이 높은 사람들보다도 더 많은 재산을 모으는 경우가 꽤 많다. 재산을 모으는 데 기초가 되는 것은 수비, 말하자면 검소함이다. 그리고 이 수비를 확고히 고수하려면 예산과 계획을 세워야 한다. 우리는 몇몇 직업군에서는 예산과 계획을 세우며 살아가는 사람들이 많다는 사실을 알게 되었다.

부유한 경매인들

경매업자에 관한 최근의 조사에서 우리는 경매 업자의 35% 이상이 백만장자라는 사실을 알았다. 이 비율은 미국의 최고급 주택가에 살고 있는 백만장자 가구의 비율보다 약간 높은 것이다.

1983년 우리가 직업에 관한 첫번째 연구를 실시했을 때, 연간 실현 소득 10만 달러 이상인 직업 중에서 경매인이라는 직업은 6위를 기록하고 있었다. 그 후로 우리는 경매인을 고소득 직업으로 분류해 왔다. 그러나 우리의 관심을 끈 것은 단지 고소득이라는 점만은 아니었다. 소득이 비슷할 경우 소도시에 사는 경매인과 대도시나 근교의 고급 주택가에 사는 사람 중 누가 더 재산을 많이 모으겠는가? 당신의 짐작대로 경매인이 더 많은 재산을 모을 수 있다.

경매인은 고급 주택가에 사는 비슷한 소득 수준의 사람에 비해 훨씬 검소하다. 말하자면 경매인들은 가정에서나 사업에서 고정 경비를 적게 지출한다는 얘기이다. 소도시에서 생활하거나 사업을 꾸려 나가는 것이 비용이 더 적게 든다는 의미로, 이런 사실을 어느 정도는 설명할 수 있을 것이다. 그러나 그런 낮은 비용을 고려한다 하더라도 경매인들은 부를 축적하는 데 있어 무언가 남다른 재주가 있는 것 같다. 이것에 대해 생각해 보자.

- 백만장자 경매인들은 평균 나이가 50세 정도로, 대도시나 근교의 고급 주택가에 사는 다른 백만장자에 비해 6세에서 8세 정도 적다.
- 평균적인 백만장자 경매인들은 주택을 구입할 때, 대도시나 근교의 고급 주택가에 사는 다른 백만장자들에 비해 61%의 비용만을 들

인다.
- 대도시나 근교에 거주하는 백만장자들이 고급 수입 자동차를 가지고 있는 경우가 백만장자 경매인들에 비해 3배나 많다.
- 경매인들은 미래 가치가 상승할 자산에 재산을 투자하는 비율이 다른 고소득층보다 높고, 주로 자신이 잘 아는 분야에 집중 투자하는 경향이 있다.
- 경매인들은 파산의 고통을 잘 알고 있다. 그들은 일반 소비재는 구입 가격보다 되팔 때의 가격이 훨씬 낮다는 사실을 잘 알고 있다. 어떤 경매인은 자신이 그토록 검소한 이유를 다음과 같이 설명했다.

"내가 아주 젊었을 때, 한 여인이 자신의 집 앞마당에 있는 의자에 앉아 울고 있는 모습을 보았습니다. 그러는 동안 그녀의 모든 소유물이 입찰자들의 손에 들려 나갔습니다. 나는 그 여인을 결코 잊지 못할 것입니다."

자, 이제 자수성가한 전형적인 미국 백만장자에게 어떻게 수비를 하고 있는지 물어보자. 이 백만장자를 '제인 룰' 부인이라고 부르기로 하자. 룰 부인과 남편은 소규모 사업체를 하나 가지고 있다. 경매·재산 평가 회사이다. 그들은 회사에서 평가하는 여러 분야의 물건에 투자도 하고 있다. 룰 씨는 사업을 유능하게 이끌어 가는 경영자로서, 사업이 그만큼 성공한 데에는 그의 공이 컸다. 어쨌든 그는 언변이 좋았다. 그러나 이 사업의 진정한 리더이자 성장 동력을 제공하는 사람은 바로 룰 부인이었다. 이 경매 회사를 성공으로 이끈 것은 바로 룰 부인의 계획과 설계, 예산, 수금, 마케팅 능력이었다. 룰 부부가 오늘날 이처럼 부자가 된 것은 룰 부인의 탁월한 수비수 역할

덕분이었다! 그녀는 집과 회사의 모든 예산과 지출을 책임지고 있다. 당신의 가정에서도 누군가가 예산을 담당하고 있는가? 사실 그렇지 않은 경우가 대부분이다. 대개 수입에 따라 예산이 정해지기 때문이다. 우리가 부유층의 예산 편성과 계획에 관해 설명할 때면 예상대로 사람들은 늘 "백만장자가 무슨 예산 편성을 할 필요가 있는가?"라고 질문한다. 그때마다 우리의 대답은 항상 똑같다.

"백만장자들은 예산을 세우고 지출을 억제하는 방법으로 부자가 되었으며, 똑같은 방법으로 재산을 유지한다."

때로는 우리의 논점을 명확히 하기 위해 유추에 의한 설명을 해야 할 때도 있다. 예를 들어, 우리는 이런 질문을 한다.

"매일 규칙적으로 조깅하는 사람들을 본 적이 있는가? 그런 사람들은 대개 건강해서 조깅을 할 필요가 없는 것처럼 보인다. 그러나 바로 그것 때문에 그들은 건강한 것이다. 마찬가지로, 부자들은 경제적으로 건강한 상태를 유지하기 위해 노력한다. 그러나 경제적으로 건강하지 못한 이들은 상황을 변화시키기 위한 노력을 거의 하지 않는다."

사람들은 대부분 신체적으로 건강하기를 원한다. 그리고 건강해지려면 어떻게 해야 하는지도 알고 있다. 그러나 알고 있으면서도 대부분의 사람이 건강을 위해 노력하지 않는다. 왜 그럴까? 아는 것을 실천에 옮길 만큼의 자제력이 없기 때문이다. 그들은 아는 것을 실천으로 옮길 시간을 내지 않는다. 이것은 미국에서 부자가 되는 것과 맥락이 비슷하다. <u>당신은 부자가 되고 싶지만 경제적인 수비에 약할 뿐 아니라, 지출을 통제할 만한 자제력도 없는 것이다.</u> 당신은 예산을 편성하고 계획을 세우는 데 시간을 투자하지 않는다. 재산을 모으지 못하는 UAW들이 한 달 중 투자 전략을 세우는 데 할애하는 시간보다 운동하는 데 보내는 시간이 3배나 된다는 점을 주목해야 할 것이다.

그러나 룰 부인은 다르다. 대부분의 백만장자와 마찬가지로 그녀는 자제력이 아주 강하며, 계획을 세우고 예산을 편성하는 데 시간을 투자한다. 이것이 바로 재산을 모으는 비결인 것이다. 룰 가정의 연간 소득은 일정하지 않다(경매인들의 경우, 이처럼 수입이 들쭉날쭉한 것이 일반적이다. 대개 경기가 나빠지면 경매 서비스의 수요가 늘어난다). 지난 5년간 룰 가정의 연간 평균 소득은 9만 달러 정도였다. 그러나 순자산은 계속 늘어나고 있으며, 현재의 재산은 200만 달러가 넘는다. 우리 설문 조사에서 룰 부인은 예산과 계획에 관한 질문 4가지에 모두 "예."라고 대답했다.

당신도 부자가 되어 그 부를 계속 유지하고 싶은가? 그렇다면 과연 다음 같은 간단한 질문 4가지에 정직하게 "예."라고 대답할 수 있는가?

질문 1: 당신의 가정은 연간 예산에 따라 운영되는가?

당신은 매년 의·식·주 부문별로 소비 지출을 계획하는가? 룰 부인과 대부분의 백만장자가 그렇게 하고 있다. 사실 백만장자에 관한 가장 최근의 전국 규모 설문 조사에 따르면 예산을 세우지 않는 백만장자가 100명이라면 예산을 세우는 백만장자는 120명인 것으로 밝혀졌다.

예산을 세우지 않고도 어떻게 백만장자가 되었을까, 그들은 어떤 방법으로 소비를 통제할까 하는 의문이 생길 것이다. 그들은 자신과 가족들에게 '내핍'이라는 인위적인 경제적 환경을 조성한다. 예산을 세우지 않는 백만장자들 가운데 절반 이상이 먼저 투자한 다음 나머지를 가지고 소득 수준에 맞게 지출한다. 이런 방법을 '자신에게 우선 지출하기'라고 말하는 사람이 많다. 이런 백만장자들은 연간 실현 소득 가운데 적어도 15% 이상을 투자한다. 그리고 나서 나머지로 의식주를 해결하는 것이다.

그렇다면 예산도 세우지 않고, 우선 투자도 하지 않는 부류의 백만장자들은 어떻게 된 일일까? 그들 가운데 일부는 재산의 전부 또는 대부분을 상속받은 경우이다. 그리고 나머지 소수, 즉 전체 백만장자의 20%가 채 안 되는 사람들은 소득이 많아서 쓸 만큼 쓰고도 수백만 달러의 재산이 남아 있는 경우에 속한다. 다시 말해서, 공격이 아주 뛰어나기 때문에 수비가 필요 없는 경우이다. 그러나 연간 소득이 200만 달러인데도 재산은 100만 달러밖에 없다면 어떨까? 이론적으로는 백만장자임이 틀림없다. 그러나 실질적으로는 기대 수준에 못 미치는 부를 축적한 UAW에 지나지 않는다. 그리고 이것은 단지 일시적인 백만장자일 뿐이라는 사실을 의미한다. 이런 사람들이 바로 신문에 자주 보도되는 부류이다. 대중 매체는 그들의 비정상적인 성격과 소비 습관을 기사화하기를 즐긴다.

그렇다면 대중 매체가 과연 룰 부인의 이야기를 기사로 다룰까? 아마도 그렇지 않을 것이다. 룰 부인의 14만 달러짜리 집과 4년 된 디트로이트 고철 자동차에 흥미를 느끼는 사람이 어디 있겠는가? 꼬박 3일 밤을 식탁에 앉아 가족의 연간 예산을 세우는 룰 부인의 모습을 누가 보고 싶어 할 것인가? 지난해에 소비한 돈을 빠짐없이 계산하고, 항목별로 분류하는 것이 뭐 그리

흥미진진하겠는가? 당신 같으면 앞으로 들어올 소득을 수십 개의 소비 항목으로 나누고 계산하는 룰 부인의 모습에 전율이 느껴지겠는가? 당신은 룰 부인이 연간 지출 계획과 예산을 짜는 모습을 도대체 얼마나 오랫동안 지켜볼 수 있을까? 사실 룰 부인에게도 그것은 재미있는 일이 아니다. 그러나 룰 부인이 생각하기에 그보다 더 끔찍한 일은 바로 경제적 여유가 없어 정년이 지나서도 계속 일을 해야 하는 상황이다. 이런 지루한 작업이 가져다줄 장기적인 이익을 생각해 보면 예산 세우는 일이 훨씬 더 쉽다는 것을 알 수 있다.

질문 2: 당신 가족이 의식주 비용으로 매년 얼마나 지출하는지 알고 있는가?

백만장자 가운데 거의 2/3에 해당하는 62.4%가 이 질문에 "알고 있다."라고 대답했다. 룰 부인도 마찬가지이다. 그러나 고소득을 올리면서도 백만장자가 못된 사람들의 경우에는 약 35%만이 "그렇다."라고 대답했다. 이들 가운데는 집안의 식비, 외식비, 음료비, 생일이나 명절 선물비, 가족의 의류비, 유치원비, 신용 카드비, 자선 단체 기부금, 재정 자문 비용, 클럽 회비, 자동차 유지비, 학비, 휴가비, 난방비, 전기료, 보험료 등으로 매년 얼마나 나가는지 전혀 모르는 사람들이 많았다.

위의 목록에는 주택 융자금 상환 비용이 포함되어 있지 않은 점에 주목하라. 고소득·저자산의 사람 중에는 주택 융자금으로 인한 세금 공제 덕분에 돈을 많이 절약하고 있다고 자랑하는 경우가 많다. 물론 주택 융자로 집을 산 대부분의 백만장자가 세금 공제를 받는다. 그러나 대부분의 백만장자는 그것뿐만 아니라 가정에서 지출하는 다른 비용도 철저히 아껴 쓴다. 고소득·저자산의 사람들에게 목표가 무엇인지 물어보라. 과연 뭐라고 대답할까? 그들은 흔히 '세금 부담을 최소화하는 것'이라고 대답한다. 그들은 세금 부담의 최소화를 위한 한 가지 방법으로 주택 융자의 세금 공제를 이용한다. 그렇다면 왜 이들은 가정에서 지출하는 다른 비용은 계산하지 않는 것일까? 그것은 단지 그렇게 할 만한 가치가 없다고 생각하기 때문이다. 그들은 대부분의 생활비가 세금 공제 대상이 아니기 때문에 그럴 필요가 없다고 생각한다.

그러나 룰 부인의 생각은 다르다. 그녀의 목표는 경제적으로 자립하는 것이다. 룰 부인은 자신과 남편이 퇴직할 때까지 500만 달러의 재산을 모으는 것이 목표이다. 그녀는 생활비의 예산을 세우고 회계하는 것이 목표를 달성하는 데 직접적인 관련이 있다고 믿는다. 항목별로 도표화하면 소비를 줄이는 데 도움이 될 뿐만 아니라 중요하지 않은 부분에 너무 많은 돈을 할당할 가능성도 줄여 준다고 생각한다. 룰 부인은 늘 회사의 지출 비용을 항목별로 도표화해 왔다. 그러다가 회사에서 사용하는 방법을 집에서도 똑같이 적용할 수 있다는 사실을 깨달은 것이다. 이것이 바로 자영업자들이 얻을 수 있는 한 가지 이점인 것이다.

룰 부인은 65세 생일을 맞기 전에 재정적인 걱정으로부터 자유로워지고 싶어 한다. 매번 계획을 세울 때마다 그녀는 편안하게 퇴직하지 못할지도 모른다는 자신의 두려움을 조금씩 줄여 가고 있는 것이다. 룰 부인은 금전적인 면에서 앞날을 걱정할 필요가 없다. 왜냐하면 비록 연간 소득이 9만 달러밖에 되지 않지만, 재산은 연간 소득의 20배가 넘기 때문이다. 또한 룰 부인에게는 가족의 생활비 지출을 통제할 힘도 있다.

그와는 반대로, 로버트와 쥬디는 걱정이 많다. 이 부부는 룰 부인의 2배가 넘는 20만 달러의 연간 소득을 올리고 있다. 그러나 다른 많은 고소득자와 마찬가지로 이들이 가지고 있는 재산은 룰 부인의 몇 분의 1도 안 된다. 이 부부는 자신들이 소비 수준을 조절하는 것이 아니라 소비가 자신들을 조절한다고 느끼고 있다. 룰 부인도 1년에 20만 달러나 지출해야 한다면 상당히 부담스러울 것이다. 로버트와 쥬디가 신용 카드를 14개나 사용하는 데 반해 룰 가족은 2개밖에 없다. 하나는 회사용이고, 또 하나는 가정용이다.

그러면 잠시 신용 카드에 대해 이야기해 보기로 하자. 많은 백만장자에게 신용 카드에 관한 아주 간단한 질문을 하나 해 보라. 그 결과를 보면 당신은 백만장자가 도대체 어떤 사람들인지 이해할 수 있게 될 것이다.

백만장자 여러분,

당신이나 가족이 소유하고 있는 신용 카드의 번호에 동그라미 표시를 해주십시오. 해당하는 곳에 모두 표시하십시오.

자, 이제 눈을 감고 자신이 거의 400만 달러의 순자산을 지닌 백만장자라고 상상해 보라. 당신 신분에 어울리는 카드는 어떤 것이겠는가? 아마도 '아메리칸 익스프레스 플래티넘' '다이너스 클럽' '카르트 블랑' 등의 고급 카드가 가장 먼저 떠오를 것이다. 자신이 유행에 민감한 백만장자라고 여긴다면 그 외에도 '브룩스 브러더스' '니만 마커스' '삭스 피프스 애비뉴' '로드 앤 테일러' '에디 바우어' 등의 고급 디자이너 의류점 카드를 생각할 수도 있을 것이다. 만약 이런 카드를 선택했다면 당신은 아주 극소수의 백만장자에 포함된다. 백만장자에 관한 우리의 전국 설문 조사에서 백만장자들의 신용 카드 선호에 관한 재미있는 결과가 나타났다([표 2-2] 참고). 다음은 그중 눈에 띄는 것들이다.

- 대부분의 평범한 미국 가정과 마찬가지로 대부분의 부유층 가정도 '마스터 카드'와 '비자 카드'를 가지고 있다.
- 백만장자 가정은 '브룩스 브러더스 카드(10%)'보다 '시어스 카드(43%)'를 4배나 더 많이 가지고 있다.
- 부유층에서는 '시어스 카드'와 'JC 페니 카드'를 가지고 있는 경우가 고급 백화점 카드를 가지고 있는 경우보다 월등히 많다.
- 미국의 부유층 가운데 21%만이 '니만 마커스 카드'를 사용하고, '삭스 피프스 애비뉴 카드'는 25%, '로드 앤 테일러 카드'는 25%, '에디 바우어 카드*'는 8.1%만이 소유하고 있다.
- '아메리칸 익스프레스 플래티넘 카드'를 가지고 있는 백만장자는 겨우 6.2%, '다이너스 클럽 카드'는 3.4%, 그리고 '카르트 블랑 카드'를 가지고 있는 경우는 1%도 안 된다.

질문 3: 당신은 일간, 주간, 월간, 연간 목표와 일생 목표를 명확히 세워 두었는가?

이 질문은 우리가 10여 년 전에 인터뷰했던 한 백만장자에게서 유래했

---

* 니만 마커스, 삭스 피프스 애비뉴, 로드 앤 테일러, 에디 바우어는 전국에 소매 체인을 가지고 있는 고급 백화점으로, 부유층이 즐겨 쇼핑하는 곳이다.

다. 그는 19세에 식료품 도매상을 시작했다고 한다. 고등학교를 정식으로 졸업하지는 못했지만 나중에 결국 고졸 자격을 인정받은 사람이다. 우리는 그 백만장자에게 고등학교를 중퇴했음에도 불구하고 어떻게 1,000만 달러가 넘는 어마어마한 재산을 모을 수 있었는지 설명해 달라고 요청했다. 그의 대답은 다음과 같았다.

"항상 목표 지향적이었습니다. 명확하게 정의된 일간, 주간, 월간, 연간 목표와 일생 목표를 가지고 있습니다. 심지어 화장실에 가는 목표도 있지요. 나는 항상 우리 회사의 젊은 중역들에게 목표를 가져야 한다고 말합니다."

[표 2-2] 백만장자 가정이 소유하고 있는 신용 카드(표본 수=385)

신용 카드	소유 비율(%)
비자	59.0
마스터	56.0
시어스	43.0
JC 페니	30.4
아메리칸 익스프레스 골드	28.6
아메리칸 익스프레스 그린	26.2
로드 앤 테일러	25.0
삭스 피프스 애비뉴	25.0
니만 마커스	21.0
브룩스 브러더스	10.0
에디 바우어	8.1
아메리칸 익스프레스 플래티넘	6.2
다이너스 클럽	3.4
카르트 블랑	0.9

룰 부인 역시 목표 지향적이다. 그리고 대부분의 백만장자가 마찬가지이다. 세 번째 질문에 "아니오."라고 대답한 백만장자가 100명이라면 "예."라고 대답한 백만장자는 180명 꼴이었다. "아니오."라고 대답한 사람들은 어떤 사람들일까? 두 번째 질문의 결과와 마찬가지로 대부분이 고소득자이거나 재산 상속자였다. 또한 이미 대부분의 목표를 달성한 많은 수의 퇴직 노인층 백만장자가 "아니오."라고 대답했다. 어떤 80세의 백만장자가 한 이야기를 잠시 들어 보자.

필자들 우리의 첫 번째 질문은 항상 목표에 관한 것입니다. 현재 당신의 목표는 무엇입니까?

클라크 어제 런던에서 온스당 438달러였습니다!

클라크가 질문을 잘못 이해했기 때문에 보청기를 켠 후 다시 질문했다.

클라크 아, 예. 금^{gold}이 아니라 목표^{goals} 말씀이군요. 목표라…. 나는 하고자 한 것을 이미 성취했습니다. 내 장기 목표는 물론 충분한 재산을 모아서 일을 그만두고 여생을 즐기는 것이었습니다. 그 목표를 향해 줄곧 달려왔지요. 이젠 세계적인 명성도 얻었습니다. 우리 회사는 세계적인 용접기 회사입니다. 은퇴하고 싶은 마음은 없습니다. 그러나 현재 내 목표는 지금까지 성취한 것에 대한 자기만족, 그리고 가족입니다.

클라크는 상당한 재산을 모은 노년층의 전형적인 인물이었다. 그런데 우리가 인터뷰했던 모든 백만장자 가운데 단 두 사람만이 자신의 목표는 '재산을 한 푼도 남기지 않고 다 쓰고 죽는 것'이라고 말했다.

클라크나 룰 부인은 그런 목표를 가지고 있지 않다. 룰 부인은 손주들을 위해 교육용 신탁 기금을 마련해 둘 계획이다. 또한 지금도 그렇지만 퇴직 후에도 인생을 즐기고 싶어 한다. 재정적으로 안정되기를 원하며, 이를 위해 500만 달러의 재산을 모으는 것이 목표이다. 이 목표를 달성하려면 매년 얼마를 저축해야 하는지도 알고 있다.

그렇다면 룰 부인은 과연 행복할까? 이것은 검소한 백만장자에 관해 사람들이 우리에게 자주 물어보는 질문이다. 물론 룰 부인은 행복하다. 그녀는 재정적으로 안정되어 있으며, 친밀한 가족 관계에 매우 만족하고 있다. 룰 부인에게 가장 중요한 것은 가족이다. 그녀의 생활과 목표는 단순하다. 룰 부인은 집안일과 회사 일 때문에 회계사의 조언을 받기는 하지만, 자신의 목표를 계획하는 데에는 회계사가 필요하지 않다. 그러나 고소득·저자산의 부부인 로버트와 쥬디는 현명하고 설득력 강한 전문가의 도움이 절실하게 필요하다. 그들에게 필요한 회계사는 고객들의 성향을 완전히 바꾸어 놓는 데 상당한 경험이 있는 사람으로서, 그들의 가정 환경을 혼돈과 과소비 상황으로부터 규모 있는 계획과 예산, 그리고 통제의 상황으로 바꾸어 놓을 수 있어야 한다. 그렇게 된다면 그들은 행복해질까? 알 수 없지만, 이 말만은 할 수 있다.

'재정적으로 안정된 사람들은 같은 나이·소득 집단에 속하면서도 재정적으로 불안정한 사람들보다 더 행복하다.'

재정적으로 안정된 사람들은 목표 설정이 미래에 가져다줄 이득에 관해 더 잘 인식하는 것 같다. 예를 들어, 룰 부인은 모든 손주가 대학을 졸업하는 모습과 대학 졸업 후 성공하는 모습을 마음속으로 그려보고 있다. 앞으로 자신이 장애인이 된다고 할지라도 금전적으로 다른 사람들에게 의지하는 일은 결코 없을 것이라는 점도 잘 알고 있다. 이 점에 있어서 룰 부인의 목표는 대부분의 백만장자가 가지고 있는 목표와 같다.

질문 4: 당신은 자신의 재정적 미래를 계획하는 데 많은 시간을 투자하는가?

"아니오."라고 대답한 백만장자 100명 기준으로 "예."라고 대답한 백만장자는 192명이었다. 역시 "아니오."라고 대답한 사람들은 고소득을 올리면서도 비교적 재산이 적은 사람, 말하자면 재산을 전부 또는 대부분 상속받은 경우, 혹은 은퇴했거나 노년층 백만장자인 경우가 많았다.

룰 부인과 같은 백만장자들은 자신을 '계획가'라고 말한다. 사실 이 질문에 대한 대답은 자신의 미래 계획에 투자하는 실제 시간과 상당한 상관관계가 있다. 한 달 동안 투자하는 평균 시간으로 비교할 때, 미래의 투자 결정을 연구하고 계획하는 일뿐만 아니라 현재의 투자 자산을 관리하는 일에 있어서도 고소득·저자산의 사람들보다 백만장자들이 훨씬 더 많은 시간을 투자하는 것으로 나타났다. 재정 계획 및 관리에 투자하는 시간에 관해서는 챕터 3에서 좀 더 자세히 다루기로 하자.

다른 사람들에 비해 룰 부인과 같은 백만장자들은 재정 계획에 더 많은 시간을 할애할 뿐만 아니라 그렇게 투자한 시간에서 더 많은 것을 얻어 내는 것 같다. 룰 부인은 회사에서 경매도 하지만, 경매 물건의 가치를 평가하는 일도 한다. 그래서 가끔 자신이 잘 아는 경매 분야에 직접 투자하기도 한다. 다른 많은 백만장자도 마찬가지이다. 이들은 사업과 개인 투자에 관한 계획을 동시에 세울 수 있도록 시간을 효율적으로 할애한다. 생산성이 매우 높은 경매인이 동시에 탁월한 투자가이기도 한 경우를 자주 본다. 상업용 부동산을 전문적으로 경매하는 어떤 경매인을 예로 들어 보자. 이 경매인이 아주 잘 아는 투자 분야는 무엇일까? 바로 상업용 부동산 분야이다. 그는 자신의 투자 분석가이기도 한 것이다. 당신의 경매 전문 분야가 골동 가구라고 해 보자. 그래도 첨단 기술 분야의 주식에 투자하겠는가? 아마도 아닐 것이다. 하지만 자신의 투자를 위해 그 전문성을 활용한다면 현명한 일이 될 것이다. 만일 당신이 골동품에 관해 조예가 깊다면 그 전문 지식을 활용해 보는 것이 어떨까?

경매인이 되어야만 자신의 전문적 지식을 활용할 수 있는 것은 아니다. 우리 연구 위원 중 한 사람은 대기업의 전략기획팀 팀장 출신이다. 그가 담당했던 일은 여러 사업 분야의 다양한 동향을 연구하는 것이었다. 몇 년 전, 그는 회사 업무를 보다가 업계 동향으로 볼 때 곧 야구 카드 수집 붐이 일게 될 것이라는 사실을 감지했다. 물론 야구 카드 수집 붐이 일어나기 훨씬 전의 일이었다. 그래서 그는 이 분야에 집중적으로 투자했고, 몇 년 후 붐이 일어나자 미키 맨틀의 신인 시절 카드 등 자신이 수집해 두었던 카드를 모두 매우 비싼 값에 팔았다. 백화점 매니저였던 또 다른 사람의 경우를 들어 보자. 그는 백화점의 매출을 항상 높게 유지하기 위해 유통 관계 잡지를 분석하는 일을 맡고 있었다. 그 일을 하면서 얻은 지식으로 그는 후에 유통 분야 유망주에 투자해 톡톡히 재미를 보았다.

백만장자가 아닌 사람들은 재정을 계획하고 관리하는 데 어느 정도의 시간을 투자할까? 충분히 투자하지 않고 있다! 앞에서도 얘기했듯이 백만장자보다 훨씬 적은 시간을 쓴다. 백만장자들은 백만장자가 아닌 사람에 비해 투자 결정에 경험이 많음에도 불구하고 더욱 현명한 투자자가 되기 위해 더 많은 시간을 할애한다. 그래서 백만장자들은 자신의 부를 유지할 수 있는 것이다.

물론 룰 부인 같은 자영업자들은 자영업자가 아닌 사람들에 비해 자유 시간이 많다. 룰 부인은 사업상의 지식을 개인적인 투자 습관에 활용할 수 있는 능력이 있으며, 실제로도 그렇게 하고 있다. 그녀는 자신이 일할 분야와 연구하고 싶은 분야를 선택할 수 있다. 그러나 고용된 사람들은 이런 사치를 누릴 수 없다. 투자 기회에 관한 훌륭한 지식을 상당히 가지고 있으면서도 그 지식을 활용하지 못하는 사람도 많다. 다음의 사례들을 보자.

- 윌리스라는 영업 사원은 10여 년 동안 월마트를 고객으로 두고 있었다. 그동안 월마트는 엄청나게 성장하여 그 가치가 어마어마해졌다. 수십만 달러의 연봉을 받는 유능한 영업 사원 윌리스가 그동안 구입한 월마트 주식은 어느 정도일까? 놀랍게도 하나도 사지 않았다. 주고객인 월마트가 성공적인 업체라는 사실을 잘 알고 있고 연봉이 수십만 달러였는데도 불구하고 단 한 주의 주식도 사지 않은 것이다. 그러면서도 윌리스는 그 10여 년 동안 2년에 한 번씩 고급 수입 자동차를 구입했다.
- 고액의 연봉을 받는 마케팅 책임자 피터슨은 첨단 기술 분야 기업에 다니고 있었다. 그런데도 피터슨은 마이크로소프트나 다른 유망 기업에 한 푼도 투자하지 않았다. 첨단 산업 분야의 많은 기업에 관해

상당한 지식을 가지고 있으면서도 투자하지 않은 것이다.
- 어떤 인쇄 업자는 미국의 유수한 음료 업체를 고객으로 두고 있었다. 그 음료 회사는 매년 수백만 달러어치의 인쇄물을 주문했다. 이 인쇄 업자는 고객인 음료 회사가 주식을 공개할 때 얼마나 투자했을까? 한 푼도 투자하지 않았다.

위의 세 가지 사례에 나온 사람들은 모두 룰 부인보다 연간 소득이 많았다. 그러나 아무도 백만장자가 되지 못했다. 마케팅 책임자 피터슨은 주식을 하나도 가지고 있지 않다. 그는 벌어들인 돈을 투자한 적이 전혀 없다. 그러나 40만 달러짜리 저택에 살고 있다. 그의 이웃들 역시 첨단 기술 분야에 종사하는데, 집은 화려하지만 갚아야 할 주택 융자가 훨씬 많은 실속 없는 사람들이다. 고소득·저자산의 사람들 가운데 대다수가 갑자기 경기가 나빠질까 봐 두려워하면서도 버는 대로 다 쓰며 살아가고 있다.

UAW는 우리의 친구

'테디'라는 애칭을 가진 시어도어 J. 프렌드는 무척 열심히 사는 친구다. 그리고 많은 돈을 벌고 싶어 한다. 그러면서도 씀씀이 역시 굉장하다. 그는 이런 생활 습관이 '능력이 있기 때문에 가능하다'라고 생각한다. 그러나 다른 고소득 영업 전문가들도 능력이 있기는 마찬가지이다. 따라서 '능력 있는 것'이 그 같은 행동의 가장 중요한 이유는 아닐 것이다.

프렌드는 어렸을 때 노동자 계층 동네에 살았는데, 거기에서 그의 집은 가장 가난한 편이었다. 프렌드 가족은 쓰다 버린 목재 같은 것으로 지은 조그마한 집에서 살았다. 고등학교 1학년 때까지만 해도 이발비를 아끼기 위해 아버지가 어설픈 솜씨로 프렌드의 머리를 깎아 주었다.

프렌드가 다녔던 공립 고등학교에는 사회 경제적 배경이 다양한 아이들이 다녔다. 학교 주차장이 비싼 차로 가득 채워질 만큼 부유한 아이들도 많았다. 프렌드는 이런 차들을 보면 늘 부러웠다. 고등학교 시절 내내 그의 가족이 가지고 있던 차는 단 한 대였는데, 처음 살 때부터 이미 10년이나 된 중고차였다.

고등학교를 다니는 동안 프렌드는 언젠가 반드시 부모보다 훨씬 잘살겠다고 다짐했다. 그에게 '잘산다는 것'은 부자 동네에 있는 좋은 집에 살면서 가족 모두 비싼 옷을 입고, 고급 자동차를 타고, 사교 클럽에 가입하고, 최고급 가게에서 비싼 물건을 쇼핑하는 것이었다. 그 꿈을 실현하려면 고소득의 직업을 갖고 매우 열심히 일해야 한다는 것을 일찍부터 깨달았다.

프렌드는 '재산을 모으는 것'이 잘사는 방법이라고는 전혀 생각하지 못했다. 다시 말해서, 그에게 있어 잘산다는 것은 '**고급 물건들로 자신의 고소득을 과시하는 것**'을 의미했다. 프렌드는 투자를 위한 포트폴리오 구성의 이점에 관해서는 별로 생각해 본 적이 없었다. 그에게 고소득이란 사회적 열등감을 극복하는 수단이었고, 또한 열심히 일해서 생기는 대가였다. '투자 이익을 통한 소득'이라는 개념은 생소할 뿐이었다.

프렌드의 부모는 어려운 시기를 대비해서 재산을 모아 두어야 한다는 것에 관해서는 전혀 아는 바가 없었다. 그들의 재정 계획은 매우 단순했다. 돈이 있으면 쓰고, 다 떨어지면 안 쓰는 것이었다. 세탁기를 사거나 지붕을 수리하는 등 돈이 필요한 일이 생기면 돈을 모으기도 했다. 그러나 여러 가지 물건을 할부로 사기도 했다. 프렌드의 부모는 주식이나 채권을 소유해 본 적이 한 번도 없었고, 투자를 목적으로 저축을 해 본 적도 없었다. 그들은 주식 시장을 이해하지도 못했지만, 믿지도 않았다. 부부가 가지고 있던 유일한 재산은 약간의 연금과 그들이 살고 있는 보잘것없는 집뿐이었다.

현재 그들의 아들은 가난한 노동자 집안에서 자랐다는 출신 배경과 부족한 학력을 벌충해야 한다. 프렌드는 대학을 졸업하지 못했다. 지금도 그는 대학 출신의 모든 경쟁자보다 더 우수한 성과를 올려야 한다는 강박 관념에 시달리고 있다. 그는 자신이 대졸 경쟁자들보다 더 잘 입고, 잘 먹고, 잘사는 것에 만족한다고 말할 것이다.

프렌드는 엄청난 과소비자이다. 그는 보트 두 척과 제트스키 한 대, 그리고 자동차 여섯 대를 가지고 있다. 두 대는 리스한 것이고, 나머지는 할부로 구입한 것이다. 그런데 재미있는 것은 그의 집에서 운전할 줄 아는 사람은 3명뿐이라는 사실이다. 그는 컨트리클럽 회원권을 2개나 가지고 있고, 5,000달러가 넘는 시계를 차고 다닌다. 양복도 최고급 양복점에서 사 입는다. 게다가 휴가철을 위한 콘도도 소유하고 있다.

지난해 프렌드의 연간 소득은 22만 1,000달러였다. 48세라는 나이를 고려할 때, 그의 순자산 기대치는 얼마일까? 우리의 '부자 방정식(순자산 기대치=나이×연간 총소득÷10)'에 따르면 그의 순자산 기대치는 106만 800달러가 되어야 한다. 그러나 실제 순자산은 얼마나 될까? 놀랍게도 순자산 기대치의 1/4도 안 되는 수준이다.

어째서 프렌드의 실제 순자산이 기대치의 1/4도 안 되는 것일까? 그 대답은 프렌드의 사고방식에 있다. '재산을 모으는 것'은 프렌드가 돈을 버는 동기가 아닌 것이다. 흥미롭게도 프렌드는 자신이 진짜 부자라면 돈을 많이 벌지 못할 것이라고 생각한다. 프렌드는 종종 부유한 가정에서 자란 사람들은 열심히 일할 동기를 가지고 있지 않다고 말한다.

프렌드는 높은 성과를 올리는 에너지를 유지하고 향상시킬 수 있는 방법을 알아냈다. 그는 '두려움'이 큰 동기가 된다는 사실을 깨달았다. 그래서 그는 할부로 더 많은 것들을 사들인다. 외상 액수가 늘어남에 따라 갚지 못하게 될 가능성에 대한 두려움도 커진다. 그러면 늘어나는 빚에 대한 두려움 때문에 더 열심히, 더 공격적으로 일하게 된다는 것이다. <u>그에게 있어 큰 주택은 많은 융자금을 의미하며, 따라서 더 많이 벌어야 한다는 사실을 일깨워 주는 촉매 역할을 한다는 것이다.</u>

프렌드가 모든 분야에 많은 돈을 지출하는 것은 아니다. 재정 자문을 구하는 데는 어느 정도의 돈을 쓰는지 한번 살펴보자. 이 분야에는 매우 인색한 편이다. 예를 들어, 프렌드의 회계사 선택 기준은 업무를 얼마나 잘 처리하느냐가 아니라 전적으로 자문 비용이 얼마나 되느냐가 된다. 프렌드는 회계사들의 일 처리 능력은 거의 비슷한데 가격에만 차이가 있을 뿐이라고 믿고 있다. 그래서 자문 비용이 싼 회계사를 이용한다. 그러나 대부분의 부자는 정반대로, 재정 자문 부분에 있어서는 지불한 만큼의 대가를 얻을 수 있다고 생각한다.

프렌드는 일하는 데 상당히 많은 시간을 투자한다. 그러면서도 경쟁력을 잃게 될까 봐 항상 걱정한다. 부유층 출신과 대졸 학력자보다 더 높은 성과를 올려야 한다는 자신의 동기 유발 요인이 언젠가는 사라지게 될 것을 걱정하고 있다. 그래서 프렌드는 자신의 보잘것없는 출신 성분과 고졸 출신인 점을 항상 스스로에게 상기시킨다. 그렇게 자신을 심리적으로 끊임없이 학대하는 것이다.

프렌드는 인생을 진정으로 즐겨 본 적이 없다. 좋은 물건을 많이 가지고는 있지만, 평소에 너무 긴 시간 동안 열심히 일하기 때문에 그런 물건들을 가지고 즐길 시간이 없는 것이다. 가족과 함께 지낼 시간도 없다. 매일 해 뜨기 전에 출근하지만 저녁 식사 시간에 맞추어 오는 경우는 드물다.

당신은 프렌드처럼 되고 싶은가? 그의 생활 방식은 많은 사람에게 그럴듯해 보일지 모른다. 그러나 프렌드의 진짜 내면을 알고 나면 그를 달리 평가하게 될 것이다. <u>프렌드는 물욕에 사로잡혀서 물건을 위해 일하고 있다. 그의 동기와 사고는 경제적 성공의 상징물에 초점이 맞추어져 있다.</u> 그는 남들에게 이러한 성공을 끊임없이 확인시켜야만 한다. 그러나 불행하게도 스스로를 확신시킨 적은 한 번도 없다. 그가 열심히 일하고, 돈을 벌고, 자신을 희생하는 것은 사실 모두 남에게 과시하기 위함인 것이다.

이러한 요소들은 많은 UAW의 사고 과정에 공통으로 깔려 있다. 대부분의 UAW는 '진짜 부유층 사람들'의 생활 방식을 좇으려 한다. 재미있는 것은 이러한 '진짜 부유층 사람들'이 실제로 존재하는 것이 아니라 상상의 산물이라는 것이라는 점이다. 당신도 상상으로 만들어 낸 '진짜 부유층 사람들'처럼 살기 위해 열심히 일하고 있는가? 그렇다면 이제라도 인생에 대한 접근 방법을 달리해야 할 것이며, 자신을 재정립해야 할 것이다.

그럼 가난한 가정 출신의 고소득자는 모두 UAW가 될 수밖에 없는 것일까? 결국 그들 모두 프렌드의 전철을 밟게 될까? 전혀 그렇지 않다. 프렌드가 왜 UAW가 되었는가 하는 점에 있어서는 사회적, 교육적 배경에 대한 열등감 이외에 무언가 근본적인 이유가 있다. 부모가 그에게 UAW가 되는 방법을 가르친 것이다. 그의 부모는 변변치 않은 수입에도 불구하고 검소한 생활을 하지 않았다. 그들은 모든 수입을 거의 다 써 버리는 소비 전문가였다. 수입에서 약간이라도 증가분이 생길 것 같으면 즉시 소비할 곳을 마련해 놓았다. 심지어는 소득세를 환급받게 될 것을 예상해서 돈이 들어오기 한참 전부터 미리 쓸 곳을 마련해 두었다. 그들의 이런 소비 행위가 아들에게 영향을 미친 것이다. 그들은 끊임없이 아들 프렌드에게 이런 메시지를 보냈다.

'사람은 쓰기 위해 돈을 번다. 쓸 곳이 더 생기면 돈을 더 벌어야 하는 것이다.'

프렌드 가족의 생활 방식

프렌드의 부모는 돈을 어떻게 썼을까? 프렌드가 말해 준 바에 따르면 그의 부모는 결혼 생활 내내 음식을 많이 먹고, 줄담배를 피우는 애주가인 데다 쇼핑 중독자였다고 한다. 집에는 항상 먹을 것이 넘쳤다. 스낵류, 최고급 육류, 냉동 제품, 아이스크림, 기타 디저트 식품 등이 늘 가득 쌓여 있었다. 아침 식사조차도 만찬이었다. 아침 식사로 베이컨과 소시지, 프렌치프라이, 달걀, 머핀, 페이스트리는 기본이었고, 스테이크와 로스트비프는 저녁 식사로 가장 즐기는 메뉴였다. 프렌드 가족은 한 끼도 거른 적이 없다고 한다. 보통 때는 일주일에 맥주 2박스를 마셨고, 연휴 기간에는 음식과 담배, 술의 소비량이 훨씬 더 늘었다.

쇼핑과 소비가 프렌드 가족의 주된 취미 생활이었다. 그들은 필요하지도 않은데 재미로 쇼핑을 하는 경우가 많았다. 토요일에는 대개 아침 일찍부터 오후 늦게까지 쇼핑을 했다. 우선 먹거리를 구입한 다음에 할인점 이곳저곳을 돌아다니며 쇼핑하는 데 오랜 시간을 보냈다. 프렌드도 당시 부모가 샀던 물건들은 대부분 쓸모없는 것이었다고 말하고 있다.

어머니는 할인점이라면 특히 정신을 못 차리는 사람이었다. 그녀는 러그, 재떨이, 밀크 볼, 캐러멜 콘, 다양한 색깔과 모양의 수건, 캐주얼 슈즈, 목재 그릇, 부엌 용구 등을 한꺼번에 많이 사들이는 성향이 있었다. 이런 물건들은 대부분 쌓여 있기 일쑤였고, 혹은 몇 년이고 쓰지 않은 채 그냥 방치되어 있었다. 아버지도 쇼핑을 오락거리로 아는 사람이어서 토요일이면 몇 시간이고 연장과 금속 기구를 쇼핑하러 다녔다. 이런 연장들 역시 사용되는 경우가 극히 드물었다.

확실히 프렌드의 부모는 UAW였으며, 프렌드는 부모에게 그렇게 되도록 철저히 교육받았다. 그러나 오늘날 프렌드는 당시 그의 부모보다 훨씬 많은 수입을 올리고 있다. 그런데도 프렌드가 여전히 UAW인 이유는 무엇일까? 이런 고소득 자체도 부모의 지침에 따른 결과이다. 아버지는 프렌드에게 고소득을 올릴 수 있는 직업을 선택하라고 종종 말했었다. 그러면 살아가는 동안 더 좋은 물건들을 살 수 있을 것이라는 얘기였다. 아버지의 메시지는 명백했다. 좋은 집과 고급 차, 비싼 옷을 사려면 많이 벌어야 한다는 것이었다. 프렌드는 일부 영업 전문 분야는 상당한 고소득을 올릴 수 있다는 사실을 알았다. 많이 쓰려면 많이 벌어야 했다. 투자를 위해 저축하는 것이 얼마나 중요한지에 관해서는 들어 본 적이 없었다. 돈은 쓰기 위해 버는 것이었다. 비싼 물건을 살 때는 신용 구매를 활용하면 되었다.

프렌드와 그의 부모는 투자를 통해 재산을 모으는 것의 장점에 관해서는 생각해 본 적이 없었다. 프렌드는 "희망이 없습니다."라고 여러 번 반복해서 말했다. 그는 투자할 돈이 하나도 없었다! 미국의 평균적인 가정에 비해

6배나 되는 소득을 올리는 사람이 어째서 투자할 돈이 하나도 없다는 것인가? 프렌드는 미국의 평균 가정이 연간 벌어들이는 소득보다 더 많은 돈을 아이들의 1년 치 사립학교 교육비와 대학 학비로 지출하고 있다. 프렌드가 가지고 있는 자동찻값은 모두 합쳐서 13만 달러가 넘는다. 재산세로 매년 1만 2,000달러가 넘는 돈을 낸다. 한 해에 주택 융자 할부금으로 내는 액수는 총 3만 달러가 넘는다. 또한 프렌드의 양복 중에는 한 벌에 1,200달러나 하는 것도 있다.

프렌드는 투자 이익에 관해서는 둔감하면서도 소비 욕구는 굉장히 강하다. 그의 부모는 투자의 가치를 이해하지 못하는 사람들이었다. 이런 면에서는 프렌드도 마찬가지였다. 그의 부모는 이러한 무지함을 자식에게 물려준 것이다.

프렌드는 부모에게는 재산이 별로 없어서 투자할 돈도 없었다고 주장한다. 그러나 이렇게 생각해 보자. 그의 부모는 담배를 하루에 3갑씩이나 피웠다고 한다. 그렇다면 그들이 성인이 되어 살아가는 동안 얼마나 많은 담배를 피웠다는 얘기일까? 1년이 365일이므로 그들이 피워 없앤 담배는 연간 약 1,095갑이나 된다. 그리고 약 46년간 담배를 피웠으므로 그들이 평생 피운 담배는 약 5만 370갑인 셈이다. 그렇다면 이 부부가 평생 담뱃값으로 낭비한 돈은 얼마나 되는 걸까? 약 3만 3,190달러이다. 이 액수는 그들이 살던 집값보다도 더 큰 금액이다. 프렌드의 부모는 자신들이 담배에 낭비하는 돈이 얼마나 되는지 생각해 본 적도 없었다. 그들은 단지 푼돈이려니 생각했다. 그러나 푼돈을 계속 쓰다 보면 큰 지출이 되는 것이다. 마찬가지로, 적은 금액을 정기적으로 투자하면 훗날 큰 투자가 되는 것이다.

만약 프렌드 부부가 담뱃값을 평생 주식 시장에 투자했다면 어떻게 되었을까? 그 가치가 얼마가 되어 있을까? 거의 10만 달러에 육박할 것이다. 그리고 만약 그 담뱃값을 담배 회사의 주식을 사는 데 투자했다면 어떻게 되었을까? 만약 그들이 필립모리스사의 담배를 46년간 피우는 대신 그 돈을 회사의 주식을 사는 데 투자하고 배당금까지도 재투자하여 그 주식을 모두 가지고 있었다면 어떻게 되었을까? 46년 후에는 약 200만 달러 이상의 담배 회사 주식을 가지게 되었을 것이다. 그러나 이 부부는 자기 아들과 마찬가지로 푼돈이 모여 상당한 재산이 될 수 있을 것이라고는 결코 상상도 하지 못했다.

이런 행동의 변화만으로도 프렌드 가족은 백만장자가 될 수 있었을 것이며, 비교적 적은 그들의 수입을 고려한다면 백만장자 중에서도 PAW가 될 수 있었을 것이다. 누군가가 그들에게 투자에 관한 수학 공식을 가르쳐 주었다면 혹시 그들도 삶의 방식을 바꾸었을지 모르겠다. 그러나 아무도 프렌드 부부에게 이런 사실을 가르쳐 주지 않았다. 따라서 프렌드의 부모가 투자의 장점에 관해 아들에게 가르치지 못한 것은 당연한 일이다. 그러나 그들은 아들에게 담배는 피우지 말라고 충고했다. 그의 아버지는 "절대로 담배는 한 개비도 입에 대지 마라. 나는 중독이 되어 이제는 끊을 도리가 없단다."라고 말했고, 아들은 그 충고에 따랐다.

UAW적인 습관 버리기

프렌드는 자신의 과소비적인 생활 방식을 유지하는 데 드는 돈을 언제까지 벌어댈 수 있을까? 현재 가지고 있는 재산에만 의존해서 산다면 얼마나 오래 버틸 수 있을까? 겨우 1년 정도일 것이다! 따라서 프렌드가 열심히 일하는 것은 당연하다. 현재 처한 환경을 고려한다면 프렌드는 결코 편한 마음으로 퇴직할 수 없을 것이다. 거의 50이 다 된 나이인데 프렌드는 아직도 이런 상황을 해결하지 못하고 있다. 그러나 전혀 희망이 없는 것은 아니다. 지금이라도 프렌드는 재산을 모을 수 있다.

우리는 UAW들에게 적나라한 사실을 그대로 말해 주는 것이 효과적임을 자주 경험한다. "당신이 지금 가지고 있는 재산은 당신과 비슷한 나이·소득 집단에 속한 사람들의 순자산 기대치와 비교해 절반도 안 됩니다." 이러한 사실은 경쟁심이 강한 UAW에게 자극이 될 수 있다. 그들의 재산이 비슷한 나이·소득 집단 중 하위 25%에 포함된다고 말해 준다면 그들은 어떤 반응을 보일까? 일부 사람들은 믿지 못하겠다는 반응을 보인다. 그러나 대부분은 상황을 바꾸고는 싶어도 그 방법을 알지 못한다. 20년이 넘는 세월을 UAW의 습관을 가지고 살아온 사람들이 어떻게 바뀔 수 있을 것인가?

무엇보다 진심으로 변하고자 하는 마음이 있어야 한다. 그다음에는 전문가의 도움이 필요할 것이다. 재정 계획을 세워 줄 회계사를 구하는 것이 바람직하다. 그런 전문가들은 UAW들을 변화시키는 데 상당한 경험이 있어야 하며, 성공률도 높아야 한다. 말하자면, 프렌드 같은 UAW들을 PAW 같은 사람으로 변화시킨 경험이 많아야 한다.

정도가 심한 경우에는 실제로 회계사나 재정 전문가들이 고객의 구매 행위를 통제한다. 그들은 우선 고객의 과거 2년간의 소비 습관을 점검한다. 그러고는 각 요소를 분류하여 표로 작성한 후 고객과 상담을 시작한다. 회계사는 고객을 갑작스러운 긴축 프로그램에 집어넣고, 1~2년 동안은 모든 면에서 최소 15%의 소비를 줄이도록 한다. 그 후에는 추가 긴축이 뒤따른다. 어떤 경우에는 회계사나 재정 전문가가 고객의 가계 수표를 보관하고 있다가 모든 청구서의 비용을 지불하기도 한다. 이런 갑작스런 긴축 프로그램은 대부분의 UAW에게 쉬운 일은 아니다. 그러나 때로는 이것이 문제를 해결하는 유일한 방법이 되기도 한다.

최고의 소비 항목

우리 연구에 따르면 평균적인 백만장자의 연간 총 실현 소득은 전 재산의 7% 미만인 것으로 나타났다. 이것은 전 재산의 7% 미만에 대해서만 소득세*를 낸다는 사실을 의미한다. 우리가 가장 최근에 실시했던 조사에서 그 비율은 6.7%인 것으로 나타났다. 백만장자들은 돈을 많이 쓸수록 실현 소득도 더 많이 만들어야 한다는 것과, 실현 소득이 높을수록 소득세를 더 많이 내야 한다는 점을 잘 알고 있다. 그래서 백만장자나 앞으로 백만장자가 되려고 하는 사람들은 다음과 같은 중요한 규칙을 철저히 지킨다.

'재산을 모으기 위해 실현 소득(과세 대상 소득)을 최소화하고 미실현 소득(현금 유입이 없는 재산·자산의 증식)을 극대화하라.'

소득세는 대부분의 가정에서 가장 큰 연간 지출 항목이다. 이 세금은 소

* 미국의 개인 재산 가치는 22조 달러가 넘는다. 그 절반 정도에 해당하는 11조 달러를 백만장자들이 소유하고 있다. 같은 기간의 개인 소득 총액은 약 2조 6,000억 달러이다. 백만장자들은 이 소득의 약 30%밖에 안 되는 7,800억 달러의 소득을 올렸다. 이것은 백만장자 집단이 매년 총 재산의 7.1%에 해당하는 금액만큼의 실현 소득밖에 올리지 못했음을 의미한다(소득 7,800억 달러÷재산 11조 달러=7.1%).

득에 대해 과세되는 것이지 재산이나 재산 증식분에 대해 과세되는 것이 아니다. 재산 증식분은 실현되어 현금 흐름을 유발하지 않는 한 과세 대상에 포함되지 않는다.

이러한 사실이 의미하는 바는 무엇일까? 고소득 가정도 재산이 별로 없는 경우가 많다는 것이다. <u>이들이 재산을 모으지 못하는 이유 중 하나가 '실현 소득을 최대화'하기 때문인데, 대개의 경우 과소비적인 생활 방식을 유지하기 위해 그렇게 하는 것이다.</u> 그런 사람들은 "나는 과연 내 재산의 6.7%밖에 안 되는 돈으로 살아갈 수 있을까?"라는 아주 간단한 질문을 자신에게 던져 볼 필요가 있다. 부자가 되려면 많이 절제해야 한다. 우리가 인터뷰한 백만장자들 중에는 재산이 200~300만 달러나 되면서도 연간 실현 소득 총액은 8만 달러도 안 되는 경우가 많았다.

평범한 미국 가정의 연간 실현 소득은 얼마나 될까? 약 3만 5,000달러에서 4만 달러로, 순자산의 90%에 육박한다. 그 결과 미국의 보통 가정은 매년 재산의 10% 이상을 소득세로 부담하고 있다. 그렇다면 우리가 인터뷰했던 백만장자들의 경우는 어떨까? 평균적으로 그들의 연간 소득세는 전 재산의 2%가 약간 넘는 정도밖에 되지 않는다. 이것은 백만장자들이 줄곧 재정적으로 안정적인 이유이기도 하다.

사례 연구 : 샤론과 바버라

샤론은 고소득을 올리는 건강 관리 전문가이다. 그녀는 최근 우리에게 "저는 소득이 높은데도 어째서 재산을 모으지 못하는 것일까요?"라고 물어 왔다.

지난해 샤론의 가족이 올린 실현 소득 총액은 약 22만 달러로서([표 2-3] 참고), 미국 전체 가구의 상위 1%에 해당한다. 그러나 샤론 가족의 재산은 약 37만 달러밖에 되지 않는다. 수입은 미국 전체 가구의 99%보다도 높지만, 이에 비해 순자산은 그 수준에 훨씬 못 미치는 것이다. 51세라는 샤론의 나이와 22만 달러의 소득을 '부자 방정식(순자산 기대치=나이×연간 총소득÷10)'에 대입하면 샤론의 재산은 112만 2,000달러는 되어야 한다.

왜 샤론의 재산 수준은 평균치에 훨씬 못 미치는 것일까? 그것은 샤론의 실현 소득, 즉 과세 대상 소득이 너무 높기 때문이다. 샤론은 작년에 22만 달러의 소득을 올렸기 때문에 연방 소득세로 총 6만 9,440달러를 냈다. 이것은 전 재산의 18.8%에 해당하는 금액이다.

샤론과 동일한 나이·소득 집단에 속한 평균치 사람이라면 전 재산의 6.2%에 해당하는 2만 2,940달러만을 연방 소득세로 낼 것이다. 결국 샤론은 동일한 나이·소득 집단의 사람들보다 3배나 많은 세금을 내는 셈이다.

이것을 다른 각도에서 생각해 보자. 샤론은 자신의 순자산인 37만 달러의 59.5%에 해당하는 연간 실현 소득을 올리는 셈이다. 어떻게 전 재산 중 거의 60%에 대해 세금을 내면서도 부자가 되기를 바랄 수 있겠는가? 샤론과 같은 나이·소득 그룹의 보통 사람은 순자산의 19.6%에 해당하는 연간 실현 소득을 올릴 뿐이다. 말하자면, 순자산 5달러 가운데 약 1달러에 대해서만 세금을 내는 것이다.

평균 이상의 재산을 소유한 사람들의 경우는 어떨까? 그들은 재산의 몇 %에 대한 연방 소득세를 낼까? 바버라는 PAW에 속하는 경우이다. 그녀의 연간 소득은 샤론과 비슷한 22만 달러 정도이지만 재산은 약 355만 달러이다. 그러므로 재산의 6.2%에 대해서만 세금을 내면 된다. 그렇다면 바버라는 순자산의 몇 %를 세금으로 내는 것일까? 약 2% 정도이다. 샤론이 전 재산의 18.8%, 즉 바버라보다 9배나 많은 금액을 연방 소득세로 내는 것과는 대조적이다.

평균적인 미국 백만장자는 자기 순자산의 10%에도 훨씬 못 미치는 연간 실현 소득을 올린다. 따라서 전형적인 백만장자들은 재산이 상당히 많고, 연간 재산 증가분(미실현 소득의 형태로)이 상당히 많은데도 개인적으로는 현금이 부족한 경우가 발생할 수 있다. 바버라는 실현 소득을 발생시키지 않고도 가치가 상승하는 금융 자산에 연간 실현 소득의 20% 이상을 투자하고 있다. 이와는 대조적으로 샤론은 투자액이 실현 소득의 3%도 안 된다. 샤론은 대부분의 금융 자산을 유동 자산 형태로 가지고 있다.

이러한 샤론의 경제 상황은 매우 위험한 것이다. 샤론은 가족의 생계를 책임지고 있는 주요 수입원이며, 그녀의 가정에는 투자를 통한 소득은 거의 없다. 반대로 바버라는 고객의 수가 1,600명이 넘는 사업체를 경영하고 있다. 이것은 소득원이 1,600개나 된다는 사실을 의미한다. 따라서 바버라는 샤론보다 훨씬 안정적이다. 직장을 잃으면 샤론은 6개월 이상 버틸 수 없겠지만, 바버라는 20년 이상 버틸 수 있을 것이다. 사실 바버라는 지금 당장 퇴직하고 금융 자산에서 나오는 소득만으로도 살아갈 수 있다.

바버라는 엄청난 부를 축적한 PAW로서, 오늘날 미국의 350만 백만장자들 중 한 사람일 뿐이다(1996년 기준). 그 가운데 90% 이상은 100만 달러에서 1,000만 달러 사이의 순자산을 가지고 있다. 이런 부유층과 슈퍼 부유층 사이에는 어떤 차이가 있을까? 차이점은 순자산이 많으면 많을수록 실현 소득을 최소화하는 데 더 능숙하다는 것이다. 사실 슈퍼 부유층은 실현 소득을 최소화하는 방법을 마스터함으로써 그 위치로 올라갈 수 있었던 것이다.

[표 2-3] 납세액 비교

가구	가구당 연간 세전 실현 소득 총액($)	가구당 순자산 (자산-부채)($)	순자산에 대한 실현 소득 비율 (%)	연방 소득세 ($)	소득에 대한 소득세 비율 (%)	순자산에 대한 소득세 비율(%)	부 축적의 해당 범주[1]
고소득층 평균 가구	22만	112만 2,000	19.6	6만 9,440	31.6	6.2	AAW
샤론 가족	22만	37만	59.5	6만 9,440	31.6	18.8	UAW
바버라 가족	22만	355만	6.2	6만 9,440	31.6	2.0	PAW
로스 페로[2] 가족	2억 3,000만	24억	9.6	1,950만	8.5	0.8	PAW
미국 전체 평균 가구	3만 2,823 (평균)	3만 6,623 (중앙값)	89.6 (평균)	4,248 (평균)	12.9 (평균)	11.6 (평균)	UAW

주 1) 소득·나이 수준에 비해 PAW는 '엄청난 부를 축적한 사람', AAW는 '평균 정도의 부를 축적한 사람', UAW는 '기대 이하의 부를 축적한 사람'이다.

주 2) 로스 페로 : 텍사스의 갑부로서, 1992년 미국 대통령 선거 당시 클린턴(민주당)과 부시(공화당)에 맞서 무소속으로 출마한 후보.

로스 페로야말로 슈퍼 부유층이 어떤 방법으로 부를 유지하고 있으며, 더 나아가 매년 재산을 늘려 가는지 보여 주는 완벽한 사례이다. 《포브스》지는 최근 페로의 순자산을 24억 달러로 추정하였다(랜달 레인, '로스 페로의 실제 재산', 《포브스》, 1992. 10. 19, p. 72). 그리고 워싱턴 D.C.에 본부가 있는 세정 개혁 운동 단체인 '세무 정의를 위한 시민의 모임'은 1995년도 페로의 연간 실현 소득을 약 2억 3,000만 달러로 추정했다. 따라서 페로의 실현 소득은 전 재산의 9.6%에 해당하는 금액인데도 그는 소득의 8.5%에 해당하는 1,950만 달러만을 세금으로 냈다('페로는 늘어나는 세금을 어떻게 8.5%로 묶어 두었는가', 《머니》, 1994. 1, p. 18). 이 수치를 바버라와 샤론, 그리고 그와 비슷한 수입을 올리는 다른 사람들의 31.6%와 비교해 보라([표 2-3] 참조).

로스 페로는 어떻게 해서 그토록 낮은 세율의 소득세를 낼 수 있는 것일까? 다음은 최근에 나온 신문 기사이다.

'페로는 비과세 지방채, 비과세 부동산, 그리고 미실현 소득을 내는 주식에 집중적으로 투자함으로써 세율을 낮춘다.'

출처: 톰 워커, '페로의 세율은 대부분의 미국인들보다 낮다고 한다',
《애틀랜타 저널 컨스티튜션》, 1993. 12. 30, p. 1

특히 페로의 소득세율 8.5%는 미국의 평균 가구보다도 낮다. 미국의 평균 가구는 연간 실현 소득인 3만 2,823달러 가운데 12.9%에 해당하는 4,248달러를 연방 소득세로 낸다. 이에 비해 페로는 슈퍼 부유층임에도 불구하고 보통 사람의 최소 세율보다도 적다.

연간 소득에 대한 세율보다 더 재미있는 것은 재산에 대한 세율이다. 미국의 평균 가구는 주택에 투자한 자산을 포함해서 순자산 총액이 3만 6,623달러이다. 그들은 순자산의 11.6%에 해당하는 세금을 소득세로 낸다. 억만장자인 로스 페로의 경우는 어떨까? 어떤 해에는 전 재산의 0.8%에 해당하는 금액만을 세금으로 냈다고 한다. 순자산에 대한 소득세의 비율로 따지면 미국의 평균 가정은 페로보다 14.5배나 높은 세율로 소득세를 낸 셈이다.

대부분의 백만장자는 실현 소득이 아닌 순자산으로 성공의 척도를 삼는다. 부의 축적에 있어 소득은 그다지 중요하지 않다. 당신이 연봉 10만 달러나 20만 달러 이상의 소득층에 속한다 하더라도 얼마나 소득을 많이 올리느냐보다는 이미 가지고 있는 재산을 어떻게 활용하느냐가 더 중요한 것이다.

세무 직원을 위한 일

잠깐 당신이 미 국세청^{IRS}을 위해 일하는 학자 밥 스턴이라고 가정해 보자. 어느 날 아침, 상사 존 영이 당신을 자신의 사무실로 부른다. 그리고는 소득과 재산 간의 관계에 대해 좀 더 잘 이해할 수 있도록 연구해 달라는 작업 지시를 내린다.

영 밥, 나는 백만장자 인구가 늘어나고 있다는 보고서를 계속 접하고 있습니다.

스턴 예. 저도 그런 내용의 신문 기사 스크랩이 책상 위에 잔뜩 있습니다.

영 그런데 여기에 문제가 있습니다. 부유층의 인구는 빠른 속도로 계속 늘어나고 있는데, 이런 사람들에 대한 우리의 소득세 수입은 그만큼 늘어나지 않고 있군요.

스턴 어디선가 이런 글을 읽었습니다. 미국의 전체 가구 중 가장 부유한 가구 3.5%가 미국 개인 재산의 50% 이상을 소유하고 있는데도 이들의 소득은 전체의 30%도 되지 않는다는 것입니다.

영 나는 국회가 정신을 차려야 한다고 생각합니다. 우리나라가 필요로 하는 것은 부유층에서 나오는 세금이거든요. 성경에서도 부자들은 자기 재산의 10%를 세금으로 내야 한다고 되어 있습니다. 그것이야말로 내가 생각하는 궁극적인 세정 개혁입니다.

스턴 무슨 말씀인지 이해합니다. 어쨌든 조만간 그렇게 될 겁니다. 죽음과 세금은 피할 수 없는 것이거든요.

영 밥, 상속세는 당신의 전문 분야가 아니지요? 그래서인지 이 문제에 관해서는 잘 모르는군요. 우리가 이 나라의 모든 백만장자에게 상속세를 물려서 수입을 크게 올릴 수 있다고 생각하십니까?

스턴 죽음의 신은 우리 편입니다.

영 밥, 잠깐만요. 이 나라의 모든 백만장자를 생각해 봅시다. 대부분이 사업체를 가지고 있고, 모두들 주식을 가지고 있습니다. 이들이 그 돈으로 도대체 뭘 하지요? 그 위에 터를 잡고 앉아 있거나 사업에 재투자합니다. 그리고 지속적으로 가치가 증가하는 주식을 모두 끝끝내 붙들고 있지요.

스턴 하지만 죽음의 신이 있지 않습니까?

영 이렇게 생각해 봅시다, 밥. 100만 달러가 넘는 수준의 상속 재산을 자주 보게 되는데, 지난해에는 겨우 2만 5,000건 정도밖에 없었지요. 하지만 동시에 350만 명의 백만장자들이 씩씩하게 살아 있었습니다. 이는 곧 죽음의 신이 데려간 사람이 0.7%밖에 안 된다는 얘기인데, 이 수치가 2배는 되어야 하거든요. 그런데 많은 백만장자가 어떻게 하는지 아십니까? 죽음의 신이 데리러 오기 전에 변신한다니까요. 마치 마술을 부리는 것처럼 말이죠.

스턴 어떻게 그럴 수가 있죠? 그냥 사라져 버릴 수는 없잖아요. 죽음의 신이 데리러 오기 전에 해외로 이주하나요?

영 해외로 이주하는 것은 여기에서는 중요한 요소가 아닙니다. 백만장자의 절반이 '죽기 전에' 비백만장자로 변신한다는 게 문제인 거죠.

스턴 '죽기 전에'라니오?

영 우리끼리 쓰는 말인데요, '죽기 전에'는 '죽은 후에'의 반대되는 말이지요. 예를 하나 들어 보겠습니다. 루시 L.이라는 어떤 할머니가 있었어요. 루시는 사망하기 꼭 1년 전에 700만 달러의 재산을 가지고 있었습니다. 그런데도 연금에만 의존해서 살았지요. 자신의 투자 자산에서 평생 단 한 개의 주식도 팔아 본 적이 없는 사람이었습니다. 루시의 재산은 70세에서 76세가 될 때까지 단 6년 동안 2배로 불었습니다. 그러나 우리가 받아 낸 세금은 얼마였는지 아십니까? 우리는 한 푼의 소득세도 받지 못했습니다. 루시에게는 투자 자산 중 실현 소득이 전혀 없었으니까요. 나는 미실현 소득이 정말 싫습니다.

스턴 당신 말이 맞습니다. 정말 영리한 적♛이군요. 하지만 죽음의 신이 루시를 데려가지 않았습니까? 사망 후에는 상속세를….

영 그렇지 않아요, 밥. 루시는 작년에 사망했는데, 사망 당시 루시의 순자산이 얼마였는지 알아요? 글쎄, 20만 달러도 되지 않았습니다. 그러니 상속세를 물릴 수가 없었지요. 또 한 명의 백만장자가 과세 대상이 될 만한 재산을 하나도 남기지 않고 세상을 떠난 거지요. 어떤 때는 이 직업을 그만두고 싶다니까요. 적들이 우리를 이기고 있잖아요.

스턴 그런데 루시의 재산은 다 어디로 간 거지요?

영 루시는 재산을 교회에 헌금하기도 하고, 대학 두 곳과 열댓 개의 자선 기관에 기부하기도 했습니다. 또한 모든 자녀와 손주, 그리고 조카에게 1만 달러씩 주었습니다. 그녀는 전형적인 시골 사람이었던가 봐요. 친척이 산더미같이 많았으니까요.

스턴 그럼 우리는 결국 어떻게 됐지요?

영 이해를 못 하는군요, 밥. 우리 정부는 결국 한 푼도 받지 못한 거예요. 믿어집니까? 루시 자신의 정부이기도 한데 말입니다. 미국에는 정의가 실현되지 않고 있습니다. 우리는 재산에 대한 세금을 걷어야 합니다.

스턴 하지만 교회와 대학, 그리고 자선 기관에 그렇게 많은 돈을 기증한 것을 보면 루시는 아주 좋은 사람이었던가 봐요.

영 밥, 말도 안 됩니다. 루시 같은 부류의 사람들은 우리의 적이에요. 미국은 정부를 운영하는 데 그들의 돈이 필요합니다. 그래야만 연방 정부의 빚을 갚고, 모든 사회 프로그램에 자금을 제공할 수 있어요.

스턴 아마도 루시는 교회와 대학, 그리고 자선 기관에도 돈이 필요하다고 생각했나 봅니다.

영 밥, 당신은 뭘 잘 모르는군요. 루시는 아마추어입니다. 자기 재산을 조금씩 나누어주는 것에 관해 무슨 경험이 있었겠습니까? 우리는 그녀의 정부政府이며, 부를 재분배하는 데에는 전문가지요. 부가 어디에 어떻게 분배되어야 하는지는 우리가 결정해야 합니다. 우리는 프로니까요. 모든 백만장자가 비백만장자로 변신하기 전에 재산에 대한 세금을 부과해야 합니다.

스턴 신문에 등장하는 그 유명한 사람들은 어떻습니까? 상당한 고소득을 올리는 사람들 말이에요.

영 신의 축복을 받는 사람들이지요. 그들은 우리의 최고 고객입니다. 나는 고소득자들이 정말 좋습니다. 실현 소득이 우리의 구원이 되어 주는 셈이지요. 나는 당신이 그런 타입의 사람들을 연구했으면 합니다. 그렇게 많은 미실현 소득을 올리는 타입들이 어떻게 존재할 수 있는지도 연구해 주세요. 그런 사람 중에는 수도승처럼 살아가는 사람들도 있을 겁니다. 이런 사람들은 도대체 뭐가 잘못된 건지 모르겠어요. 몇백 만 달러어치의 주식이라도 팔아 대저택을 사지 않는 이유가 뭘까요?

스턴 그래서 당신 집 벽에 미국의 최고 소득 명사들의 사진을 잔뜩 붙여 놓으셨군요.

영 맞아요. 나는 그런 사람들을 아주 좋아합니다. 그들은 아주 소비적인 사람들이지요. 소비하려면 실현 소득을 가져야 하잖아요. 이렇게 생각해 봅시다. 야구 선수가 200만 달러짜리 보트를 한 대 사면 우리는 그의 파트너가 되는 셈이지요. 보트를 사는 데 200만 달러를 지불하려면 400만 달러의 실현 소득을 벌어야 합니다. 그러니 우리는 그의 파트너가 되는 거지요.

스턴 야구 선수요? 그들은 젊은이들의 좋은 본보기가 되지 않나요?

영 맞아요. 야구 선수들은 고소득을 올리며, 소비도 많이 하는 사람들입니다. 그들이 젊은이들에게 주는 메시지는 벌어서 쓰라는 것이지요. 젊은이들이 배워야 할 것은 바로 실현 소득입니다. 이렇게 소비를 많이 하는 부류의 사람들이야말로 진정한 애국자지요. 그래서 나는 웹스터 사전에서 말하는 애국자의 정의를 벽에 써 붙여 놓은 것입니다. 저를 위해 좀 읽어 주시겠어요, 밥?

스턴 애국자란 조국을 사랑하고 조국의 권위와 이익을 열심히 지원하는 사람이다.

영 그래요, 밥. 애국자란 열심히 조국의 권위와 이익을 지원하는 사람이지요. 그래서 우리나라의 진정한 애국자는 1년에 10만 달러, 20만 달러, 100만 달러 이상을 벌어들이고, 또 그것을 모두 소비하는 사람들입니다. 국회는 이런 종류의 애국심에 대한 새로운 훈장을 만들어야 합니다. 이름은 '납세와 소비 훈장'이라고 짓고요. 이런 애국자들이 자녀들을 교육시켜 계속 이 훈장을 타도록 하는 한 우리 정부는 부자가 될 수 있습니다. 밥, 우리가 고급 자동차와 요트, 수백만 달러짜리 주택, 그리고 고가의 의류와 액세서리를 파는 모든 기업에 감사 카드를 보내야 하지 않을까요? 이런 사람들이야말로 그들 나름대로 진정한 애국자지요. 이들은 소비를 부추깁니다. 따라서 우리 정부의 사업을 지원하는 셈이지요. 밥, 시간이 너무 많이 지났군요. 이제 당신의 과제가 무엇인지 알겠지요? 나는 그 훈장 수상자들에 관해 더 많이 알고 싶습니다. 그리고 사람들이 돈을 쓰지 않기 위해 어떤 방법을 택하는지도 연구해 주세요.

미국에서의 재정적 자립에 관한 공식을 정부가 알고 있다는 증거가 어디 있는가? 잘 훈련된 많은 경제학자와 미국 정부를 위해 다양한 분야에서 일하는 학자들이 부자(또는 그들 말대로 '최고의 부를 소유한 사람들')에 관해 연구하는 경우가 많다. 우리가 특히 관심을 갖는 기사는 국세청의 계간 보고서 '소득 통계'에 실린 기사들이다. 연구 학자들에게는 이 보고서가 정보의 보고寶庫라고 할 수 있다. 소득에 관한 수많은 통계 자료를 제공하기 때문이다. 그러나 소득이 정부가 초점을 맞추는 유일한 부분은 아니다. 정부는 최고의 부를 소유한 사람들에 대해서도 연구한다. 이런 점은 무척 부럽게 생각한다. 우리는 부자들에 관해 스스로 조사를 해야 하기 때문이다. 이것이 우리가 '부자가 되는 방법'을 이해하기 위해 정보를 얻는 주된 원천이다.

C. 유진 스튜얼은 미국 재무부의 세금 분석국 부국장이다. 그는 학자이자 재능 있는 연구원이기도 하다. 스튜얼 역시 우리와 똑같은 질문을 한다. 즉, "실현 소득과 부 사이에는 어떤 관계가 있는가?"라는 질문이다(SOI 정기 보고서, 재무부, 국세청, 제2권 4호, 1985년 봄). 그가 알아낸 것은 무엇일까? 그들은 실현·과세 소득을 최소화하고 비실현·비과세 소득을 최대화함으로써 상당한 부를 축적한다는 사실이다.

연구 중에 스튜얼은 부자들이 살아 있는 동안 제출한 소득세 납세 신고서와 그들의 사망 후 유언 집행자가 제출한 상속세 납세 신고서를 비교했다. 다른 한편으로는 전국적 표본을 대상으로 상속세 납세 신고서도 조사했다. 그리고 나서 각각의 상속세 납세 신고서를 과거의 소득세 납세 신고서와 개별적으로 대조해 보았다. 이 모두가 큰 차이를 보이는 이유는 무엇일까? 스튜얼은 소득세 납세 신고서에 기록된 실현 소득과 각 개인의 실제 순자산 사이의 상관관계를 연구하고자 했다. 특히 관심을 쏟은 부분은 투자 자산에서 발생하는 실현 소득과 투자 자산의 실제 시장 가치 사이의 관계였다.

재무부에서 일하는 학자가 왜 이런 연구에 그토록 많은 시간을 투자하는 것일까? 우리는 국세청 공무원들이 매우 똑똑하다고 생각한다. 그들은 목표 고객을 연구하고 있는 것이다. 그들이 갈망하고 있는 것은 바로 그 고객들이 가지고 있는 재산이다. 국세청 공무원들은 많은 부자가 어떻게 해서 그렇게 적은 실현 소득을 올릴 수 있는지를 알고 싶어 한다. 비공개 기업의 소유주들은 이런 전략에 매우 능숙하기 때문에 스튜얼은 비공개 기업의 가치가 재산의 65% 이상을 차지하는 경우를 연구 대상으로 삼았다.

다음은 스튜얼이 연구를 통해 알아낸 사실 가운데 일부이다.

- 비공개 기업의 자산에서 나오는 실현 소득은 평가된 자산 가치의 1.15%밖에 되지 않았다. 상속세의 세금 혜택을 받기 위해 상속인과 유언 집행자가 되도록 줄잡아 평가한다는 점을 고려하면 이 적은 수치조차도 편향적으로 상향 조정된 것일 수 있음을 유의해야 한다.
- 모든 자산에서 나오는 소득과 봉급, 임금, 수입을 합친 총 실현 소득은 총 자산 가치의 3.66%에 불과했다.

이런 결과로 부자에 관해 무엇을 알 수 있는가? 가령 평균 200만 달러의 순자산을 가지고 있는 사업체 소유자는 순자산 200만 달러 중 겨우 3.66%에 해당하는 7만 3,200달러의 연간 실현 소득을 올린다. 당신은 과연 1년에 7만 3,200달러로 먹고살면서 그중 최소한 15%를 계속해서 투자할 수 있겠는가? 아니, 그렇게 하기는 쉽지 않다. 그러나 재정적으로 자립한다는 것도 쉽지 않은 일이다.

재정적 자립

한번은 로드니라고 하는 고소득·저자산의 한 기업체 간부에게 아래와 같은 간단한 질문을 던졌다.

"왜 당신 회사의 세금 혜택성 주식 구매 계획에 참여하지 않는 것입니까?"

로드니의 고용주는 그에게 매칭 스톡 구매 계획을 알려 주었다. 로드니는 매년 자기 소득의 6%만큼의 회사 주식을 구매해 실현·과세 소득을 줄일 수 있었다. 또한 회사 측은 그의 회사 주식 구매량을 로드니 소득의 일정 수준까지 높여 줄 수 있었다.

그러나 불행하게도 로드니는 그 계획에 참여할 재정적 여유가 없었다고 한다. 그의 모든 소득은 매월 내는 주택 융자 할부금 4,200달러, 임대한 2대의 자동차, 교육비, 컨트리클럽 회원비, 수리가 필요한 별장, 그리고 세금으로 다 나가 버렸다.

아이러니하게도 로드니는 언젠가 재정적으로 자립하기를 원한다. 그러나 대부분의 UAW처럼 로드니 역시 이런 면에서 현실 감각이 전혀 없다. 그는 자신의 재정적 자립성을 팔아먹었다고 할 수 있다. 처음 입사했을 때부터 지금까지 로드니가 계속해서 세금 혜택을 받아 왔다면 어떻게 되었을까? 오늘날 로드니는 백만장자가 되었을 것이다. 하지만 실제의 로드니는 벌어서 소비하는 식으로 다람쥐 쳇바퀴 돌듯 같은 생활을 계속해 오고 있다.

우리는 수많은 고소득·저자산의 사람을 인터뷰했다. 특히 응답자가 노인일 경우에 때로는 침울해지기 쉽다. 만약 당신이 평생 수백만 달러를 벌었으면서도 "연금 계획이 없어요…. 연금 계획을 세운 적이 한 번도 없었지요."라고 말하는 67세의 심장병 의사라면 어떻겠는가? 이 의사의 순자산 총액은 채 30만 달러가 되지 않는다. 그가 우리에게 다음과 같은 질문을 하는 것은 당연했다.

"과연 내게도 은퇴할 수 있는 날이 올까요?"

UAW의 미망인들과 나눈 인터뷰는 더욱 심각하다. 이런 미망인 대다수가 결혼 후 평생 전업 주부로 지내 온 사람들이었다. 이들의 고소득·저자산 타입 남편들은 대개의 경우 생명보험을 일부만 들었거나 전혀 들지 않았다.

"남편은 항상 돈에 대해서는 걱정하지 말라고 했어요. 자기가 항상 곁에 있으면서 돈을 벌어 올 거라면서. 나 좀 어떻게 도와줄 수 없나요? 이제 어떡하지요?"

이것은 재미있는 상황이 아니다. 교육을 그렇게 많이 받고, 소득도 많은 사람이 어떻게 돈에는 그토록 순진하단 말인가? <u>고학력·고소득자라고 해서 자동적으로 재정적 자립을 이룰 수 있는 것은 아니다. 여기에는 계획과 희생이 필요하다.</u>

당신의 목표가 재정적 자립이라면 어떻게 하겠는가? 훗날 재정적으로 자립하기 위해 지금 과소비를 줄여야겠다는 계획을 세워야 한다. 소비하기 위해 벌어들이는 모든 돈에는 일단 세금이 부과된다. 예를 들어, 6만 8,000달러짜리 보트를 사려면 10만 달러를 벌어야 한다. 백만장자는 이런 식으로 생각하는 것이다. 이런 까닭으로 백만장자 중 보트를 가지고 있는 사람이 많지 않은 것이다. 당신은 퇴직 후에 보트로 벌어먹고 살 계획인가? 아니면 300만 달러짜리 연금 계획에 의존해서 살아가는 것이 더 낫겠는가? 과연 이 두 가지를 동시에 할 수 있을까?

상류층 동네

만일 당신이 미 국세청의 부자에 관한 연구 보고서 가운데 마지막 섹션을 자세히 읽었다면 우리가 실시한 조사의 결과와 국세청이 실시한 소득세 및 상속세 납세 신고서 비교 결과가 과연 다른 것일까 하는 의문이 생길 것이다. 당신은 우리 조사에 참여한 백만장자가 그들의 순자산 총액 가운데 평균 6.7% 정도의 총 실현 소득을 올린다는 사실을 기억할 것이다. 그러나 소득세 및 상속세 자료의 결과에는 가장 부유한 재산가들이 자신이 가지고 있는 재산의 겨우 3.66%만을 실현 소득으로 올린다고 되어 있다. 이런 차이를 어떻게 설명할 수 있을까? 그리고 이것이 의미하는 바는 무엇인가?

우리가 사용한 표본 추출 방법과 국세청이 소득세 및 상속세 납세 신고서 연구에서 사용한 방법에는 차이가 있다. 우리는 부유한 동네에 사는 가구에서 표본을 추출하여 사용했고, 국세청에서는 모든 소득세 및 상속세 납세 신고서에서 표본을 추출하여 사용했다. 미국의 백만장자 가운데 절반 정도가 소위 부자 동네에 살고 있지 않기 때문에 우리는 부자 동네에 살고 있지 않은 부유층 농장 주인, 경매인 및 기타의 사람들도 조사 대상으로 삼았다. 부자 동네에 사는 백만장자들(6.7%)은 어째서 모든 부유층 사망자의 전국적 표본에서 추출된 부유층(3.66%)보다 훨씬 더 많은 실현 소득을 올리는 것일까? 부자 동네의 백만장자들은 그런 지역에서 생활하는 데 많은 돈이 필요함에 따라 실현 소득을 더 많이 만들어야 하기 때문이다. 그렇다면 우리의 연구 결과가 암시하는 것은 무엇인가? '부자 동네에서 생활하지 않으면 재산을 모으기가 훨씬 쉽다'는 것이다. 그러나 부자 동네에 사는 백만장자들조차도 매년 자신이 지닌 재산의 겨우 6.7%만을 실현 소득으로 만든다. 그렇다면 부자가 아니면서도 부유층 동네에서 생활하기 위해 전 재산의 평균 40% 이상을 끊임없이 실현 소득으로 만들어 내야 하는 사람들의 경우는 어떻겠는가?

아마도 부유층 동네에 사는 특권을 누리기 위해 현재와 미래의 소득 가운데 상당 부분을 희생하기 때문에 기대치만큼 부자가 되지는 못했을 것이다. 따라서 연간 10만 달러를 벌더라도 부자가 될 수는 없다. 아마도 그들은 30만 달러짜리 주택에 사는 옆집 사람은 부자가 된 후에야 그 집을 샀다는 사실을 몰랐을 것이다. 부자가 아니면서 그런 동네에 살고 있는 사람들은 부자가 될 것을 예견하고 집을 샀을 테지만, 그들이 부자가 되는 길은 멀기만 하다.

그런 사람들은 수지 균형을 맞추기 위해 매년 실현 소득을 극대화해야 한다. 투자할 돈은 한 푼도 없다. 사실은 궁지에 몰려 있다고 할 수 있다. 모든 소득은 가계 경상비를 충당하는 데 사용된다. 따라서 비실현 소득을 증식시켜 줄 투자 자산을 구매하지 않는다면 결코 재정적으로 자립하지 못하게 될 것이다. 그러면 어떻게 할 것인가? 당신이라면 평생 많은 세금을 내면서 부유층 동네에 살겠는가?, 아니면 다른 곳으로 이사를 하겠는가? 당신이 결정을 내리는 데 도움이 될 만한 우리의 원칙 하나를 더 말해 보겠다.

'아직 부자는 아니지만 언젠가 그렇게 되고 싶다면 당신 가정의 연간 총 실현 소득의 2배가 넘는 주택 융자를 받아야만 살 수 있는 주택은 절대로 구입하지 마라.'

생활비가 덜 드는 지역에 살면 소비가 줄어들기 때문에 더 많은 투자를 할 수 있다. 집값도 더 저렴할 것이고, 그만큼 재산세도 줄어들 것이다. 이웃 사람들이 고급 자동차를 몰고 다니는 비율도 줄어들 것이다. 따라서 존스 가정을 따라잡거나 추월하기가 훨씬 쉬워질 것이며, 재산도 모으게 될 것이다.

이것은 당신의 선택이다. 아마도 당신은 최근 우리에게 컨설팅을 받았던 젊은 주식 중개인 밥보다는 나은 선택을 할 것이다. 우리는 소득과 집값 사이의 이상적인 비율에 관해 밥에게도 똑같은 조언을 해주었다. 37세의 주식 중개인 밥은 총 실현 소득이 8만 4,000달러였다. 밥은 31만 달러짜리 주택 구입에 관해 조언해 달라고 우리에게 요청했다. 그는 계약금으로 6만 달러를 낼 계획이었다. 또한 부자가 되고자 하는 것도 그의 계획이었다. 주택 융자를 25만 달러나 받는 것은 부자가 되고자 하는 그의 목표에 큰 장애가 될 것이라고 생각되었다.

그래서 우리는 14만 달러의 주택 융자를 받아 20만 달러짜리 주택을 사는 식으로 비용이 좀 덜 드는 쪽을 선택하라고 밥에게 제안했다. 그 정도면 원칙에서 벗어나지는 않을 것이었다. 그러나 밥은 이 제안을 거절했다. 그는 트럭 운전사나 선설 노동자들이 모여 사는 동네에서는 살고 싶지 않았던 것이다. 어쨌든 밥도 재정 컨설턴트이자 대학 졸업자이기 때문이었다.

그러나 밥이 깨닫지 못한 점이 있었다. 많은 건설 노동자 부부가 연간 벌어들이는 소득이 총 8만 4,000달러가 넘는다는 사실이었다. 물론 밥의 주택 융자금 중개인은 밥에게 25만 달러의 주택 융자를 받을 자격이 있다고 말했다. 그러나 그것은 당신 닭장에 있는 닭이 몇 마리인지를 여우에게 물어 본 격인 것이다.

CHAPTER 3

백만장자의 공식: 시간 + 에너지 = 돈

부자들은 재산을 모으는 데
도움이 될 수 있도록 시간과 에너지와 돈을
효율적으로 분배한다

재산을 모으는 데 가장 중요한 요소 중 하나가 효율성이다. 간단히 말해서, 부자가 되는 사람들은 자신의 순자산 증식을 위해 시간과 에너지와 돈을 분배한다는 것이다. 비록 PAW와 UAW가 재산 축적에 관해 비슷한 목표를 가지고 있다고 하더라도, 실제로 얼마나 많은 시간을 재산 축적 활동에 투자하느냐의 문제에 있어 이 두 집단은 완전히 다른 성향을 가지고 있다.

'PAW는 UAW에 비해 재정적 투자를 계획하는 데 한 달에 거의 2배 가까운 시간을 투입한다.'

투자 계획과 재산 축적 사이에는 강력하고 긍정적인 상관관계가 존재한다. UAW는 투자 자문 전문가와의 컨설팅에 PAW보다 적은 시간을 할애한다. 실력 있는 회계사, 변호사, 투자 상담가를 찾고, 투자 계획 세미나에 참석하는 데 들이는 시간이 적은 것이다. PAW가 자신의 경제 복지 걱정에 허비하는 시간은 UAW보다 대체로 적다. 우리는 UAW가 PAW에 비해 다음과 같은 일이 닥칠까 봐 걱정하는 데 더 많은 시간을 허비하고 있다는 사실을 알게 되었다.

- 안심하고 퇴직할 만큼 부자가 되지 못하는 것
- 결코 상당한 재산을 모으지 못하게 되는 것

그들의 걱정은 현실적인 것일까? 그렇다. 하지만 UAW는 자신의 과소비와 부족한 투자 성향을 바꾸기 위해 혁신적인 조치를 취하기보다는 그런 문제들을 걱정하는 데 더 많은 시간을 보낸다.

아래의 2가지 문제에 관해 우려하는 사람은 어떤 타입의 사람일까?

- 생활 수준이 급격히 하락함을 경험하는 것
- 가족의 구매 습관을 충족시킬 만큼 많은 소득을 올리지 못하는 것

이런 사람은 누구일까? 아마도 대학생 자녀가 둘이나 있는 집배원일 것이다. 또는 혼자서 자녀를 셋이나 양육해야 하는 저소득층 사람일 수도 있다. 최근 자신의 자리가 없어질 것이라는 사실을 알게 된 중년의 기업체 간부일 수도 있다. 이것은 터무니없는 가정이 아니다. 이런 범주에 속하는 사

람들은 대개 생활 수준을 낮추어야 한다는 사실과 가족의 구매 습관을 충족시킬 만큼 수입을 올리지 못하게 될 것을 상당히 두려워한다. 그러나 우리가 다음에 소개하려고 하는 인물 중 여기에 속하는 인물은 하나도 없다.

이런 두려움과 걱정을 표현한 응답자는 사우스 박사라는 50대 외과 의사였다([표 3-1] 참고). 그는 기혼자이며, 자녀가 넷이다. 왜 사우스 박사는 자신의 생활 수준과 소득에 관해 걱정해야 하는 것일까? 갑자기 불구가 되어 더 이상 의사 생활을 할 수 없게 되었거나 하는 불운을 맞은 것일까? 그렇지 않다. 사실 사우스 박사는 우리가 인터뷰하기 바로 전년도에도 연간 70만 달러가 넘는 소득을 올렸을 정도로 유능한 의사이다. 그러나 그런 고소득에도 불구하고 순자산은 줄어들고 있는 것이다. 이에 대해 사우스 박사가 두려워하고 걱정할 만한 이유가 몇 가지 있다.

노스 박사는 사우스 박사와 나이, 소득, 가족 구성에 있어서 매우 흡사하다. 그러나 노스 박사는 PAW이다. 그의 신상은 이 챕터의 후반부에서 자세히 소개하겠다. 노스 박사는 사우스 박사에 비해 걱정이 훨씬 적다. 노스 박사는 생활 수준을 낮추어야 하는 상황을 두려워하지 않는다. 사우스 박사와는 달리 자신의 소득이 가족의 구매 습관을 충족시키지 못할까 봐 걱정하지도 않는다. 이런 사실은 사우스 박사와 노스 박사의 소득 수준이 비슷하다는 점을 생각할 때 매우 흥미롭다고 할 수 있다. 다음에 나오는 사례 연구에서는 이 의사들과 그 가족들을 소개할 것이다. 당신은 이들이 각각 자신의 시간과 에너지와 돈을 어떻게 활용하는지 배우게 될 것이다. 그러나 이 의사들을 자세히 소개하기 전에 우선 일반적인 의사들의 소득 수준과 재산 축적 습관을 먼저 살펴보기로 하자.

[표 3-1] 노스 박사와 사우스 박사의 걱정과 두려움

I. 경제적 복지	PAW 노스 박사	UAW 사우스 박사
편히 퇴직할 만큼 부자가 되어 있지 못하다	하	중
가족의 구매 습관을 충족시킬 만큼 고소득을 올리지 못한다	하	중
퇴직해야 한다	하	하
일자리 혹은 직위를 잃게 된다	무	무
생활 수준이 급격히 하락한다	하	상
결코 큰 재산을 모으지 못한다	하	중
사업에 실패한다	중	하
일찍 사망할 경우 재정적으로 가족을 보호할 수 없다	상	하

II. 자녀 문제	PAW 노스 박사	UAW 사우스 박사
성인 자녀를 재정적으로 도와야 한다	하	중
버는 것보다 더 많이 쓰는 성인 자녀가 있다	하	중
능력 발휘를 제대로 못 하는 자녀가 있다	중	하
성인 자녀가 부모 집으로 다시 들어온다	하	중
자녀가 부적절한 배우자와 결혼했다는 사실을 알게 된다	중	중
부모의 재산을 자신의 소득으로 생각하는 자녀가 있다	하	중

III. 신체적 복지	PAW 노스 박사	UAW 사우스 박사
암이나 심장 질환에 걸리게 된다	중	하
시력이나 청력에 문제가 생긴다	중	무
폭력, 강간, 강도, 불법 침입을 당하게 된다	하	중
에이즈에 걸린다	무	하

IV. 정부	PAW	UAW
	노스 박사	사우스 박사
늘어나는 정부 지출·재정 적자	하	상
강화되는 정부의 기업·산업에 대한 규제	하	상
계속 높아지는 연방 소득세	하	상
높은 인플레이션	무	중
내 가족에게 부과되는 높은 상속세	하	하

V. 가정	PAW	UAW
	노스 박사	사우스 박사
내 재산을 두고 일어나는 자녀 간의 다툼	하	중
내 유산을 두고 일어나는 가족 간의 싸움	하	중
특정 자녀를 재정적으로 편애한다는 비난	하	중

VI. 재정 고문	PAW	UAW
	노스 박사	사우스 박사
재정 고문에게 사기를 당한다	하	중
양질의 투자 자문을 받지 못한다	무	중

VII. 부모, 자녀, 손주	PAW	UAW
	노스 박사	사우스 박사
자녀가 마약에 손을 댄다	무	하
양가 부모를 모시고 살아야 한다	중	하
자녀·손주들과 함께 지낼 시간이 너무 적다	하	하

의사들, 그리고 PAW와 UAW

　평균적으로 의사들은 미국의 보통 가정보다 4배 이상의 소득을 올린다. 즉, 14만 달러 대 3만 3,000달러이다. 그러나 사우스 박사와 노스 박사는 일반적인 의사가 아니다. 재능이 있고, 고도로 훈련받은 전문가들이다. 사실 그들의 전문 분야에서 보통 의사가 벌어들이는 평균 연간 소득을 보면 30만 달러 이상이다. 그러나 이 둘은 그런 의사 중에서도 단연 우수한 사람들이다. 그래서 작년에 이들이 벌어들인 소득은 각각 70만 달러가 넘었다.

　사우스 박사는 그런 고소득에도 불구하고 비교적 재산이 적다. 그는 소비를 많이 하고, 투자는 거의 하지 않는다. 우리는 연구를 통해 의사들이 일반적으로 재산을 잘 모으지 못한다는 사실을 알아냈다. 사실 모든 주요 고소득 직업 가운데 의사들은 재산 축적 비율이 상당히 낮은 편이다. PAW 집단에 속하는 의사 1명당 UAW 집단에 속하는 의사는 2명꼴이다.

　의사들이 재산 규모 면에서 뒤처지고 있는 이유는 무엇일까? 여기에는 여러 가지 이유가 있다. 그중 첫 번째는 재산과 교육 간의 상관관계이다. 이 관계에 대해 어떤 이들은 놀라워할 것이다. 연간 10만 달러 이상을 벌어들이는 모든 고소득자에게 있어서 재산과 교육 간의 관계는 반비례한다. 고소득 PAW들은 고소득 UAW들에 비해 석사 학위, 법학 학위, 의학 학위를 가지고 있는 비율이 상당히 낮은 편이다. 우리 연구에서 대개 백만장자들이란 전문대학이나 4년제 대학 졸업자, 또는 대학을 졸업하지 않은 사람들로서 사업체를 소유하고 있는 사람이었다.

여기에서 한 가지 경고해 둘 점이 있다. 부모는 자녀들에게 대학을 중퇴하라거나 사업을 시작하도록 제안해서는 안 된다는 점이다. 사업을 시작해도 몇 년 내에 망하는 경우가 대부분이고, 사업체 소유자들 가운데 극소수만이 수십만 달러의 수입을 올린다. 그러나 사업을 하는 사람들이 같은 소득 집단에 속한 다른 사람들보다 재산을 더 많이 모으는 경향이 있는 것은 사실이다.

전문대학이나 4년제 대학을 나왔거나 대학을 나오지 않은 고소득자들은 교육을 많이 받은 사람들보다 더 유리한 출발점에 서 있는 경우가 많다. 의사 및 기타 고학력 전문가들은 경쟁에 뒤늦게 뛰어드는 셈이다. 학교를 다니는 동안 재산을 모으기란 어려운 일이다. 학교에 오래 다닐수록 돈을 벌어 재산을 모으기 시작하는 시점이 더 멀리 연기되기 때문이다.

<u>부를 연구하는 대부분의 전문가는 소득 투자가 **빠를수록** 재산을 모을 기회가 더 많아진다는 점에 동의한다.</u> 예를 들어, 덴지는 데이터 프로세싱을 훈련하는 2년제 기술학교를 나와 사업체를 운영하고 있다. 그는 22세 때부터 일을 해서 재산을 모으기 시작했다. 30년이 지난 오늘날, 덴지는 연금 계획의 가치가 급속도로 올라 상당히 큰 혜택을 입고 있다.

이와는 크게 대조적인 도크스 박사의 상황을 살펴보자. 도크스 박사는 덴지와 같은 해에 고등학교를 졸업했다. 하지만 그는 학창 시절 친구였던 덴지가 사업을 시작한 것보다 10여 년이나 늦게 개인 병원을 개업했다. 그동안 도크스 박사는 공부하면서 저축한 돈과 부모의 돈, 그리고 학비와 생활비를 위해 대출한 돈을 쓰며 지냈다. 같은 기간 덴지는 자신을 '대학을 나오지 않은 사람'이라고 부르면서 사업체를 세우고 재정적으로 자립하는 데

자산을 집중 투자했다.

현재 UAW 범주에 속한 사람은 누구인가? '대학을 나오지 않은 사람'으로서 사업체를 소유하고 있는 덴지인가, 아니면 고등학생 시절 친구이자 졸업생 대표였던 도크스 박사인가? 그 대답은 명백하다. 덴지는 전형적인 PAW인 반면 도크스 박사는 UAW이다. 흥미로운 것은 두 사람 모두 작년에 거의 16만 달러에 달하는 비슷한 수준의 소득을 올렸다는 점이다. 그러나 덴지는 도크스 박사보다 재산이 5배 내지 6배나 많다.

덴지는 재산을 모으는 데 있어 가장 중요한 점을 우리에게 말해 준다. 성인이 되면 되도록 이른 시기에 돈을 벌어 투자를 시작하라는 것이다. 그렇게 한다면 고등학교 시절 소위 재능 있다고 하던 친구들보다 빠른 속도로 재산을 모을 수 있을 것이다. '부는 눈이 멀었다'라는 사실을 명심하라. 따라서 이 책의 저자들은 핑곗거리가 있는 셈이다. 부를 연구하는 두 전문가가 어째서 부자가 아닌지를 달리 어떻게 설명할 수 있겠는가? 그 부분적인 이유로는 고학력을 추구하는 데 보낸 두 사람의 시간을 합치면 거의 20년이나 된다는 사실을 들 수 있다!

고학력을 지닌 사람들이 재산 규모 면에서 뒤처지는 또 한 가지 이유는 사회에서 그들에게 기대하는 지위와 관련이 있다. 사회에서는 높은 학위를 가진 기타의 전문가들뿐만 아니라 의사들에게도 그들의 역할을 기대한다. 그러나 덴지는 소규모 사업체를 운영하고 있기 때문에 재산이 많은 부자임에도 불구하고 사회는 그가 부자 동네에서 살 것으로 기대하지 않는다. 덴지는 보통 주택에서 살면서 평범한 세단을 몰고 다닐 수 있는 동네에서 벗어나지 않을 것이다. 덴지 가계의 경상비는 도크스 박사의 가계보다 훨씬 적다.

표지만 보고도 책을 판단할 수 있다고 말하는 사람이 많다. 이것은 잘나가는 의사, 변호사, 회계사 등은 고급 주택가에 살아야 한다는 것과 의미가 다르지 않다. 또한 이런 유능한 사람들은 자신의 전문직을 수행하기 위해 능력에 어울리는 옷을 입고, 능력에 어울리는 자동차를 몰아야 한다. 당신은 단골로 이용하고 있는 전문가를 어떻게 판단하는가? 너무나 많은 사람이 전시적인 요소를 기준으로 삼아 판단한다. 비싼 옷을 입고, 고가의 자동차를 몰고, 호화로운 동네에 사는 사람들에게 후한 점수를 준다. 이런 사람들은 평범한 주택에 살면서 3년 된 포드 크라운 빅토리를 몰고 다니는 전문가는 2류이며 심지어 능력도 없다고 생각한다. 전문가를 판단할 때 순자산을 척도로 삼는 사람은 극소수일 뿐이다. 고객들에게 자신이 성공한 전문가임을 확신시키려면 성공한 것처럼 보여야 한다고 말하는 전문가가 많다.

물론 예외의 경우도 있다. 그러나 대학이나 전문대학, 또는 대학원을 다니는 데 많은 시간을 보낸 사람들은 교육을 덜 받은 사람들에 비해 더 많은 생활비를 쓰는 경향이 있다. 대체로 의사들은 상당히 많은 생활비를 지출한다. 이런 가정에서 관심을 갖는 부분은 보통 투자가 아닌 소비이다.

대개 의사들은 부유한 동네에 사는 것에 여러 가지 단점이 있다는 사실을 알게 된다. 부자 동네에 사는 사람들은 투자 전문가들로부터 상품 구매를 강권하는 전화를 많이 받는다. 이런 전화를 하는 사람 중 대다수가 부자 동네 사람들에게는 투자할 돈이 많다고 생각한다. 그러나 사실 사치스럽게 사는 사람들은 대부분 과소비적인 생활 방식을 유지하는 데 돈을 다 쓰기 때문에 남는 돈이 거의 없다.

일부 순진한 텔레마케팅 영업자는 2가지 기준에 꼭 맞는 미래 고객 명단을 돈을 주고 산다. 첫 번째, 미래 고객은 의사여야 한다. 두 번째, 부자 동네에 살아야 한다. 의사들이 적극적인 투자 아이디어 판매자들에게 가장 좋은 목표물이 되는 것은 당연하다. 그런 투자 전문가들의 강권 전화를 받는 의사들은 전화한 사람을 '의사만큼이나 전문가적'이라고 생각하는 경우가 많다. 우리에게 그들의 권유로 투자했다가 손해를 보았다고 말한 의사도 많은데, 사실 그런 의사들 대부분이 막대한 손해를 본 나머지 다시는 주식 시장에 투자하지 않는다. 주식 시장의 실제 가치가 전체적으로 확대되고 있다는 점을 감안한다면 이것은 불행한 현실이다. 또한 의사들은 주식 시장을 거부하면 소비할 돈이 더 많아진다고 생각한다. 이런 태도를 지닌 사람들이 생각만큼 드물지는 않았다.

'한 성형외과 의사가 자기는 보트 3척과 자동차 5대를 가지고 있지만 연금 계획에 관해 생각해 본 적은 한 번도 없다고 말했다. 재정적 투자? 그것 역시 마찬가지였다. 그는 "투자 시장에서 큰 손해를 보지 않은 동료 의사는 한 명도 없습니다. 결국 그들은 지금 빈털터리가 되었지만, 나는 적어도 내 돈 쓰는 즐거움은 누릴 수 있지요."라고 말했다.'
'나중에 이 의사는 자신의 금전에 관한 철학을 이렇게 요약했다. "돈, 그것은 가장 쉽게 회복할 수 있는 자원입니다."'

출처: 토머스 J. 스탠리, '왜 당신은 당연한 수준의 부를 가지고 있지 못할까',
《메디컬 이코노믹스》, 1992. 7

왜 그토록 많은 의사가 UAW 그룹에 속하는지 그 이유를 다른 어떤 요소로 설명할 수 있는가? 연구를 통해 우리는 그런 의사들이 이타적이라는 사실을 알 수 있었다. 일반적으로 그들은 다른 고소득자들에 비해 소득 중 일부를 고상한 명분으로 기부하는 비율이 높다. 또한 의사들은 부모로부터 유산을 물려받을 가능성이 가장 적은 부류이기도 하다. 교육을 덜 받은 그들의 형제자매들이 유산을 물려받을 가능성이 훨씬 더 크다. 의사들은 '부족한 그들의 형제자매를 부모가 더 이상 돌볼 수 없게 되면 대신 돌보도록' 연로한 부모로부터 부탁받는 경우도 있다. 이런 연구 결과는 챕터 6에서 자세히 다루도록 하겠다.

의사들은 대개의 경우 많은 시간을 환자들을 돌보는 데 할애한다. 그들은 하루에 10시간 이하로 일하는 경우가 거의 없다. 따라서 대부분의 시간과 에너지와 지식을 환자들에게 쏟는 셈이다. 이 때문에 의사들은 자신의 경제적 복지를 등한시하게 된다. 어떤 의사들은 열심히 일하는 것이 곧 많은 수입을 의미하므로 가계 예산을 세울 필요가 없다고 생각한다. 어떤 의사들은 "수입이 이렇게 많은데, 굳이 가계 예산이나 투자 계획에 시간을 낭비할 필요가 있을까?"라고 묻기도 한다. 고소득 UAW들은 대부분 그렇게 생각한다.

PAW는 UAW와는 정반대로 생각하는 경향이 있다. 그들에게 있어 돈이란 결코 낭비해서는 안 될 자원이다. <u>PAW들은 계획, 예산, 검소함이 재산 모으기의 핵심을 이루는 부분이라는 사실을 알고 있으며, 소득이 매우 높은 경우의 PAW들도 마찬가지이다.</u> 고소득자들이라 해도 재정적으로 자립하려면 자기 재산 수준보다 검소하게 생활해야 한다. 재정적으로 자립하지 못하면 자신의 사회 경제적 미래를 걱정하는 데 점점 더 많은 시간과 에너지를 허비하게 될 것이기 때문이다.

소비의 계획과 통제

소비를 계획하고 통제하는 것은 재산 축적의 근간을 이루는 핵심 요소이다. 따라서 우리는 노스 박사와 같은 PAW는 자신의 예산을 세우는 데 시간을 투자하고 있다고 생각했다. 그리고 실제로 PAW들은 그것을 실천하고 있다. 반대로, 노스 박사는 가계 소득에 한계가 있다는 것 외에는 가족의 소비에 대한 통제권을 가지고 있지 못하다. 우리는 사우스 박사와 노스 박사에게 각각 그들의 계획과 통제 시스템에 관해 질문했다.

질문 당신의 가계는 매우 신중하게 만든 연간 예산에 따라 운영됩니까?
사우스 박사 아니오.
노스 박사 예. 절대적이지요!

예산 없이 가계를 운영하는 것은 계획, 목적, 방향도 없이 사업체를 운영하는 것과 비슷하다. 노스 박사 가족은 매년 세전稅前 가계 소득 가운데 적어도 1/3을 투자해야 하는 가계 예산을 세워 놓고 있다. 우리가 인터뷰하던 해에 노스 박사 부부는 세전 연간 소득 가운데 거의 40%를 투자했다고 한다. 어떻게 그럴 수 있었을까? 간단히 말해서, 노스 박사 부부는 소득이 그들의 1/3 정도밖에 안 되는 평균 가정 수준으로 소비하며 생활한 것이다.

그렇다면 사우스 박사 가족은 어떨까? 사우스 박사네는 소득이 그들의 거의 2배나 되는 평균 가정과 비슷하다. 이들의 신용 카드 사용액은 연간 소득 수백만 달러 가정의 수준이다. 사우스 박사 가족은 사실 연간 소득을 모두 소비하거나, 혹은 그 이상 소비하며 생활한다. 이 소득만이 사우스 가족을 통제하는 유일한 수단이다.

우리는 두 박사에게 다른 종류의 질문을 했다.

1. 당신 가족이 연간 의식주 비용으로 지출하는 액수가 얼마인지 알고 있습니까?
2. 당신의 재정적 미래를 계획하는 데 많은 시간을 투자합니까?
3. 당신은 검소합니까?

여러분은 아마도 그 대답을 예견할 수 있을 것이다. 사우스 박사는 3가지 질문에 모두 "아니오."라고 대답한 반면, 노스 박사는 전형적인 PAW로서 모두 "예."라고 대답했다. 노스 박사의 검소한 성향을 고려해 보자. 예를 들어, 노스 박사는 할인 가격이나 특별 가격에 파는 것이 아니면 결코 양복을 사지 않는다고 단호히 말했다. 이것은 노스 박사가 옷을 변변치 않게 입고 다님을 의미하는 건 아니다. 또한 싸구려 옷을 입는다는 얘기도 아니다. 오히려 노스 박사는 고품질의 옷을 구매하지만 옷값을 전부 주고 사지는 않으며, 결코 충동적으로는 구입하지 않는다는 사실을 의미한다. 이런 행동은 노스 박사가 어렸을 때 사회화하는 과정에서 유래했다.

"내가 학교에 다니고 있을 때, 아내는 교사였습니다. 우리의 수입은 적었지요. 그러나 우리에게는 항상 규칙이 있었습니다. 저축하는 것이었죠. 그때도 우리는 저축을 했습니다. 돈이 없으면 투자를 할 수 없습니다. 그러니 첫 번째로 해야 할 일은 저축이지요.

11세 때 나는 식료품점에서 일하고 받은 첫 월급 50달러를 저축했습니다. 현재도 마찬가지입니다. 단지 동그라미의 수가 달라졌다는 것뿐이지요. 동그라미는 더 많아졌지만, 규칙과 원칙은 같습니다.

투자 기회를 활용해야 합니다. 그러자면 탁월한 기회를 활용할 무엇인가를 가지고 있어야 하지요. 그것이 제가 성장한 배경의 일부입니다."

사우스 박사는 정반대의 성향을 가지고 있다고 말했다. 우리와 인터뷰를 하기 전에 사우스 박사 가족은 연간 얼마나 많은 돈을 의류비로 썼을까? 약 3만 달러이다([표 3-2] 참조). 말하자면, 그들은 미국 평균 가정의 연간 수입인 3만 3,000달러에 가까운 액수를 연간 의류비로 소비하는 것이다.

가족 구성원

대부분의 고소득 가정은 전통적인 부부와 자녀로 구성되어 있다. 우리는 남편과 아내의 소비 습관 모두 재산을 모으는 데 중요한 변수로 작용한다는

[표 3-2] 노스 박사 가족과 사우스 박사 가족의 소비 습관

소비 항목	연간 지출 비용	
	노스 박사 가족/PAW(단위: 달러)	사우스 박사 가족/UAW(단위: 달러)
의류비	8,700	30,000
자동차	12,000	72,200
주택 융자 할부금	14,600	107,000
클럽 회비/지출	8,000	47,900

것을 오래 전에 알았다. 검소함, 소비, 투자에 대한 배우자의 성향은 재산 규모에 관한 당신 가정의 위치를 이해하는 데 중요한 요소가 된다.

당신 가정에서는 누가 구두쇠인가? 노스 박사 가족의 경우, 남편과 아내가 모두 구두쇠이다. 두 사람 모두 재산 규모에 비해 검소하게 생활한다. 또한 두 사람이 함께 체계적인 연간 예산 계획에 참여한다. 두 사람 중 누구도 중고 자동차 구입에 반대하지 않는다. 또한 두 사람 모두 자기 가족이 여러 가지 상품과 서비스를 이용하는 데 연간 얼마나 지출하는지도 알고 있다. 두 사람 모두 자녀를 공립 초등학교와 고등학교에 보내는 데 반대하지 않는다. 노스 부부는 재정적 자립을 우선순위에 두고 있다. 그러나 이런 목표를 가졌다고 해서 3명의 자녀를 무시한다는 뜻은 아니다. 노스 부부는 자녀들의 대학 교육비뿐만 아니라 대학원과 로스쿨 학비까지도 지원했다. 이들은 또한 자녀들에게 집을 살 돈과 부대 비용도 대 주었다. 노스 부부는 자녀들을 위해 저축해 두었던 투자 부분에서 이 비용을 충당했다.

반대로, 사우스 박사 부부는 투자를 하지 않는 사람들이다. 사우스 박사의 가정에서 그런 소비 항목은 거의 모두가 현재 벌어들이고 있는 수입에서 지출된다.

만일 당신 가정이 어느 정도 고소득을 올리면서 동시에 두 부부가 검소하다면 어떻게 되겠는가? 당신은 PAW 지위로 올라가서 그 상태를 유지할 수 있는 기반을 가진 셈이 될 것이다. 그러나 부부 중 한 사람이 돈을 헤프게 쓴다면 재산을 모으기가 매우 어렵다. 부부의 금전적 성향이 다르다면, 대부분 큰 재산을 모으지 못한다.

그러니 아내와 남편 모두 과소비를 하는 경우는 훨씬 더 나쁘다. 이것이 바로 현재 사우스 박사 가정이 처해 있는 상황이다. 사우스 박사가 우리에게 자신은 집에서 '구두쇠'에 속한다고 말한 것이 참 재미있다. 사실 사우스 박사는 아내의 쇼핑 및 소비 습관을 좋게 생각하지 않는다. 그러나 연간 소득을 전부 혹은 거의 다 써 버리려면 부부가 팀워크를 이루어야 한다. 말하자면, 부부 두 사람이 모두 과소비를 해야 한다. 두 사람 모두 가정 재산 규모가 기대 수준보다 낮아지는 데 한몫하는 것이다.

사우스 박사의 재산 축적 과정을 평가해 보자. 그는 가계 소득을 책임지고 있으며, 그 점에 관한 한 탁월하다는 것은 논란의 여지가 없다. 사우스 박사의 소득은 미국의 모든 소득자 중 99.5%의 백분위수에 들기 때문이다. 그러나 그는 가정 내의 다른 결정에도 부분적인 책임을 지고 있다. 예를 들어, 사우스 박사는 자동차를 구입하고, 재정 고문을 선택한다. 투자 결정도 내린다. 그러나 사우스 박사와 아내, 둘 중 누구도 가계를 위해 예산을 세우지는 않는다.

사우스 부인은 가족의 의류 구입을 책임지고 있다. 부인은 1년에 약 3만 달러를 자신과 가족의 의류비로 썼다. 클럽 회비와 기타 부대 비용에 4만 달러 이상을 소비한다는 결정을 내리는 데 큰 영향을 미치기도 했다. 사우스 부부는 주택 융자 할부금으로 1년에 10만 7,000달러를 지출한다는 결정도 함께 내렸다. 대부분의 UAW들은 주택 융자 할부금을 많이 내기 때문에 과세 소득이 줄어든다고 말한다. 그러나 사우스 부부가 계속 이런 방법으로 돈을 절약한다면 결코 퇴직할 수 없을 것이다.

비싼 주택과 자동차를 구입하는 사람들은 흔히 그런 사치스러운 생활 방식 때문에 욕을 먹는다. 그러나 대부분의 경우 적어도 주택만큼은 비록 명목상일 뿐일지라도 그 가치가 보존된다. 자동차도 구입 후 몇 년간은 그 가치의 일부가 보존된다고 할 수 있다. 주택과 자동차에 큰돈을 할당하면 재산 축적에는 악영향을 미칠 수 있다. 그러나 다시 한번 말하지만, 적어도 그런 품목들은 팔아 버릴 수도 있고, 더 비싸거나 싼 것으로 바꿀 수도 있다. 말하자면, 재산 축적에 더 크게 악영향을 미치는 또 다른 요소들이 있다는 얘기이다.

사우스 박사 가족이 작년에 의류 구입에 들인 비용 3만 달러는 현재 가치로 얼마나 될까? 그리고 최근에 소비한 휴가 비용 7,000달러는 앞으로 얼마만큼의 가치가 될까? 작년에 지출한 클럽 회비와 그 부대 비용 4만 달러는 얼마만큼의 값어치가 남아 있을까? 여기에 고급 식당과의 단골 거래, 가사 도우미, 가정 교사, 정원사·조경사, 인테리어 상담, 보험 등에 사용된 비용을 더해 보라.

사우스 가족의 이런 과소비적 소비 습관은 지출에 대한 중앙 통제가 없다는 사실과 관계가 있다. 사우스 박사 가정의 소비는 대부분 개별적인 행위로 이루어진다. 그러나 노스 박사 가정의 경우는 그렇지 않다. 노스 박사와 부인은 두 사람 모두 예산을 세우고 지출을 하는 데 능동적인 역할을 한다. 이들은 함께 계획을 세우고, 지출에 관해 의논한다. 우리는 이런 시스템에 대해 자세히 논할 것이다. 그러나 우선 사우스 박사 가정의 상황부터 살펴보자.

사우스 부인은 가족들을 위해 여러 가지 물건과 서비스를 구매하는 일을 책임지고 있다. 부인은 작년에 의류비로 3만 달러를 지출하는 일에 대해 누구와도 의논하지 않았다. 사우스 부인과 남편은 개별적으로 자신의 일을 처리한다. 사우스 부인은 자신만의 신용 카드를 여러 장 가지고 있으며, 남편 역시 마찬가지이다.

사우스 부인은 특히 고급 백화점에서 쇼핑하는 것을 아주 좋아한다. 이런 고급 백화점 중에는 니만 마커스, 삭스 피프스 애비뉴, 로드 앤 테일러가 포함된다. 사우스 부인은 각 백화점의 신용 카드를 가지고 다닌다. 게다가 부인과 남편 모두 마스터 카드 골드와 비자 카드를 가지고 있다. 사우스 박사는 아메리칸 익스프레스 플래티넘 카드도 가지고 있다.

여기서 문제가 되는 것은 무엇인가? 사우스 박사와 부인은 대개의 경우 상대가 무엇을 사고 있는지, 각 품목은 값이 얼마나 되는지 알지 못한다. 특히 의류나 선물, 오락거리와 같은 비내구재非耐久財와 무형 품목에 관해서는 더욱 그렇다. 부부 모두 가게 점원에서 금융 고문, 자동차 판매원, 은행 대출 담당 직원에 이르기까지 모든 판매 권유에 넘어가기 쉬운 성격이다. 만일 당신이 이런 권유자 중 한 사람이라면 누구에게 전화를 걸겠는가? 누구에게 계속해서 새로운 상품과 서비스를 제안하겠는가? 최신 유행 의상과 최신 자동차 모델에 관해 누구에게 조언하겠는가?

사우스 부인은 왜 그렇게 많은 돈을 소비하는 것일까? 전형적인 UAW의 방식대로 남편은 부인의 소비를 부추긴다. 고소득을 올리는 엄하지 않은 부모 밑에서 자란 남편인지라 아내에게 쇼핑에 관한 한 거의 자율권을 부여한 것이다. 물론 사우스 부부는 다른 과소비자들과도 어울린다. 그러나 사우스 부부가 간과하고 있는 중요한 사실이 있다. 그들이 독특하다는 점이다. 그들의 소비는 일반적인 수준이 아니다. 그러나 노스 부부를 포함해서 그들과 비슷한 소득 수준의 사람들 대부분이 결코 사우스 부부처럼 과소비하며 살지는 않는다는 사실을 아무도 그들에게 말해 주지 않았다. 불행히도 사우스 부부는 PAW들에 관해 전혀 알지 못했다.

노스 부부는 소비 행위 면에서 사우스 부부와는 완전히 다르다. 노스 부부는 둘 다 절약과 검소가 강조되는 환경에서 자랐다. 결혼 이후 이들 부부는 늘 돈을 어떻게 할당할 것인지에 관해 서로 의논하며 살아왔다. 이들의 예산 시스템은 소비 억제의 생활 방식에 토대를 두고 있다. 사우스 부부와는 달리 노스 부부는 고급 백화점의 신용 카드를 가지고 있지 않다. 노스 가족은 정말 특별한 경우에만 그런 고급 백화점에서 쇼핑을 한다. 노스 부부는 가정 내의 거의 모든 구매를 공동 관리하는 비자 카드로 결제한다. 두 사람의 구매 명세서가 매달 하나의 청구서로 나오는 것이다. 노스 부부는 매달 각 소비 범주에 할당된 예산이 얼마나 남아 있는지 점검하고, 연말에는 이 명세서들을 참고하여 각 범주에서 총 얼마가 지출되었는지 계산한다. 신용 카드 명세서를 이용하면 다음 해의 예산을 세우는 데 매우 유용하다. 가장 중요한 것은 이들이 행하는 계획, 예산, 소비가 상호 협력을 통해 이루어진다는 사실이다. 사우스 부부와는 달리 노스 부부는 공동으로 사용하는 당좌 예금 계정에서 가계 수표를 끊어 사용하고 있기 때문에 신용 카드로 결제하지 않는 항목에 대한 예산도 세우기가 쉽다.

예산은 세우고 싶지만 그 과정이 귀찮다면 어떻게 해야 할까? 우리는 최근에 가계 예산과 소비 계획 서비스를 제공하는 공인 회계사와 인터뷰를 했다. 아더 기포드라고 하는 이 회계사에게는 고소득 고객이 수백 명이나 있었는데, 대부분이 자영업 전문가이거나 사업체 경영자들이었다. 이들 중 일부는 PAW이고, 일부는 UAW이다.

우리는 기포드에게 그의 예산 및 소비 계획 시스템을 이용하는 사람들이 어떤 사람들인지 물었다. 사우스 박사 가족과 노스 박사 가족의 사례 연구에 비추어 보면 그 대답은 예상할 수 있는 것이었다.

"상당한 재산을 가지고 있는 고객들만이 각 범주 및 모든 범주에서 가족들이 돈을 정확히 얼마나 지출하고 있는지 알고 싶어 합니다."

기포드의 말이 맞다. 그러나 PAW들은 서비스에 돈을 지불할 때는 대체로 가격에 민감하지 않은 것일까? 반드시 그렇지는 않다. PAW들은 가족의 소비 행위를 통제하는 데 도움이 되는 서비스에 돈을 지불할 때는 가격에 훨씬 덜 민감한 것이다.

당신은 작년에 가족이 상품과 서비스의 각 항목 및 모든 항목에서 얼마나 소비했는지 정확히 알고 있는가? 그 부분을 모르고 있다면 당신의 소비를 통제하기란 어려운 일이다. 만일 소비를 통제하지 않는다면 당신은 PAW 수준의 재산을 모으기 힘들 것이다. 당신 가족이 매달 지출하는 각 내역과 모든 내역을 지속적으로 정확히 기록하는 것부터 시작하는 것이 좋다. 혹은 회계사의 도움을 받아 이런 여러 가지 지출에 대한 표를 만들고, 범주를 정하기 위한 시스템을 마련하도록 하라. 그런 다음 회계사와 함께 예산을 세워라. 그 목표로 당신은 세전 연간 소득의 15% 이상을 투자 목적으로 저축할 수 있게 될 것이다. 이 '15% 작전'은 회계사 기포드가 제안하는 부자가 될 수 있는 간단한 전략이다.

\ 자동차 구입 방법

사우스 부부는 몇 가지 소비 범주에서 노스 부부를 앞선다. 우리와 인터뷰를 하기 바로 전해에 사우스 부부는 7만 2,200달러를 자동차 구입에 할당했다. 이것은 노스 부부가 할당한 1만 2,000달러에 비하면 6배에 해당하는 액수이다. 사우스 박사는 우리와 인터뷰한 바로 그 해에도 6만 5,000달러짜리 포르셰를 샀다. 사실 사우스 박사는 좋은 자동차에 안목이 있는 진짜 감정가라고 할 수 있다. 그는 가계 예산 준비에 거의 시간을 투자하지 않으며, 자신의 재정적 미래를 설계하는 데에는 더 적은 시간을 보낸다. 그러나 사우스 박사는 자동차 구입에 관해서는 전혀 다른 성향을 가지고 있다.

> '자동차나 의류 같은 사치 품목을 구입하는 데 보내는 시간과 자신의 재정적 미래를 설계하는 데 보내는 시간은 반비례 관계에 있다.'

사우스 박사와 같은 고소득 UAW들은 비싼 자동차와 의류 구입에 수입의 많은 부분을 소비한다. 그러나 많은 사치 품목을 구입하고 유지하는 데에는 돈 이상의 것이 필요하다. 그런 것을 구입하려면 계획이 있어야 한다. 쇼핑할 시간이 필요하고, 고품격 물건을 관리할 많은 시간이 필요하다. 그러나 시간과 에너지와 돈은 한정된 자원이다. 고소득자들 사이에서도 이것은 마찬가지이다. 우리의 연구 결과는 미국에서 가장 많은 소득을 올리는 사람들조차도 두 마리의 토끼를 동시에 쫓을 수는 없다는 사실을 보여 준다.

한편, 노스 박사와 같은 PAW들은 일반적으로 자신의 부를 증식시켜 줄 수 있는 활동에 여가 시간을 할당한다([표 3-6] 참조). 그런 활동 중에는 자신의 투자 전략을 연구하고 설계하며, 현재의 투자를 관리하는 일이 포함된다. 이 챕터의 뒷부분에서 이 문제를 더 자세히 다루도록 하겠다.

반대로, 사우스 박사와 같은 UAW들은 자신의 높은 생활 수준을 유지하고 향상시키기 위해 열심히 일한다. 이런 고소득 UAW들은 대개 자신이 벌어들이는 수십만 달러의 고소득을 초과해서 소비한다. 그렇다면 그들은 어떻게 한정된 수입으로 높은 생활 수준을 유지해 나가는가?

사우스 박사의 전략

사우스 박사가 자동차를 구입하기 전에 취하는 행동을 살펴보자. 사우스 박사와 같은 대부분의 UAW는 비판자들에게 자신이 구매하는 모든 것이 거의 원가에 가깝거나, 원가이거나, 그 이하라고 말하면서 자신의 과소비적 행위를 변명한다. 사우스 박사가 적극적으로 할인 제품을 쇼핑하는 것은 사실이다. 그러나 그는 외제 스포츠카를 사는 데 6만 5,000달러가 넘는 돈을 들였다. 이 가격이 정말 할인 가격일까? PAW이건 UAW이건 대부분의 고소득자들은 일주일에 40시간 이상 일한다. 그래서 매주 남는 시간을 일반적으로 자신의 목적에 맞도록 할당해서 쓰게 된다.

그래서 고소득 UAW들은 쇼핑을 위한 시장 연구에는 수없이 많은 시간을 투자하면서도 주식 시장 연구에는 시간을 할당하지 않는다. 이들은 최고의 자동차 딜러 이름을 당신에게 일일이 알려 줄 수는 있지만, 정상급 투자 고문을 알려 주지는 못한다. 또한 이들은 쇼핑하고 소비하는 방법도 알려 줄 수 있다. 그러나 투자 방법은 말해 줄 수 없다. 이들은 여러 자동차 딜러의 스타일이나 가격, 유용성은 알고 있다. 그러나 주식 시장 상품들의 다양한 가치에 관해서는 거의 알지 못한다.

예를 들어, 사우스 박사의 최근 자동차 쇼핑 활동과 일반적인 백만장자의 활동을 비교해 보자. 일반적으로 미국의 백만장자들은 자동차를 구매할 때 간단한 염가 구매 방법 4~5가지를 활용한다. 그러나 사우스 박사는 다르다. 그는 자동차 판매원과 거래할 때 적어도 9가지의 할인·쇼핑 방법을 사용한다.

사우스 박사가 최근에 습득한 자동차 구매 지식수준은 상당하다. 하지만 이런 지식은 자본을 증식시켜 주는 것도, 이익 배당금을 올려 주는 것도 아니며, 사업 생산성을 향상시켜 주는 것도 아니다. 사우스 박사는 이제 집에서 400마일 반경 안에 있는 모든 포르셰 딜러에 관해 알고 있다. 또한 거의 모든 포르셰 모델의 각 딜러 가격, 옵션과 액세서리 가격, 대부분 모델의 특징적인 성능까지 즉시 말할 수 있다. 그 정도의 정보를 알아내려면 많은 시간과 노력이 필요할 것이다.

사우스 박사는 자동차 구입에 흥미로운 방법을 사용한다. 그는 우선 자신이 원하는 자동차의 스타일과 모델 및 그에 어울리는 액세서리들을 결정한다. 그런 다음에는 철저하게 정보 검색과 협상에 나선다. 사우스 박사가 '최상의 거래'를 위해 거의 4개월 동안 쇼핑하는 것은 드문 일이 아니다. 그 과정에서 박사는 대개 그 자동차의 딜러당 자동차 가격을 알게 된다. 이런 일은 딜러와의 진짜 협상에 들어가기 전에 모두 끝난다. 그리고 나서 긴 목록에 올라 있는 모든 딜러에게 전화하여 서로 경쟁하게 만든다. 사우스 박사는 자동차 가격만 낮다면 타지의 딜러일지라도 문제 될 게 없었다. 그래서 그다음에는 가격 경쟁력을 내세우는 딜러들만이 사우스 박사의 짧은 목록에 남게 된다. 나머지는 고려 대상에서 제외되는 것이다.

그의 짧은 목록에 오른 딜러들은 다시 한번 사우스 박사의 연락을 받는다. 이 단계를 거치는 동안 사우스 박사는 더 싼 가격에 팔 의향이 있는지를 딜러들에게 묻는다. 그 과정에서 사우스 박사는 다른 딜러의 제시 가격을 그들에게 알려 준다. 또한 리스 기한이 끝난 중고 자동차에 관해서도 묻는다. 그러나 사실 그의 의중은 항상 새로운 모델에만 향해 있다.

월말이 되면 사우스 박사는 낮은 가격을 제시한 모든 딜러에게 다시 한번 연락한다. 그때쯤이면 딜러들이 판매 할당량과 은행 어음 기한에 쫓긴다고 생각하기 때문이다. 사우스 박사는 모든 딜러가 그에게 '마지막 최저 가격'을 제시하도록 만드는 것이다. 가장 최근 구입한 자동차를 살 때에도 사우스 박사는 말일에 수없이 많은 전화를 하여 결국 타지 딜러가 제시한 가격을 받아들였었다.

사우스 박사는 자동차를 구입할 때 푼돈에는 똑똑하지만 큰돈에는 어리석게 행동한다. 그러나 박사는 자신이 신중한 구매자라고 확신한다. 어쨌든 그는 딜러 가격이나 또는 그에 근접한 가격으로 자동차를 구입하기 위해 많은 시간과 에너지를 소비한다. 그러나 사실 딜러 가격도 상당히 비싸다. 매우 비싼 자동차의 소위 '딜러 가격'을 위해 그렇게 많은 시간과 에너지와 돈을 쏟아붓는다면 재산을 모으기는 힘들 것이기 때문이다.

이런 점을 고려해 보자. 우리가 인터뷰했던 대부분의 백만장자는 자동차 구입에 평생 결코 6만 5,000달러 정도를 써 본 적이 없다고 했다. 챕터 4에서 다시 나오겠지만, 사실 우리 인터뷰 대상 백만장자 가운데 절반 이상이 자동차 한 대를 구입하는 데 3만 달러 이상 써 본 적이 없다고 했다. 그러나 사우스 박사는 백만장자가 아니라는 점을 기억하라. 순자산 면에서 볼 때, 백만장자들이 6만 5,000달러짜리 자동차를 살 여유가 더 많다는 것은 분명한 사실이다. 그러나 이들은 그런 기회를 무시한다. 그래서 그들은 흔히 말하는 '백만장자'가 된 것이다!

아주 비싼 자동차를 사는 것은 상당한 재산을 모을 가능성에 큰 악영향을 미치는 것이 분명하다. 우리가 사우스 박사를 인터뷰했던 해에 박사는 가장 최신 자동차를 구매하고, 그에 관련된 세금을 내고, 보험에 가입하는 데 7만 달러 이상을 지출했다. 그러나 같은 기간 사우스 박사는 자신의 연금 계획에 얼마의 돈을 할당했을까? 약 5,700달러 정도이다! 다시 말해서, 자신의 퇴직 후 생활을 위해서는 수입 125달러당 1달러 정도밖에 저축하지 않은 것이다. 사우스 박사가 자동차를 최상의 가격으로 사기 위해 들인 많은 시간 역시 비생산적이었다. 우리는 박사가 포르셰를 연구하고, 협상하고, 구입하는 데 60시간 이상을 소비한 것으로 계산했다. 연금 계획에 돈을 할당하는 데는 얼마나 많은 시간과 노력이 필요할까? 자동차 구입에 들인 시간과 에너지의 몇 분의 1도 안 될 것이다. 사우스 박사는 재산을 모으고 싶다고 쉽게 말하지만, 그의 행동은 말과 다르다. 아마도 그래서 사우스 박사는 신중하지 못한 투자를 통해 많은 재산을 잃은 듯하다. 결정을 내리는 데 필요한 지식이 없는 상태에서 투자를 하면 대개의 경우 큰 손실을 입게 된다.

노스 박사의 전략

노스 박사는 구매 결정을 내릴 때 가격에 민감하기는 하지만 자동차 감정가는 아니다. 우리는 노스 박사에게 가장 최근에 구입한 자동차에 관해 물었다. 사우스 박사가 가장 최근에 구입한 자동차는 최신형이라는 점을 기억해 두자. 미국 백만장자의 25% 미만이 최신형 자동차를 몰고 다닌다는 점을 주목하라. 하지만 물론 사우스 박사는 백만장자가 아니다.

노스 박사는 6년 전에 산 자동차가 가장 최근에 구입한 자동차라고 우리에게 자랑스럽게 말했다. 여러분은 아마도 이런 의문이 생길 것이다. 그럼 6년 동안 새로운 자동차를 한 대도 구입하지 않았다는 말인가? 노스 박사는 지난 6년 동안 새로운 자동차를 사지 않았을 뿐만 아니라 6년 전에 구입한 그 자동차마저도 3만 5,000달러를 주고 산 3년 된 중고 메르세데스 벤츠였다.

노스 박사는 그 자동차를 무척이나 애지중지한다. 가격이 마음에 들 뿐만 아니라 디젤 자동차라서 연료가 많이 절약되기 때문이다. 그리고 디젤 메르세데스는 대개 다시 정밀 점검을 받아야 할 때까지 수십만 마일을 달릴 수 있다. 게다가 클래식한 스타일도 갖추고 있다.

그렇다면 노스 박사는 자신의 메르세데스를 구입하는 데 얼마만큼의 시간과 에너지를 쏟았을까? 노스 박사의 의사 결정 과정을 살펴보자. 우선 노스 박사는 자신의 오래된 자동차를 교체해야 한다는 결론을 내렸다. 어쨌든 그 자동차는 20년이나 되었던 것이다. 유럽산 고급 자동차는 구입 후 처음 3년간 그 가치가 빠르게 하락한다는 사실을 박사는 잘 알고 있었다. 그래서 3년 된 메르세데스 벤츠를 구입하면 돈을 상당히 절약할 수 있을 것으로 생각했다.

　노스 박사는 사고 싶은 모델의 소매 가격을 확인해 봄으로써 이런 생각을 굳혔다. 그 지방에 있는 자동차 딜러를 잠시 만나 본 것만으로도 이런 정보를 얻을 수 있었다. 그 후 박사는 3년 된 모델이 자신에게는 최선의 선택이라는 결론을 내렸다. 그는 몇몇의 자동차 딜러에게 전화를 걸어 자신의 관심사를 알려 주었다. 또한 신문에 난 광고를 몇 가지 훑어보았다. 마지막으로 노스 박사는 그 지방의 어떤 딜러가 제시한 총 주행 거리가 얼마 안 되는 모델로 결정했다. 노스 박사는 이렇게 설명한다.

"자동차요? 나는 항상 품질을 중요시합니다. 그러나 결코 리스를 하거나 할부로 사지는 않습니다. 내 차는 메르세데스 벤츠입니다. 나는 개업 이후 지금까지 단 2대의 차를 가지고 있었습니다. 처음 차는 메르세데스 벤츠로, 개업 직후에 새것을 샀지요. 그것을 20년간 탔습니다. 그러고 나서 두 번째 차를 샀는데, 3년 된 중고 메르세데스였어요. 나는 자동차 딜러를 찾아갔습니다. 그는 나에게 새 모델을 팔고 싶어 했지요. 하지만 그 모델은 그곳에 있던 중고차보다 무려 2만 달러나 비쌌습니다. 그래서 저는 제 자신에게 간단한 질문을 던져 보았지요. '새로운 자동차를 소유했다는 자존심의 대가로 2만 달러를 지불한다? 자존심, 그것뿐이잖아. 자동차는 마찬가지인데 말이야.' 대답은 '아니다.'였습니다. 새로운 자동차 소유에 대한 자존심은 2만 달러의 가치가 없었습니다."

　노스 박사의 전략은 단 몇 시간밖에 걸리지 않았다. 이것을 사우스 박사의 자동차 구입 과정과 비교해 보라. 사우스 박사의 경우는 60시간이 넘게 걸렸다. 물론 노스 박사는 한 대의 자동차를 오랫동안 가지고 있는 것을 좋아한다. 그래서 자동차 구입에 투자하는 시간은 몇 년간에 걸쳐 분산되므로 노스 박사의 자동차 구입 소요 시간은 1년에 평균 1시간도 안 된다. 그러나 사우스 박사는 매년 새로운 자동차를 사는 것을 좋아한다. 따라서 사우스 박사의 60시간짜리 자동차 구매 프로젝트는 대개 단 1년에만 해당된다.

두려움과 걱정

당신은 무엇을 걱정하며 시간을 보내는가? 당신의 걱정은 재산 축적에 관한 것인가?, 아니면 부자가 되는 데 장애가 되는 문제들인가? PAW들과 UAW들은 두려움과 걱정 면에서 볼 때 어떻게 다른가? 간단히 말해서, UAW들은 PAW들보다 걱정거리가 더 많다. PAW들과 UAW들은 또한 서로 다른 문제에 관해 걱정한다. 대체로 PAW들은 UAW들보다 걱정과 두려움이 훨씬 적다.

만일 당신이 많은 걱정거리를 생각하며 대부분의 시간을 보낸다면 어떻겠는가? 문제 해결을 위한 행동에는 더 적은 시간을 할당하게 될 것이다. 또한 두려움 때문에 돈을 더 낭비하게 된다면 어떻겠는가? 아마도 당신은 UAW 집단에 속한 사람이 될 것이다.

<u>두려움과 걱정 모두 결국은 UAW가 되도록 만드는 요인이 될 수 있다.</u> 자신의 생활 방식을 향상시키기 위해 돈을 더 많이 벌어야 한다고 끊임없이 걱정하는 사람이 과연 부자가 될 수 있을까? 아마도 아닐 것이다. 사우스 박사는 부자가 아니다. 이것은 부분적으로 박사가 그런 문제들을 걱정하기 때

문이다. 노스 박사는 현재 부자이다. 이것은 그가 사우스 박사보다 생활 수준 문제를 훨씬 덜 중요하게 생각하기 때문이다.

사우스 박사는 우리에게 19개의 문제에 대해 상당히 걱정하고 있거나 보통 수준으로 걱정하고 있다고 대답했다([표 3-1] 참조). 반면, 노스 박사는 7개 문제에 관해서만 걱정하고 있다고 대답했다. 따라서 미국에 살고 있는 노스 박사와 같은 사람들은 재산 증식 활동에 더 많은 시간과 에너지를 쏟고 있다는 결론을 내리는 것이 논리적이다. 두 박사의 두려움과 걱정의 유무에 따라 그들의 삶이 어떤 영향을 받고 있는지 살펴보자.

UAW와 PAW의 자녀들

사우스 부부에게는 4명의 자녀가 있는데, 그중 둘은 성인이다. 사우스 박사는 자녀들의 장래에 관해 심각하게 걱정하고 있다. UAW들의 자녀는 결국 UAW가 되는 경우가 대부분이다. 과소비적이고, 경제적인 압박감이 전혀 없으며, 계획이나 예산도 세우지 않고, 자제력도 없으며, 모든 물건에 욕심을 내는 가정 환경에서 자란 자녀는 어떻게 될까? UAW인 부모와 마찬가지로 성인이 된 그 자녀들 역시 대개의 경우 자제력이 없는 과소비적인 생활 방식을 추구하게 된다. 또한 대개의 경우 이들은 성장 과정을 통해 익숙해진 자신의 생활 방식을 지탱할 정도로 충분한 돈을 결코 벌지 못하게 된다.

사우스 박사의 부모들이 사치스런 생활 방식을 가지고 있었기 때문에 아들인 사우스 박사 역시 UAW가 된 것이 분명하다. 사우스 박사는 그렇게 교육받은 것이다. 그의 생활 방식은 소비적인 성향이 부모보다 훨씬 더 강하다. 사우스 박사의 중·상류층 생활 방식은 대학원과 의과대학을 다닐 때에도 계속되었다. 그의 부모는 사우스 박사에게 집값과 그 외의 모든 비용을 지원해 주었다. 사실 사우스 박사는 집을 떠난 후에도 자신의 과소비 습관과 생활 방식을 바꿀 필요가 전혀 없었다. 다행히도 사우스 박사는 현재 자신의 과소비적 생활 습관을 지탱할 만큼의 수입을 올리고 있다. 그러나 자녀들은 어떤가? 그동안 과소비적인 환경에서 살아왔지만 그들 스스로 그것을 재현하기에는 너무나 힘든 일이다. 말하자면 제3세대에서 막을 내리게 된 것이다. 인터뷰를 통해 사우스 박사는 우리에게 자녀들은 자신이 벌어들이는 소득의 몇 분의 1도 벌 수 없을 것이라고 털어놓았다.

이와는 대조적으로 노스 박사의 성인 자녀들은 훨씬 독립적이고 자제력 있는 생활을 하고 있다. 이것은 부분적으로 노스 박사의 자녀들이 검소하고, 계획성이 있으며, 절제하는 생활 방식의 환경에서 자라났기 때문이다. 앞에서도 언급했던 바와 같이, 노스 박사 가족은 소득의 1/3이 채 안 되는 일반 가정 수준으로 생활하고 있다. 이렇듯 재산에 비해 검소하게 생활하기 때문에 각 소득 수준의 모든 PAW 자녀들은 경제적으로 자제력 있고 자립적인 성인으로 성장하게 된다. 간단히 말해서, PAW의 자녀들은 대개 PAW가 된다.

앞에서 언급했던 대로 사우스 박사는 노스 박사보다 훨씬 적은 재산을 가지고 있다. 사우스 박사는 노스 박사보다 성인 자녀들에게 금전적인 지원을 해줄 능력이 훨씬 떨어진다. 그러나 아이러니하게도 경제적으로 의존적인 성인 자녀를 둔 것에 대해 부담을 느끼는 사람은 사우스 박사 쪽이다.

우리는 사우스 박사와 노스 박사에게 자녀로 인해 느끼는 두려움과 걱정에 관해 질문했다. 여러분의 예상대로 사우스 박사는 이 문제에 관해 훨씬 더 많은 고민을 가지고 있었다. 그는 특히 아래의 문제들에 관해 두려움을 나타냈다.

1. 부모의 재산을 자신의 소득으로 생각하는 성인 자녀가 있다.
2. 성인 자녀를 재정적으로 도와야 한다.

사우스 박사 같은 사람이 성인이 된 자녀와 손주들까지 부양해야 한다면 얼마나 황당한 일이겠는가? 성인 자녀에 대한 경제적 보조를 의미하는 '경제적인 외래 환자 치료EOC'가 어떤 영향을 미치는지에 관해서는 챕터 5와 챕터 6에서 더 자세하게 알아보기로 하자. 그러나 여기에서 꼭 짚고 넘어가야 할 중요한 사항이 있다. UAW인 성인 자녀를 두면 그 부모가 부유해질 가능성은 크게 줄어든다는 점이다!

사우스 박사는 성인 자녀들이 어째서 부모에게 상당한 경제적 지원을 기대하게 되었는지 이해할 수가 없다. 사우스 박사는 자신이 부모에게서 받았던 모든 금전적 지원을 자신의 자녀들에게 제공할 만큼 재산이 충분하지 못함을 고민하고 있다. 사우스 박사가 직면하게 될 또 다른 두려움이 있다. 그는 자녀들이 서로 우애 있게 지내지 못하게 될까 봐 점점 더 우려하고 있다. 그런 걱정은 아이들이 부모에게 경제적 지원을 받을 필요가 생기면서부터 시작되었다. 하지만 노스 박사는 그런 문제들에 관해 걱정하지 않는다.

우리는 두 박사에게 이러한 종류의 걱정거리에 관해 질문했다. 사우스 박사는 다음과 같은 문제를 걱정하고 있었다.

1. 자신의 유산을 두고 일어나는 가족·자녀 간의 싸움
2. 특정 자녀를 금전적으로 편애한다는 비난

사우스 박사의 두려움은 타당한 것일까? 스스로 이렇게 질문해 보라. 사우스 박사 같은 부모를 둔 30대 자녀들이 가장 두려워하는 것은 무엇일까? 부모로부터의 경제적 원조가 끊기는 상황일 것이다. 수많은 30대 UAW는 부모와 함께 살면서 누렸던 생활 방식을 지탱할 능력이 없다. 사실 부모에게 금전적 지원을 받지 않으면 평범한 주택도 살 수 없는 경우가 많다. 이런 '부잣집 아이들'은 40대 후반이나 50대 초반까지도 상당한 돈과 기타 재정적 증여를 받는 일이 드물지 않다. 대개 이런 성인 UAW들은 부모의 재산을 얻어내기 위해 서로 경쟁하게 된다. 만일 당신이 받을 경제적 지원을 당신처럼 의존적인 다른 형제자매들이 위협한다면 어떻게 하겠는가?

사우스 박사는 자신의 문제에 관해서만 걱정하는 것이 아니다. 그는 자녀들 문제까지도 걱정하고 있다. 그가 자녀들에게 물려준 것이 무엇인지 잠시 생각해 보자. 경제적으로 의존적인 성인이 되면 어떤 결과가 나타날까? 그들은 앞으로 얼마나 많은 불안과 두려움을 헤쳐 나가야 할 것인가? 어떻게 해야 서로 간의 우애를 돈독히 유지할 수 있을 것인가? 이런 것들이 사우스 박사가 시간이 갈수록 점점 더 걱정하고 있는 문제들이다.

노스 박사는 그런 문제에 관한 고민이 훨씬 적다. 노스 박사의 성인 자녀들은 검소하고 절제하는 생활 환경에 익숙해져 있다. 따라서 이들은 특별히 경제 지원을 받을 필요성이 훨씬 적을 것이다.

세금과 정부

PAW와 UAW를 포함한 미국의 많은 고소득자는 연방 정부의 행동에 큰 관심을 가지고 있다. 정부의 행동들은 개인이 통제할 수 없는 외적 요소이기 때문이다.

사우스 박사는 정부와 관련된 4가지의 외적 요소를 걱정하고 있다고 한다. 재미있는 점은 이런 문제들이 노스 박사에게는 큰 걱정거리가 아니라는 사실이다. 그 4가지 걱정거리를 살펴보자.

1. 계속 높아지는 연방 소득세

노스 박사와 사우스 박사는 연방 정부가 고소득자들에게 더 많은 세금을 내도록 요구할 것이라고 생각한다. 그러나 세금 증가는 노스 박사보다는 사우스 박사에게 더 큰 걱정거리이다. 사우스 박사는 왜 이 문제를 걱정하는가? 과소비적인 생활 방식을 유지하려면 실현 소득을 최대화해야 하기 때문이다. 만일 정부가 사우스 박사에게 소득의 더 많은 부분을 세금으로 내도록 요구한다면 그의 생활 방식은 위협받게 될 것이다.

그러면 노스 박사는 어떨까? 그는 연방 정부가 과세 대상인 실현 소득 중 더 많은 부분을 세금으로 내라고 하더라도 별로 걱정하지 않는다고 말했다. 작년에 노스 박사는 소득세로 약 27만 7,000달러를 납세했다([표 3-3] 참조). 그러나 노스 박사의 관점에서 한번 살펴보자. 그는 소득세를 실현 소득의 일부라기보다는 전 재산의 일부로 본다.

정부가 소득세를 두 배로 올리면 어떻게 될까? 그런 일은 없겠지만 그저

[표 3-3] 노스 박사와 사우스 박사의 소득 및 재산 비교 (금액 단위: 달러)

가구	연간 총 실현 소득	총 소득세	실현 소득에 대한 세금 비율	총 순자산	순자산에 대한 세금 비율
노스 박사 가족	730,000	277,000	38%	7,500,000	4%
사우스 박사 가족	715,000	300,000	42%	400,000	75%

예를 들어 본다면, 노스 박사의 경우 매년 재산의 8%를 납부해야 한다. 그러나 사우스 박사는 재산의 150%를 내야 한다는 계산이 나온다. 노스 박사가 점점 높아지고 있는 연방 소득세에 대해 사우스 박사보다 덜 걱정하는 것은 당연한 일이다.

2. 늘어나는 정부 지출과 재정 적자

사우스 박사는 이 문제에 관해 매우 우려하고 있다. 그는 정부 지출이 증가한다는 것은 곧 자신의 소득세가 올라간다는 사실을 의미한다고 생각한다. 그러나 노스 박사는 그 이유에 대해 지나치게 걱정하지 않는다.

3. 높은 인플레이션

사우스 박사는 또한 정부 지출 및 재정 적자 증가와 같은 정부의 행위가 상당한 인플레이션을 불러일으킬 것을 걱정한다. 사우스 박사는 이 문제에 관해 보통 수준의 우려를 나타낸다. 이것은 많은 UAW와 마찬가지로 사우스 박사 역시 점점 더 비싼 집과 자동차, 옷 등을 추구하기 때문이다. 반대로 노스 박사는 인플레이션이 일어나면 자신의 투자 포트폴리오 가운데 최소한 일부라도 상당히 가치가 올라갈 것으로 생각한다.

4. 기업과 산업에 대해 강화되는 정부 규제

대부분의 의사는 정부의 이런 행위가 자신들을 겨냥한 것이라고 느낀다. 이들은 정부의 규제 강화는 곧 의료 사회화 제도 부활의 전조라고 해석한다. 두 박사 모두 이런 규제 강화가 의사로서 자신이 벌어들일 소득에 악영향을 끼칠 것이라고 생각한다. 사우스 박사는 이 문제 때문에 상당히 걱정된다고 말한 반면, 노스 박사는 약간 우려한다고 대답했다.

무슨 이유로 이 두 응답자는 이토록 상황을 다르게 인식하는 것일까?

위와 같은 정부 조치들은 생활 방식을 유지하기 위해 소득의 대부분을 써 버리는 고소득자들에게 종종 위협이 된다. 이는 권력자들이 '부유층'을 겨냥함으로써 정치적 이점을 취할 수 있을 때 특히 해당되는 경우이다. 사실 정치가들이 겨냥하고 있는 사람들은 고소득자들이다. 대부분의 정치가들은 고소득을 올리는 것과 재산을 많이 가지고 있는 것의 차이를 잘 알지 못한다. 정치가들에게는 순자산이 많은 사람을 표적으로 삼는 것이 훨씬 어려운 일이다.

PAW인 백만장자들은 대부분 자영업자이다. 샐러리맨이 되는 것보다는 자영업자가 되는 것이 경제적 장래를 통제하는 데 훨씬 유리하다. 반대로, 오늘날 샐러리맨들은 고소득을 올리는 간부급이라 하더라도 과거 어느 때보다도 자신의 생계에 대한 통제권이 줄어들었다. 예를 들어, 샐러리맨들은 아무리 생산적인 사람일지라도 인원 감축으로 인해 직장을 잃게 된다. 그리

[표 3-4] PAW와 UAW의 걱정과 두려움(상, 중, 하 가운데 상 또는 중)

I. 경제적 복지	PAW[1]	UAW[2]	두드러진 차이[3]
	표본 수=155	표본 수=205	
편히 퇴직할 만큼 부자가 아니다	43%	60%	유
가족의 구매 습관을 충족시킬 만큼 고소득을 올리지 못한다	31	37	무
퇴직해야 한다	20	18	무
일자리·직위를 잃게 된다	19	36	유
생활 수준이 급격히 하락한다	44	44	무
결코 큰 재산을 모으지 못한다	32	42	유
사업에 실패한다	38	32	무
일찍 사망할 경우 재정적으로 가족을 보호할 수 없다	22	32	유

II. 자녀 문제	PAW	UAW	두드러진 차이
	표본 수=155	표본 수=205	
성인이 된 자녀를 재정적으로 도와야 한다	23%	17%	무
수입보다 지출이 더 많은 성인 자녀가 있다	39	25	유
능력 발휘를 제대로 못 하는 자녀가 있다	34	30	무
성인 자녀가 부모 집으로 다시 들어온다	13	11	무
자녀가 부적절한 배우자와 결혼했다는 사실을 알게 된다	36	34	무
부모의 재산을 자신의 소득으로 생각하는 자녀가 있다	20	18	무

III. 신체적 복지	PAW	UAW	두드러진 차이
	표본 수=155	표본 수=205	
암이나 심장 질환에 걸리게 된다	61%	58%	무
시력이나 청력에 문제가 생긴다	47	40	무
폭력, 강간, 강도, 불법 침입을 당하게 된다	38	45	무
에이즈에 걸린다	13	11	무

IV. 정부	PAW 표본 수=155	UAW 표본 수=205	두드러진 차이
늘어나는 정부 지출·재정 적자	88%	78%	유
기업·산업에 대해 강화되는 정부 규제	82	76	무
계속 높아지는 연방 소득세	80	79	무
높은 인플레이션	64	52	무
가족에게 부과되는 높은 상속세	65	41	유

V. 가정	PAW 표본 수=155	UAW 표본 수=205	두드러진 차이
재산을 두고 일어나는 자녀 간의 다툼	10%	11%	무
유산을 두고 일어나는 가족 간의 싸움	17	11	무
특정 자녀를 재정적으로 편애한다는 비난	7	8	무

VI. 재정 고문	PAW 표본 수=155	UAW 표본 수=205	두드러진 차이
재정 고문에게 사기를 당한다	26%	29%	무
양질의 투자 자문을 받지 못한다	40	33	무

VII. 부모, 자녀, 손주	PAW 표본 수=155	UAW 표본 수=205	두드러진 차이
자녀가 마약에 손을 댄다	47%	59%	유
양가 부모를 모시고 살아야 한다	12	19	유
자녀·손주들과 함께 지낼 시간이 너무 적다	44	56	유

주 1) 표본상의 PAW 155명은 평균 연간 실현 소득이 15만 1,656달러이고, 평균 순자산은 235만 달러이며, 평균 연령은 52세였다.

주 2) 표본상의 UAW 205명은 평균 연간 실현 소득이 16만 7,348달러이고, 평균 순자산은 44만 8,618달러이며, 평균 연령은 48세였다.

주 3) 0.05 미만의 확률

고 고소득을 올리는 샐러리맨이라 하더라도 대개의 경우 백만장자가 되기는 힘들다.

자영업자가 아닌 샐러리맨이 UAW인 경우에는 돈벌이 능력을 위협하는 외적 요소에 특히 영향을 받기 쉽다. 우리는 PAW 중 19%, 고소득·저자산의 UAW 중 36%가 실업자가 될 것을 걱정하고 있다는 사실을 알 수 있었다([표 3-4] 참조). 그러나 곧 재앙이 닥칠지도 모른다는 사실을 알고 있음에도 불구하고 대부분의 고소득 샐러리맨은 과소비 성향을 가지고 있다.

재정 목표 : 말과 행동

많은 고소득 PAW와 UAW는 재산 축적에 관해 비슷한 목표를 가지고 있다. 예를 들면, 양 그룹의 3/4 이상이 다음과 같은 목표를 가지고 있다고 말했다.

- 퇴직할 때까지는 부자가 된다
- 재산을 증식한다
- 자본 증식을 통해 부자가 된다
- 자산 가치를 보존하면서 자본을 쌓는다

그러나 이런 목표를 가지고 있다고 말하는 사람들 모두가 이 목표를 이루기 위해 열심히 노력하는 것은 아니다. 대부분의 사람이 부자가 되고 싶은 마음은 가지고 있지만, 그렇다고 해서 대부분이 이런 목표의 실현 가능성을 높이기 위해 시간과 에너지와 돈을 투자하는 것은 아니다.

시간 할당

다음 사항들에 대해 대부분의 PAW는 찬성하지만, UAW는 대부분 반대한다.

- 나의 재정적 미래 계획에 많은 시간을 할당한다
- 나의 투자를 적절히 관리할 시간이 충분한 편이다
- 시간을 할애하는 데 있어서 다른 활동보다도 자산 관리를 우선으로 한다

이와는 반대로 UAW들은 다음과 같은 사항에 동의한다.

- 투자 결정에 충분한 시간을 할당하지 못한다
- 내 자신의 재정적 업무에 많은 시간을 투자하기에는 너무 바쁘다

PAW들과 UAW들은 투자 계획에 할당하는 시간의 양에 있어서도 차이를 보인다.

재산 축적의 의지를 가진 사람들의 경우 '계획 세우기'가 강한 습성인 것으로 드러났다. 계획 세우기와 재산 축적은 보통의 소득 수준인 투자자들 사이에서도 큰 상관관계가 있다. 예를 들어, 우리가 854명의 중소득자들을 대상으로 실시한 연구에서도 투자 계획과 재산 축적 사이에는 강한 긍정적

관계가 있는 것으로 나타났다([표 3-5] 참조).

부자에 관한 우리 연구에서 나타난 더 흥미로운 결과는 사람들이 자신의 투자 계획을 세우는 데 시간을 조금밖에 할당하지 않는 이유와도 관련이 있다. 투자 계획을 거의 세우지 않거나 혹은 전혀 세우지 않는 많은 사람은 대개 다음과 같이 생각한다.

- 희망이 없다….
- 투자 계획을 성공으로 이끌기 위한 시간을 낼 수가 없다.
- 우리는 그다지 많이 벌어 본 적도 없지만, 돈을 많이 벌수록 재산을 더 모으지 못하는 것 같다.
- 직장 업무를 보느라 남는 시간이 전혀 없다.
- 투자 계획을 세우는 데 20시간씩이나 소비할 수는 없다.

그러나 PAW들도 이런 식으로 20시간이나 되는 시간을 할당하지는 않는다. [표 3-5]를 살펴보면 PAW들 역시 투자 전략을 세우는 데 평균적으로 그렇게 많은 시간을 들이지는 않는다는 사실을 알 수 있다.

우리는 이 중소득中所得 PAW들이 투자 계획을 세우는 데 한 달 평균 겨우 8.4시간을 할당한다는 사실을 알았다. 이것은 연간 약 100.8시간을 사용한다는 얘기가 된다. 1년이 8,760시간이라는 점을 감안하면 PAW들은 투자 계획을 세우는 데 자신에게 주어진 총 시간 중 약 1.2%를 할당하는 것이다.

UAW들은 투자 계획을 세우는 데 한 달 평균 4.6시간을 보낸다. 다시 말해서, 연간 약 55.2시간을 보낸다는 뜻이다. 즉, PAW들은 UAW들에 비해

[표 3-5] 투자 계획과 인구 통계 대조: 중소득 PAW와 UAW

투자 결정을 위한 계획 세우기	PAW 표본 수=205	UAW 표본 수=215
월간(평균 할당 시간)	8.4	4.6
연간(평균 할당 시간)	100.8	55.2
인구 통계 자료		
나이(평균 연령)	54.4	56.0
연간 가계 실현 소득(평균/1,000달러)	51.5	48.9
순자산(평균/1,000달러)	629.4	105.7
100만 달러 이상의 순자산 비율(%)	59.6	0.0
순자산 기대치[1](평균/1,000달러)	280.2	273.8
순자산에 대한 실현 소득 비율(%)	8.2	46.3
자영업자 비율(%)	59.1	24.7

주 1) 순자산 기대치는 부자 방정식(나이* 연간 가계 실현 소득/10)으로 계산한다.

83%의 시간을 더 투자하고 있는 셈이다(100.8시간 대 55.2시간).

UAW가 투자 계획에 할당하는 시간을 2배로 늘린다고 해서 과연 자동적으로 PAW가 될까? 그렇지 않을 것이다. 계획을 세우는 것은 재산 축적에 필요한 여러 가지 중요한 요소 가운데 하나일 뿐이다. 대부분의 PAW는 체계화된 계획 스케줄을 가지고 있다. 매주, 매달, 매년 PAW들은 투자 계획을 세운다. 이들은 또한 UAW들에 비해 훨씬 이른 시기에 계획 세우기를 시작한다.

반면, UAW들은 뚱뚱한 사람들과 비슷하다. 때때로 이들은 자신이 이상적으로 생각하는 몸무게에 도달할 때까지 굶는다. 그러나 대개의 경우는 이전의 몸무게로 다시 돌아가거나 더 살찌게 된다. UAW들은 새해가 되면 다양한 투자 목표를 대충 갖춘 투자 계획을 세운다. 이 목표들은 투자에 할당된 금액을 상세히 열거한 상당히 적극적인 계획으로서, 이틀 정도에 걸쳐 만들어 낸 것들이다. 보통 이런 계획에는 상품 및 서비스 소비의 '갑작스런 긴축'이라는 계획도 포함된다. 대개의 경우 이러한 충격적인 계획과 그에 따른 생활 방식의 급격한 변화는 너무도 혹독해서 결국 아무런 성과도 거두지 못하게 된다. 이런 경우 전형적인 UAW는 재산 축적을 위한 새로운 모델이라는 환상으로부터 재빨리 깨어난다. 그는 다시 '옛날 생활'로 돌아간다. 다시 한번 계획 세우기, 더 많이 투자하기, 덜 소비하기라는 자신과의 약속을 깨 버리는 것이다.

많은 UAW는 전문적으로 준비된 계획만 있다면 하룻밤 사이에 자신들을 PAW로 만들어 줄 수 있을 것으로 생각한다. 그러나 아무리 훌륭한 재정 계획이라 하더라도, 실행하지 않으면 아무 소용이 없다. UAW들은 다른 사람이 자신의 살을 빼 줄 수 있다고 잘못 생각하는 경우가 매우 흔하다.

이런 경우, UAW들이라면 PAW들이 가계를 어떻게 운영해 나가는지 이해함으로써 많은 것을 배울 수 있을 것이다. PAW들은 매달 조금씩 계획을 세운다. 다시 말하지만, 한 달에 약 8시간 정도밖에 들이지 않는다. 하루 쉬면서까지 계획을 세울 필요가 없다는 사실을 알면 UAW들은 계획을 더 많이 세울 수 있을지도 모르겠다. PAW들은 재산을 천천히 모은다. 이들은 스파르타식은 아니지만 일과 계획, 투자와 소비의 균형을 맞추는 데 있어서는 확실한 지배권을 가지고 있다.

당신 자신의 시간

'일'이라는 요소는 PAW와 UAW의 차이를 이해하는 데 중요하다. 우리가 중소득층을 대상으로 실시했던 연구에서 자영업자인 PAW와 UAW의 비율(59.1% 대 24.7%)을 주목하기 바란다([표 3-5] 참조). 이 연구에서 자영업이 투자 계획을 세우는 일과 상당한 관련이 있음을 발견했다. 전체적으로 볼 때 자영업자들은 투자 전략을 세우는 데 샐러리맨보다 더 많은 시간을 보낸다. 자영업자들은 중소득층에 속한 사람일지라도 대개 업무 내용에 자신의 투자 계획까지도 포함시킨다. 이와는 반대로, 대부분의 샐러리맨은 투자 전략 세우기와는 전혀 상관없는 업무를 하게 된다. 왜 그럴까?

자영업자 중에서도 성공한 사람들은 자신의 경제적 위치를 결코 당연시하지 않는다. 중년의 나이가 된 자영업자들은 대부분 경제적으로 좋을 때뿐만 아니라 나쁜 상황도 이미 경험해 본 사람들이다. 따라서 이들은 계획을 세우고 투자함으로써 자신의 사업 수익에서 생기는 어쩔 수 없는 변화를 상쇄하는 경향이 있다. 게다가 이들은 스스로 연금 계획을 세우고 관리해야 한다. 현재와 미래의 재정적 상황을 스스로 책임져야 하는 것이다. 대개의 경우 자제력이 강한 자영업자만이 경제적으로 오랫동안 살아남는다.

그러나 아마도 '그런 사람들은 오랜 시간 열심히 일하지 않는가?'라는 의문이 생길 것이다. 그렇다. 대부분의 성공한 자영업자는 하루에 10시간에서 14시간 정도 일한다. 사실 이 때문에 많은 샐러리맨이 독립하여 자기 사업하기를 꺼리는 것이다. 이들은 조금이라도 편한 일을 원한다. 그래서 샐러리맨 생활을 원하는 것이다. 그러나 대부분의 근로자, 심지어 중소득층에 속하는 사람들은 오랜 시간 동안 열심히 일한다. 중소득층 샐러리맨들은 대부분의 시간과 에너지를 직장 업무에 쏟아붓느라, 개인 일을 볼 시간이 없다. 따라서 일주일에 몇 시간을 따로 떼어 자신의 투자 계획을 세우는 데 사용할 수가 없다. 이와는 반대로 자영업자들, 특히 고소득층에 속한 자영업자들은 전혀 다른 직업적 목표를 가지고 있다. 그 목표 가운데 하나가 '재정적 자립'이다. 반대로, 샐러리맨들은 자신의 고용주에게 완전히 의존하는 경우가 너무 많다. 그래서 이들은 재산 축적을 위한 투자 계획을 세우는 문제에 있어 훨씬 덜 자립적인 것이다.

계획 방정식에서 고려해야 할 또 한 가지 문제가 있다. UAW는 투자 계획을 세우는 데 PAW보다 적은 시간을 할애한다는 것이다. 그 이유 가운데 하나로 UAW들의 투자 성향을 들 수 있다. UAW들은 현금은 물론이고 예금, 단기 투자 신탁 상품, 재무부 단기 채권 등과 같이 현금에 가까운 형태들을 모두 투자로 생각한다. UAW들이 총 재산 가운데 20% 이상을 현금 또는 현금에 가까운 형태로 가지고 있는 비율은 PAW에 비해 2배나 많다. 현금 범주에 드는 이런 것들은 대부분이 연방 정부 보험에 가입되어 있는 것들로, 필요할 때 쉽게 찾아 쓸 수 있다. 또한 현금과 관련된 투자를 계획하는 것이 PAW들처럼 재산을 할당하는 것보다는 시간이 덜 드는 것이 사실이다.

PAW들은 대개 가치가 증식하는 범주에 투자하지만, 그것을 실현 소득으로 만들지는 않는다. 이들은 보통 자기 재산의 많은 부분을 비상장 기업, 상업용 부동산, 상장 주식, 연금 및 이연조세^{移延租租, tax deferred} (실현된 수익 중에서 미래의 어떤 기간까지 과세되지 않거나 회수되지 않은 소득) 범주에 들어가는 것들에 투자한다. 이런 종류의 투자를 하려면 계획을 세워야 한다. 이런 투자는 또한 재산 축적의 토대가 되기도 한다. 하지만 UAW들은 재산의 많은 부분을 자동차처럼 가치가 하락하는 자산의 형태로 가지고 있다.

과연 적극적인 주식 거래가 더 좋을까?

우리의 연구 대상이 되어 준 백만장자 가운데 거의 전부에 해당하는 95%가 주식을 소유하고 있다. 또한 대부분이 전 재산의 20% 이상을 상장 주식으로 가지고 있다. 그러나 이들이 적극적인 자세로 주식 거래를 하고 있다고 추측한다면 잘못된 생각이다. 이들 대부분은 주식 시장의 변화에 동요되지 않으며, 런던 시장이 어떠했는지 물어보기 위해 매일 아침 중개인에게 전화를 걸지도 않는다. 또한 대부분이 경제 매체에서 떠드는 매일의 머릿기사에 민감하게 반응하며 주식 거래를 하지도 않는다.

당신은 적극적인 투자자란 며칠 단위로 투자하는 사람이라고 생각하는가? 우리가 인터뷰한 백만장자 가운데 주식을 소유한 사람들의 1% 미만만이 이러한 경쟁에 참여하고 있었다. 그렇다면 주 단위는 어떨까? 역시 1% 정도만이 주 단위로 투자한다. 이제 월 단위 이상, 1년 미만으로 투자하는 사람들에 대해 알아보자. 월 단위로 투자하는 사람은 7% 미만이다. 전체적으로 보았을 때, 우리가 인터뷰한 백만장자 가운데 9% 정도만이 1년 미만으로 투자한다. 다시 말해서, 공격적인 투자자는 백만장자 10명 가운데 1명 미만인 셈이다. 5명 가운데 1명꼴인 20%가 평균 1~2년 동안 주식을 소유하고 있으며, 4명 가운데 1명꼴인 25%가 2~4년 동안 소유하고 있다. 약 13%가 4~6년 범주에 속하며, 3명 가운데 1명 이상인 32%가 6년 이상 소유하고 있는 것으로 나타났다. 사실 우리가 최근 연구를 위해 인터뷰했던 백만장자들 가운데 42%가 인터뷰하기 바로 전해에 자신의 포트폴리오에 있는 주식을 거래한 일이 전혀 없었다고 대답했다.

인터뷰를 위해 백만장자 중 소위 적극적인 투자자라고 할 만한 사람들을 찾아내기란 쉽지 않다. 그런 사람들은 아마도 주식 중개인들에게 이상적인 타깃이 될 것이다. 왜냐하면 그들은 주식 거래에 상당액의 중개료를 지불할 것이 분명하기 때문이다. 그러나 백만장자 중에서 적극적인 투자가는 극소수이다. 사실 우리는 백만장자보다는 백만장자가 아닌 사람 중에서 적극적인 주식 거래인을 더 많이 보아 왔다. 왜 그런 것일까? 그 이유는 매일, 매주, 매달 주식을 사고파는 데는 아주 많은 돈이 들기 때문이다.

대개의 경우 적극적인 투자자들은 자신의 투자에 관해 연구하고 계획하는 일보다는 거래하는 데 더 많은 시간을 소비한다. 반대로, 백만장자들은 훨씬 적은 종류의 주식을 연구하는 데 많은 시간을 할애한다. 이렇게 백만장자들은 주식 시장에 있는 훨씬 적은 종류의 주식을 완전히 마스터하는 데 필요한 자원, 다시 말해서 자신의 시간과 에너지를 집중적으로 활용할 수 있다.

우리는 늘 주식 중개인들의 재산 축적 습관을 연구하는 데 관심을 가져왔다. 다른 산업 분야에 종사하는 사람들에 비해 주식 중개인들의 소득은 높다. 주식 중개인들은 엄청난 연구 자료에 접근할 수 있으며, 거래 수수료를 지불할 필요가 없기 때문에 다른 사람들보다 비용도 적게 든다. 그렇다면 과연 이런 고소득 투자 전문가들은 모두 부자일까? 전혀 그렇지 않다.

우리는 이 문제에 관해 많은 주식 중개인에게 물어보았다. 아마도 한 주

[표 3-6] 투자 결정의 연구와 계획에 할당하는 시간 비교

월간 평균 할당 시간	노스 박사	PAW 표본 수=155	사우스 박사	UAW 표본 수=205
미래 투자 결정의 연구·계획	10.0	10.0	3.0	5.5
현재 투자 자산의 관리	20.0	8.1	1.0	4.2
운동	30.0	16.3	10.0	16.7

식 중개인이 답한 다음의 내용이 가장 적절한 대답이 될 것이다.

"내가 주식을 그냥 가지고만 있었다면 부자가 되었을 겁니다. 하지만 나는 내 포트폴리오에 있는 주식을 거래하지 않을 수가 없습니다. 매일 스크린에서 가격 변동 상황을 지켜보고 있거든요."

이 중개인의 연간 순소득은 20만 달러가 넘는다. 하지만 그는 매우 적극적인 투자자이기 때문에 투자를 위해 모으고 있는 종잣돈이 늘기란 거의 불가능한 일이다. 게다가 그가 얻는 단기적인 실현이익은 즉시 세금 추징을 당한다. 백만장자들은 이런 중개인을 자신의 중개인으로 두고 싶어 하지 않는다. 그렇다면 백만장자들은 어떤 타입의 중개인을 선호하는가? 훨씬 덜 적극적인 중개인, 즉 상당한 연구를 거친 후에 주식을 사는 것을 원칙으로 하는 중개인과 거래하고 싶어 한다.

이제 다시 노스 박사와 사우스 박사의 사례 연구로 돌아가서, 그들이 재정 계획을 어떻게 실행하는지 알아보자.

할당 시간 비교

노스 박사는 미래의 투자 결정을 연구하고 계획하는 데 한 달에 평균 약 10시간, 다시 말해서 1년에 120시간을 할당한다([표 3-6] 참조). 반대로, 사우스 박사는 한 달에 평균 3시간, 다시 말해서 1년에 40시간 이하를 할당하는 셈이다.

현재의 투자 자산 관리에 누가 더 많은 시간을 보내는가? 그 대답 역시 예상할 수 있다. 대개의 경우 노스 박사는 한 달에 약 20시간, 즉 1년에 240시간을 할당한다. 반면에, 사우스 박사는 현재의 투자 자산을 관리하는 데 한 달에 겨우 1시간을 보낸다. 바로 이것이 사우스 박사의 순자산이 적은 이유 중 하나이다.

노스 박사는 집중적인 투자자이다. 그가 가장 선호하는 2가지 투자 범주가 있는데, 바로 농업 용지와 의료 업계 주식이다.

"우선, 나와 함께 의대에 다녔던 친구가 하나 있었는데, 그 친구가 어떤 환자의 목숨을 구했습니다. 그런데 그 환자는 A등급의 농업 용지와 과수원을 상당히 가치 있는 투자 대상으로 생각했던 모양입니다. 내 친구는 거기에 투자하고, 나에게도 그 이야기를 해주었습니다. 친구는 그들이 상당히 정직한 사람들이라고 말하더군요. 그래서 나도 그들을 만났고, 우리는 의견 일치를 보았습니다. 그 후 나는 오늘날까지 규칙적으로 투자해 오고 있지요.

나는 의료 업계 주식에 가장 많이 투자하고 있습니다. 제약 회사들과 의료 기기 회사들이지요. 나는 이쪽 분야에 대해서 잘 알고 있습니다. 의료 분야와 제약 분야를 연구하고 있거든요. 주식 투자의 대가 워런 버핏도 바로 이런 식으로 자신이 잘 알고 이해하는 회사들에 투자합니다. 그러나 종잣돈(투자를 위한 저축금)은 본인이 정말 잘 아는 곳에 두어야 합니다. 내 경우에는 200만 달러가 넘는 종잣돈을 우리 회사 이윤 분배 제도에 넣어 두고 있습니다."

사우스 박사는 가족의 주요 투자 결정을 책임지고 있다. 전혀 다른 4군데의 중개 회사에 구좌를 두자고 결정한 것도 그였다. 그러나 놀라운 것은 사우스 박사의 주식이 20만 달러도 안 된다는 사실이다. 그렇다면 그는 왜 4명의 재정 고문을 두고 있는 것일까? 그렇게 하면 자신이 투자 결정을 내리는 데 시간을 소비할 필요가 없다고 생각하기 때문이다. 잘못 생각하고 있는 것이다. 그는 차라리 전문가라는 이들의 자문을 듣지 않는다면 자신은 정말로 부자가 될 수 있을 것이라고 말한다. 그러나 신통하지 않은 자문이라 할지라도 싼값에 얻을 수는 없는 노릇이다. 우리 계산에 따르면 사우스 박사는 20만 달러의 포트폴리오가 잘못 운영되고 있는데도 자문 비용과 거래 비용으로 1년에 3만 5,000달러 이상을 지출하고 있는 것으로 나타났다.

그렇다면 노스 박사의 경우는 어떨까? 같은 기간 그는 거래 비용과 재정 자문 비용으로 한 푼도 소비하지 않았다. 본인 스스로 재정 고문 역할을 하고 있기 때문이다. 노스 박사가 주식을 파는 경우는 드문 데다가 농업 용지와 생산물에 직접 투자하고 있기 때문에 거래 비용도 들지 않는다.

UAW들이 전통적으로 그래 왔듯이 사우스 박사 역시 재정 고문들에게 완전히 질려 버렸다. 사우스 박사와 같은 위치에 있는 사람들은 '금주의 주식'을 홍보하는 중개인들로부터 판촉 전화를 받는 경우가 많다. 사우스 박사는 강세 시장으로의 진입 시기가 너무 늦거나 너무 이른 경우가 매우 많았던 것이다. 그와는 대조적으로 대부분의 PAW는 스스로 투자 결정을 내리고, 시간과 에너지를 들여 투자 기회를 연구한다. 또한 재정 고문에게 상담은 하지만, 최종적으로 투자 결정을 내리는 것은 바로 자신이다.

사우스 박사는 그의 중개인들 사이에서도 '이달의 히트 주식'을 재빨리 거래하는 것으로 유명하다. 그는 이런 거래에 많은 돈을 소비한다. 만일 이런 '히트 주식'의 가치가 올라가면 그것으로 인한 자본 이익에 대해 세금을 내야 한다. 반면, 연금 프로그램의 증권을 거래하면 자본 이익에 대한 세금 추징이 없다. 하지만 불행하게도 사우스 박사는 연금에는 큰 관심이 없다. 인터뷰 당시 사우스 박사가 연금 프로그램에 가지고 있던 액수는 4만 달러가 채 되지 못했다!

당신의 재정 고문은 어떤 사람들인가?

당신은 가계 재정 고문을 어떻게 구했는가? 지역 신문 광고란을 살펴보고 목록을 작성했는가? 당신이 낸 광고를 보고 보내온 산더미 같은 이력서들을 모두 읽어 보았는가? 아니면 당신의 회계사, 변호사에게 훌륭한 재정 고문을 소개해 달라고 부탁했는가? 많은 사람이 그런 방법들은 너무 번거롭다고 말한다.

불행한 일이지만, 재정 고문을 구하는 데 더 많은 지성과 시간과 에너지를 쏟을수록 적당한 사람을 찾을 확률도 커진다. 아마도 당신은 이 일에 직접 나서야 한다는 확신이 없는 것 같다. 그렇다면 이렇게 생각해 보자.

당신은 가장 최근의 일자리를 찾는 데 어느 정도의 시간과 에너지를 들였는가? 제너럴 모터스, IBM, 마이크로소프트에 전화해서 오늘 당장 일자리를 얻을 가능성은 얼마나 되는가? 전화를 걸어 어떤 말을 하겠는가?

"안녕하십니까? 저는 탁월한 잠재력을 가지고 있으며, 어떤 부서에 소속되더라도 생산성을 크게 높일 수 있습니다. 영리하고, 효율적이며, 긍정적이고, 단정하고, 말쑥하고, 재치 있고, 다른 사람이 원하는 것을 금방 알아차리는 센스가 있습니다. 제가 언제부터 출근하기를 원하십니까?"

당신이 전화를 통해 고용될 기회는 제로에 가까우며, 특히 무작위로 한 전화라면 더욱 그럴 것이다. 그런데 왜 판촉을 위해 무작위로 전화한 사람을 재정 고문으로 결정하는 사람들이 그토록 많은 것일까? 그 이유는 사람을 고용하는 일에 경험이 없기 때문이다.

<u>왜 당신은 기대치만큼 부자가 되지 못했을까? 그것은 아마도 당신의 가계 운영 방법이 잘못되었기 때문일 것이다.</u> 사업체, 특히 생산성이 매우 높은 사업체에서 중요한 직원을 고용할 때 신원 확인이나 심도 있는 인터뷰도 없이 고용하겠는가? 결코 그렇지 않다. 그러나 고소득층 사람들은 지원자에 관한 정보도 없이 자신의 재정 고문을 결정해 버리는 경우가 대부분이다.

일부 고소득층 사람들은 이 문제에 관한 우리의 견해에 "하지만 나는 사람을 고용하는 것이 아닙니다. 단지 우연히 나를 방문한 사람들을 통해 투자를 좀 하는 것뿐입니다."라고 반응한다. 그런 말을 들으면 우리는 다음과 같이 간단하게 대답한다.

"당신의 가계를 생산성 높은 사업체처럼 운영하십시오. 최고의 기업은 최고의 직원들을 고용합니다. 그런 기업들은 또한 최고의 공급자와 단골로 거래합니다. 최고의 인적 자원과 최고의 공급자를 이용하는 것이 가장 생산성 높은 기업의 2가지 주된 성공 요소입니다. 당신을 고객으로 삼기 위해 무작위로 전화하는 재정 조언자는 단지 지원자로만 보아야 합니다. 그들을 당신 가게의 잠재 직원 또는 잠재 공급자로 생각하십시오. 그런 다음 몇 가지 간단한 질문을 스스로에게 던져 보십시오."

생산적인 인사 담당자라면 어떤 기준을 가지고 각각의 지원자를 평가할까? 전문적인 구매 직원이나 재정 책임자라면 과연 이런 잠재 공급자로부터 투자 정보와 상품을 살까? 어떤 기준, 어떤 중요한 배경 정보가 잠재 공급자 평가에 사용될 것인가?

잘 운영되고 있는 사업체라면 재정 고문이나 투자 인력을 고용하기 전에 다음 사항들을 포함하고 있는 중요한 필수 서류를 요구할 것이다.

- 여러 사람의 추천서
- 대학 성적 증명서
- 신용 확인서
- 개인 상담 자료
- 상세한 입사 지원서
- 주어진 의무와 업무를 수행할 능력이 있음을 증명하는 제반 서류

일류 재정 고문을 고용하는 능력은 당신의 재산 축적 성향과 직접적인 관계가 있다. 또한 이런 성향은 사업체 운영자가 다른 모든 직업군에 속한 사람들보다 재산 축적에 뛰어난 근본적인 이유와도 관계가 있다. 대부분의

고소득 사업가는 다른 직업군에 속한 사람들에 비해 잠재 공급자, 입사 지원자, 일반 인적 자원 평가에 있어 경험이 풍부하다. 자영업자가 되면 그런 인적 자원을 끊임없이 평가해야 하기 때문이다.

마틴의 전략

우리는 몇 년 전에 빈틈없는 투자자이자 자수성가한 백만장자 마틴과 인터뷰할 기회가 있었다. 마틴은 우리가 8명의 백만장자를 대상으로 실시한 포커스 그룹 인터뷰에 참여했다. 이 그룹에 참여하려면 500만 달러 이상의 순자산을 지니고 있어야 했다. 한 세대 만에 500만 달러 이상의 순자산을 모으는 것은 상당한 업적이라고 할 수 있다. 그러나 마틴은 이런 범주의 사람들 중에서도 극히 드문 경우에 속한다. 왜냐하면 월급쟁이인 그의 연간 소득은 7만 5,000달러를 넘은 적이 없었기 때문이다! 그렇다면 어떻게 부자가 될 수 있었을까? 마틴은 우리가 인터뷰한 사람 중에서도 최고의 투자자였다. 그는 주식 시장을 통해 그런 부를 쌓을 수 있었다. 우리는 마틴이 다양한 투자에 관해 매우 현명하며 상당한 지식을 가지고 있다는 사실을 알게 되었다. 그는 또한 투자 전문가에 관해서도 탁월한 판단력을 지니고 있었다.

여러분도 예상하고 있겠지만, 마틴은 매우 다양한 투자 관련 출판물들을 정기 구독하고 있다. 이런 출판사 중 몇몇은 고객 주소 목록을 주식 중개인들에게 판매한다. 수천 명의 재정 고문들이 마틴의 주소와 전화번호를 가지고 그에게 접근한다. 매주 적어도 3~4명의 중개인이 무작위로 전화해서 투자를 설득하는 것이다. 이때마다 마틴은 이들을 어떻게 다룰까? 그는 이런 사람들을 물리치기 위해 자신의 비서에게 '마틴의 전략'을 따르도록 지시했다. '마틴의 전략'이란 무엇인가? 인터뷰를 통해 마틴은 우리에게 다음과 같이 설명했다.

"나는 적극적으로 사람들을 시험해 보는 사업가입니다. 많은 주식 중개인이 나에게 전화를 하지요. 그들은 '저는 월스트리트에서 최고의 주식 투자에 상당한 경험을 가지고 있는 사람입니다. 그리고 제 고객들에게 많은 돈을 벌게 해준 경력도 상당히 많습니다.'라고 말합니다.

그러면 나는 항상 이렇게 대답합니다. '나를 위한 정말 좋은 투자 아이디어를 가지고 있습니까?' 그러면 그 사람은 '그렇습니다. 당신의 포트폴리오에 있는 투자 자산을 거래할 의사가 있으시다면 특히 좋은 아이디어를 제공해 드릴 수 있습니다. 저는 20만 달러 이상의 계좌만 취급합니다.'라고 말합니다.

그러면 나는 이렇게 말합니다. '그렇다면 당신은 정말 훌륭한 분이군요. 말씀드릴 게 있는데요, 며칠 내로 나에게 당신의 개인 소득세 신고서 사본을 좀 보내주십시오. 그리고 지난 3년간 당신의 포트폴리오에 있었던 투자 자산 목록도요. 만일 당신이 지금까지 내가 투자로 벌어들인 것보다 더 많이 벌었다면 함께 투자를 해보도록 하겠습니다. 여기 내 주소가 있습니다.'

그들이 '그런 것은 보여 드릴 수 없습니다.'라고 말하면 나는 그들에게 '지금 잠꼬대하고 있는 건가요.'라고 말합니다. 이것이 바로 내가 사람들을 걸러 내는 방법입니다. 이 방법은 매우 효과적이죠. 나는 그들 모두를 이런 식으로 걸러 냅니다. 정말입니다."

아마도 당신은 마틴에게 그런 사람들이 보내오는 수많은 서류를 검토할 시간이 있다는 사실에 대해 의문을 가질 것이다. 지난 수년 동안 마틴은 적극적인 투자자였고, 이런 무작위 투자 권유 전화를 수없이 많이 받아 왔다. 그렇다면 이런 전화를 하는 사람 중에서 자신의 증명서를 제출하면서까지 마틴 가계의 재정 고문 자리를 지원한 사람은 얼마나 될까? 그런 사람은 단 한 명도 없었다! 수십 명 가운데 단 한 명도 자신의 소득 및 재산 평가 관련 자료를 마틴에게 보내지 않았다.

마틴은 "이들이 정말 훌륭한 투자 전문가라면 나에게 전화해 시간을 허비하지는 않을 겁니다."라고 말한다. 마틴의 말이 맞다. 하지만 미국에 사는 모든 사람이 탁월한 투자 정보와 소득과 재산을 가지고 있는 것은 아니다. 비록 무작위로 전화를 걸어 투자를 권유한다 하더라도 어쨌든 재정 고문에게 상담을 받으면 형편이 좋아질 사람도 많다. 대부분의 재정 고문은 일반 고소득 UAW들보다는 투자에 관해 훨씬 많이 알고 있기 때문이다.

재정 고문의 고용 방법은 재산 증식과 상관관계에 있다. 그렇다면 마틴은 어떤 방법으로 재정 고문을 고용했던 것일까? 대다수의 PAW와 마찬가지로 마틴은 대인 관계를 이용했다. 그는 자신의 회계사에게 좋은 재정 고문을 추천해 달라고 부탁했다. 회계사의 고객 중 꾸준하게 투자를 잘하는 것으로 보이는 사람들에게도 재정 고문을 추천해 달라고 부탁했다. 마틴은 회계사를 통해 처음 소개받은 이후로 지금까지 여러 명의 재정 고문을 단골로 이용하고 있다. 그는 또한 자신의 변호사와 공인 회계사를 비롯한 다른 사람들에게도 투자 자문을 받고 있다.

마틴은 투자 정보에 관한 한 자신의 재정 고문들이 믿을 만한 정보원이라고 생각하고 있다. 왜냐하면 모두가 자신의 공인 회계사이거나 가장 성공한 투자자들이 추천한 사람들이기 때문이다. 마틴은 이런 재정 고문들이 자신을 특별 고객으로 대우할 것이라고 생각한다. 맞는 말이다. 사실 그들은 마틴에게 훌륭한 자문과 시기적절한 예견을 제공하고자 특별한 노력을 기울인다. 왜 그럴까? 그렇게 하지 않으면 자신들의 추천 네트워크 관계가 위협받을 수 있기 때문이다. 재정 고문들이 저질의 서비스와 자문을 제공한다면 마틴은 어떻게 할까? 이들을 추천한 자신의 공인 회계사에게 불평할 것이다. 그러면 마틴이라는 고객을 잃고 싶지 않은 회계사는 자신의 추천 네트워크에서 그 재정 고문들을 삭제해 버릴 것이다. 어떤 재정 고문도 이런 일을 당하고 싶지는 않을 것이다. 이 때문에 일류 재정 고문이라 할지라도 중요한 추천 네트워크의 일원에게는 한층 더 높은 수준의 서비스를 제공하게 되는 것 같다.

이 사례 연구에서 배울 점은 무엇인가? <u>훌륭한 회계사와 그 회계사의 고객 중 훌륭한 장기 투자 포트폴리오를 가지고 있는 고객들에게 추천받아 재정 고문을 선택해야 한다는 점이다.</u> 당신에게 회계사가 없다면 지금 당장 한 사람을 고용하라.

재산 축적과 관계있는 또 한 가지 요소는 공인 회계사의 고용이다. 이것은 세금 문제를 처리하기 위해서뿐만 아니라 다양한 투자 자문을 받기 위해서도 필요하다. 능력 있는 회계사를 찾아내려면 PAW인 친구나 동료들에게 추천을 부탁하라. 당신이 사는 지역의 주립대학 회계학과에 전화하는 방법도 있다. 회계학 교수 몇 명과 이야기를 나누어 보고, 올바른 재정 결정을 내릴 수 있도록 고객을 도와준 경력이 있는 학생들의 이름을 알려 달라고 부탁하라. 또 한 가지 방법은 전국적인 회계 법인의 지역 사무소에 전화하는 것이다. 그런 사무소들은 대개 직원 채용에 매우 탁월하고, 큰 회사라 할지라도 소규모의 회계·재정 계획을 의뢰하는 고객을 많이 가지고 있다.

우리는 2가지 기준을 토대로 하여 공인 회계사를 선택했다. 첫째, 회계학 교수들에게 공인 회계사를 추천받았다. 둘째, 공인 회계사는 대학 졸업 후 주요 회계 법인에 고용된 경력이 있어야 하고, 자신의 회계 법인을 열어 성공적으로 운영한 경력이 있어야 한다. 우리는 최고의 공인 회계사들과 재정 고문들이 이런 경로를 거쳐 간다는 사실을 잘 알고 있었다.

고객의 재산 축적을 돕는 데 탁월한 능력을 가진 공인 회계사가 있다. 여러 명을 면접해 보라. 그런 다음 많은 PAW를 고객으로 두고 있는 공인 회계사를 선택하라. 그렇지 않으면, PAW의 개념을 그들에게 설명해야 할지도 모른다.

CHAPTER 4

명품 가방엔 빚더미가 들었을지 모른다

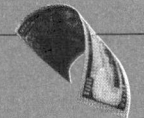

The Millionaire Next Door

> 백만장자들은 높은 사회적 지위를
> 과시하는 것보다 재정적인 안정이
> 더 중요하다고 생각한다

　　W. W. 앨런은 자수성가한 백만장자이다. 앨런은 아내와 함께 중산층 동네에 있는 화장실 3개짜리 집에서 40년 가까이 살아왔다. 앨런은 미드웨스트에 2개의 제조 업체를 소유 및 경영하고 있다. 결혼 생활 내내 앨런은 단 2대의 제너럴 모터스 세단(보통 크기)을 가져 봤을 뿐이다. 앨런은 고급 승용차나 고급스런 어떤 물건도 갖고 싶어 한 적이 없었다고 말한다. 앨런의 가정뿐만 아니라 사업체에서도 매우 효율적인 운영이 이루어지고 있다. 그가 경영하는 사업체의 생산성과 가정의 검소한 소비 습관 덕분에 그는 상당한 잉여 이익을 만들어 낼 수 있었다. 이러한 잉여 이익은 그의 사업체들과 상업용 부동산, 그리고 미국 우량 기업의 다양한 주식에 재투자되었다. 앨런은 소위 슈퍼급 PAW였고, 그의 순자산은 그가 속한 소득·나이 집

단의 순자산 기대치보다 10배 이상 많다!

이런 경력을 쌓아 오는 동안 앨런은 다른 많은 기업가에게도 도움을 주었다. 그는 수십 명의 사업체 소유주들에게 조언자가 되어 주었으며, 힘겹게 싸우는 기업가들에게 재정적 도움을 제공함으로써 쓰러져 가는 많은 기업을 구했다. 그러나 앨런은 실속 없이 허풍만 떠는 사람들에게는 결코 도움을 주지 않았다. 그런 사람들에게는 빚을 갚을 능력이 전혀 없다고 생각했다. 이런 타입의 사람들은 '돈을 벌기도 전에 돈이 들어올 것을 기대하고 미리 소비해 버리는 사람들'이라고 앨런은 말한다.

앨런이 재정적으로 지원해 준 사람들뿐만 아니라 앨런 자신의 인생 목표 역시 '부자로 보이는 것'은 아니다. 앨런은 "그래서 나는 재정적으로 자립할 수 있었던 것입니다."라고 말한다.

"당신의 목표가 재정적인 안정이라면 당신은 그렇게 될 것입니다. 하지만 만일 당신의 동기가 즐거운 인생살이에 쓸 돈을 버는 것이라면… 결코 성공할 수 없을 것입니다."

재정적 자립을 이루지 못하는 많은 사람이 이와는 전혀 다른 생각을 가지고 있다. 동기를 물으면 그들은 일과 경력 면에서 이야기한다. 그러나 그들에게 왜 그렇게 열심히 일하느냐고, 지금의 경력을 선택한 이유가 무엇이냐고 물으면 그들은 앨런과는 전혀 다르게 대답한다. 그들은 UAW들이다. UAW 중에서도 특히 고소득층 UAW들은 재정적인 자립을 위해서가 아니라 소비를 위해서 일한다. UAW들은 인생을 '**한 단계의 사치에서 더 높은 단계의 사치로 계속 옮겨 가는 과정**'으로 생각한다.

그렇다면 과연 누가 일하는 것을 진정으로 즐기겠는가? 누가 자신의 경력에서 만족감을 얻겠는가? PAW들일까, 아니면 UAW들일까? 우리가 조사한 대부분의 사례를 살펴보면 PAW들은 일하는 것 자체를 좋아하는 반면, 대다수의 UAW는 자신의 과소비 습관을 지탱하기 위해 일하는 것으로 나타났다. 이런 사람들과 이들의 동기는 앨런을 불쾌하게 만든다. 앨런은 수없이 이런 말을 했다.

"돈이 사람의 가치를 바꾸어서는 안 됩니다. 돈벌이는 단지 성적표에 불과합니다. 그것은 그 사람이 어떻게 일하고 있는지를 알 수 있는 한 가지 방법일 뿐입니다."

롤스로이스는 사양하겠어요

앨런은 UAW들에 관해서 매우 잘 알고 있는 사람이다. 사실 앨런은 물건이 사람을 바꾸어 놓는다고 생각한다. 만일 비싼 물건이 하나 생기면 그에 걸맞은 다른 물건들을 사서 보조를 맞추어야 할 것이다. 그러면 곧 모든 생활 방식이 바뀌게 된다. 앨런은 비싼 물건들과 과소비 생활 방식의 상호 보완성을 잘 이해하고 있다. 그래서 그런 물건을 절대 갖지 않으려고 한다. 앨런은 그런 물건들이 수수하지만 상당히 효율적인 자신의 생활 방식을 위협한다고 생각한다.

"재산 축적 때문에 생활 방식이 바뀌지는 않습니다. 인생의 지금 단계에서도 나는 생활 방식을 바꾸고 싶지는 않습니다."

앨런의 가치관과 우선순위는 최근 시험대에 올랐다. 앨런에게 도움을 받아 사업을 유지할 수 있었던 몇몇 기업가들이 앨런의 생일 선물로 특별한 것을 사 주기로 결정했던 것이다. 그들은 아주 좋은 아이디어라고 생각했다. 그러나 친구에게 받든 부유한 부모에게 받든 비싼 물건이 받는 사람의 가치관이나 생활 방식과 반드시 일치하는 것은 아니다. 게다가 그런 선물은 받는 사람에게 '그림을 완성하기 위해' 오히려 더 많은 돈을 써야 한다는 큰 부담을 안겨줄 수 있다.

몇몇 부유한 부모들이 성인 자녀들에게 부자 동네에 집을 사 주는 경우가 있다. 과연 좋은 생각일까? 아마도 그 자녀들은 '부자 동네'가 곧 '과소비 동네'라는 사실을 깨닫게 될 것이다. 재산세, 인테리어에 대한 압박감, 아이들을 비싼 사립학교에 보낼 필요성, 4만 달러짜리 고급 사륜구동 스테이션 왜건 등 그 자녀들은 이제 버는 대로 다 소비해야 하는 쳇바퀴 속으로 들어가게 된 것이다. 정말 고마운 부모들이다!

슈퍼급 PAW인 앨런은 우리에게 이렇게 말했다.

"최근에 재미있는 일이 있었습니다. 가깝게 지내는 사업 동료들이 나에게 깜짝 생일 선물을 주려 한다는 사실을 알게 되었죠. 그것은 롤스로이스였습니다! 나를 위해 특별한 색상과 인테리어를 갖춘 차를 주문해 두었던 것이지요. 동료들은 제가 그 사실을 알기 4개월 전쯤에 이미 주문해 두었는데, 배달되기까지는 아직 5개월 정도가 남아 있었습니다.

원하지도 않는 롤스로이스를 당신에게 사 주고 싶어 하는 사람들에게 당신이라면 무슨 말을 어떻게 하겠습니까?"

왜 앨런은 그런 멋진 선물을 받고 싶지 않았을까?

"롤스로이스가 상징하는 것 중에는 내가 인생에서 중요하게 생각하는 것이 전혀 포함되어 있지 않습니다. 나는 롤스로이스에 걸맞도록 내 인생을 바꾸고 싶지 않습니다. 롤스로이스 뒷좌석에 생선을 던져 놓을 수도 없겠지요. 그건 내가 낚시 갈 때 늘 하는 행동이거든요. 나는 여러 사람을 호수로 데리고 가야 합니다. 주말마다 여기로 낚시하러 나오거든요. 이곳은 우리나라에서 가장 좋은 민물 낚시터라고 할 수 있는 곳이지요. 나는 바로 이곳에 내 고깃배를 세워 둡니다."

앨런은 낚시 후에 핏물이 흐르는 물고기를 4년 된 보통 크기의 미국산 자동차 뒷좌석에 던져 놓곤 한다. 그러나 그런 행동은 롤스로이스를 몰고 호숫가로 가는 사람에게는 어울리지 않는다. 그것은 아주 부적절한 행동일 것이다. 따라서 앨런은 그 호화 자동차 때문에 마음이 불편해질 것이다. 이 때문에 앨런은 낚시를 그만두어 자신의 행동을 바꾸든지 아니면 선물을 거부해야 한다고 주장했다.

앨런의 이런 딜레마를 좀 더 면밀히 살펴보자. 앨런의 사무실은 오래된 산업 지역의 제조 공장 안에 있다. 롤스로이스 같은 비싼 자동차는 아마도 그런 환경에는 전혀 어울리지 않을 것이다. 게다가 앨런은 자동차를 2대나 굴리고 싶은 마음은 없다. 비효율적이기 때문이다. 앨런은 또한 비싼 자동차 때문에 공장 근로자들과의 사이가 멀어질 것이라고 생각한다. 아마도 그들은 사장이 자신들을 착취하고 있다고 느낄 것이다. 그렇지 않다면 다른 어떤 방법으로 그런 비싼 차를 굴릴 여유가 생겼겠는가? 그 외에도 여러 가지 문제가 있다.

"롤스로이스를 가지고 있으면 내가 즐겨 찾는 싸구려 식당에 가지 못할 것입니다. 롤스로이스를 몰고 들어갈 수는 없는 노릇 아닙니까? 그러니 롤스로이스는 사양할 수밖에요. 나는 전화를 걸어 이렇게 말했습니다. '할 말이 있는데, 음… 나는 그 차를 갖고 싶지 않네.' 롤스로이스를 갖는 건 전혀 중요한 일이 아니었습니다. 그보다 더 재미있는 일들이 있으니까요."

앨런은 재정적 자립에 비싼 물건들이 장애는 아니더라도 부담이 될 수는 있다는 점을 알고 있다. 인생은 그 자체만으로도 힘겹다. 그런데 왜 여기에 부담을 더하겠는가?

백만장자가 타는 차의 종류

백만장자들은 어떤 종류의 차를 몰고 다닐까? 미국 자동차 제조 업체들은 백만장자들이 모는 차량의 57.7%가 미국산이라는 사실에 기뻐할 것이다. 일본산은 23.5%이고, 유럽산은 18.8%이다. 그렇다면 어떤 종류의 자동차가 백만장자들에게 가장 인기가 좋을까? 다음은 각 시장 점유율에 따른 순위 목록이다.

1. 포드(9.4%): 가장 인기 있는 모델은 'F-150 픽업트럭'과 다목적 레저용 '익스플로러'이다. 미국의 일반적인 다목적 레저용 차는 부자들 사이에서 점점 인기를 더해 가고 있다. 포드를 모는 백만장자 10명 가운데 3명이 'F-150 픽업트럭'을 가지고 있으며, 4명 가운데 1명 정도가 포드 익스플로러를 소유하고 있다. 'F-150 픽업트럭'은 미국에서 가장 인기 있는 차량이라는 점에 주목하자. 픽업트럭을 모는 사람들은 여러 가지로 백만장자들과의 공통점을 가지고 있는 것이다.

2. 캐딜락(8.8%): 캐딜락을 소유한 백만장자 가운데 60% 이상이 '드빌·플리트우드 브로엄'을 가지고 있다.

3. 링컨(7.8%): 링컨을 소유한 백만장자 가운데 절반이 '타운 카'를 가지고 있다.

4. 지프, 렉서스, 메르세데스(공동 순위, 각 6.4%): 지프를 가지고 있는 거의 대부분의 백만장자가 '그랜드 체로키'라는 다목적 레저용 모델을 가지고 있다. 사실 이것이 백만장자들에게 가장 인기 있는 모델이다. 렉서스를 가지고 있는 백만장자 가운데 거의 2/3가 'LS 400'을 선택한다. 메르세데스 벤츠에서 가장 인기 있는 모델은 'S Class'이다.

5. 올즈모빌(5.9%): 전체적으로 가장 인기 있는 모델은 'Olds 98'이다.

6. 시보레(5.6%): 10가지 모델이 있다. 가장 인기 있는 모델은 '서버번'과 다목적 레저용 모델 '블레이저'이다.

7. 도요타(5.1%): 도요타를 가지고 있는 백만장자 가운데 절반 이상이 '캠리' 모델을 가지고 있다.

8. 뷰익(4.3%): '르 사브레'와 '파크 애비뉴'가 가장 인기 있는 모델이다.
9. 닛산, 볼보(공동 순위, 각 2.9%): 가장 인기 있는 닛산 모델은 다목적 레저용 차량인 '패스파인더', 볼보에서는 '200 시리즈'로 나타났다.
10. 크라이슬러, 재규어(공동 순위, 각 2.7%)

기타 인기 있는 자동차로는 닷지, BMW, 마쓰다, 사브, 인피니티, 머큐리, 아큐라, 혼다, GMC, 폭스바겐, 랜드로버, 스바루, 폰티악, 아우디, 이스즈, 플리머스, 미쓰비시 등이 있다. 백만장자가 가장 많이 가지고 있는 자동차의 제조 업체로는 약 26.7%를 차지하는 제너럴모터스가 1위이고, 19.1%의 포드가 2위, 약 11.8%의 크라이슬러가 3위이다. 말하자면 대다수의 백만장자가, 자동차를 가지고 있는 대다수의 미국인이 소위 디트로이트산이라고 부르는 평범한 미국산 자동차를 소유하고 있는 것이다. 그렇다면 포드나 캐딜락, 또는 지프를 몰고 다니는 이웃 사람이 백만장자인지 아닌지 어떻게 구분할 수 있을까? 방법이 없다. 소유한 자동차를 가지고 그 사람의 부를 판단하기란 쉽지 않기 때문이다.

점점 더 많은 부자가 미국산 자동차를 타고 다닌다. 특히 뷰익, 캐딜락, 시보레, 포드, 링컨, 올즈모빌을 많이 가지고 있다. 이런 동향은 크라이슬러, 포드, 제너럴모터스에서 생산하는 다목적 레저용 자동차의 인기 상승과 관계가 있다. 그렇다면 미국산 자동차가 부자들에게 인기 있는 이유는 무엇일까? 이 질문에 대해서는 15년 전에 일어났던 일로 답변을 대신하겠다.

우리는 10명의 백만장자로 구성된 그룹과 인터뷰를 마친 후 연구소 주차장으로 걸어갔다. 방금 인터뷰했던 백만장자들 거의 모두가 뷰익, 포드, 올즈모빌 같은 보통 크기의 미국산 자동차를 타고 온 것을 보고 우리는 크게 놀랐다. 우리 둘은 의아해서 서로 마주 보았고, 나와 동행한 사람이 이런 말을 했다.

"이 사람들은 자동차를 살 때 신분 과시용을 따지는 게 아니라 자동차 무게를 따지는구먼."

맞는 말이었다. 미국의 백만장자 가운데 많은 사람이 무게당 가격이 낮은 보통 크기의 자동차를 구입하는 경향이 있다.

인터뷰에 참여한 많은 백만장자가 소위 높은 지위가 드러나지 않는 차량을 몰고 다닌다. 이들은 객관적인 가치 평가에 더 큰 관심을 가지고 있다. 백만장자들 중에는 최고급 자동차 구입에 상당한 돈을 쓰는 사람들도 있다. 그러나 그런 사람은 소수이다. 예를 들어, 지난해 미국에서 약 7만 대의 메르세데스가 판매되었다(1996년 기준). 이것은 미국에서 팔린 1,400만 대가 넘는 자동차의 약 0.5%에 해당된다. 게다가 미국에는 백만장자 가구가 거의 350만이나 있다. 이것은 무엇을 의미하는가? 대부분의 부유층에서는 비싼 수입 자동차를 몰지 않음을 의미한다. 사실 미국에서 비싼 수입 자동차를 구입하거나 리스하는 사람들 가운데 2/3는 백만장자가 아닌 것이다.

미국산 자동차는 오래전부터 노년층 백만장자들에게 인기가 있었다. 이런 경향은 젊은 백만장자들 사이에서도 점점 더 일반화되어 가고 있는 것 같다. 이유가 무엇일까? 그것은 새롭게 백만장자 대열에 들어서고 있는 사람들이 대부분 기업가이기 때문이다. 기업가들은 대체로 자동차 구입에 있어 남보다 더 가격에 민감하다. 성공한 기업가들은 모든 지출을 생산성 측면에서 따진다. 이들은 자동차에 큰돈을 지출하는 것이 자신의 사업 순익과 최종적으로 자신의 부에 어떤 영향을 미칠 것인지 자문하게 된다. 따라서 대개의 기업가는 비싼 자동차를 사는 것보다는 광고나 새로운 설비에 돈을 투자하는 것이 훨씬 더 생산적이라고 판단하는 것이다.

백만장자들의 자동차 구입 유형

백만장자들은 자동차를 구매하기 전에 어떤 생각과 행동 과정을 거치는가? 우리는 백만장자에 속하는 자동차 구매인의 다양한 유형을 광범위하게 연구했는데, 같은 백만장자일지라도 상당한 차이가 있었다. 이런 다양한 연구 결과를 살펴봄으로써 재산 축적에 필요한 태도 및 행동에 관해 중요한 정보를 얻을 수 있었다.

백만장자들 사이에는 뚜렷이 구분되는 4가지 자동차 구매 유형이 있다. 그리고 이런 4가지 유형을 분류하는 데에는 2가지 기본 요소가 있다. 첫 번째는 특정의 자동차 딜러를 단골로 삼는가의 여부이다. 어떤 구매인들은 같은 딜러에게 반복해서 구매하는 성향을 가지고 있다. 다시 말해서, '단골 구매인'들은 자동차를 구매할 때 지난번에 구입한 자동차 딜러나 그 전 자동차 딜러로부터 다시 구매하게 된다는 것이다. 약 45.7%의 부자들이 단골 구매인들이다([표4-1] 참조).

다른 백만장자들은 모두 쇼핑을 통해 자동차를 구매하는 사람들로서, 전체 백만장자 중 54.3%를 차지한다. 이들은 특정의 자동차 딜러를 단골로 삼을 마음이 없는 사람들이다. 이런 백만장자들은 매우 적극적인 태도를 지니고 있으며, 가격에도 민감해서 대개의 경우 가격에 맞는 자동차를 구매하느라 여러 달이 걸리기도 한다.

구매 유형을 나누는 두 번째 요소는 새 자동차를 사느냐 아니면 중고 자동차를 사느냐의 여부이다. 부자들 가운데 63.4%가 새 자동차를 선호한다. 나머지 36.6%는 중고 자동차만을 고집하는 성향이 매우 강하다. 이 2가지 요소를 종합하면 자동차 구매인으로서의 백만장자를 4가지 유형으로 분류할 수 있다([표4-1] 참조).

유형 1: 새 자동차-단골 구매(28.6%)

유형 2: 새 자동차-쇼핑 구매(34.8%)

유형 3: 중고 자동차-단골 구매(17.1%)

유형 4: 중고 자동차-쇼핑 구매(19.5%)

새 자동차 - 단골 구매 유형(28.6%)

이 유형의 사람들은 새 자동차만을 구입하며, 잠정적으로나마 특정의 자동차 딜러를 단골로 이용하려는 마음이 있는 사람들이다. 대다수의 부자는 자동차를 구입할 때 특정 메이커를 선호하는 경향이 강하다. 그러므로 어떤 업체의 자동차를 구입할지 결정하는 순간 이 단골 구매인의 머릿속에서는 어떤 딜러를 찾아가야 할지도 미리 결정이 나 버린다. 왜냐하면 같은 딜러로부터 새 자동차를 구매할 경우 상당한 혜택이 있을 것으로 생각하기 때문이다. 하지만 그렇다고 해서 자신이 가장 좋아하는 딜러를 찾아가 그가 시키는 대로만 한다는 뜻은 아니다. 오히려 그와는 반대로, 이들에게도 가격은 중요한 고려 대상이 된다. 아마도 이런 단골 구매인들이 게으르다고 생

[표 4-1] 백만장자들의 자동차 구매 유형

선호 성향 \ 자동차 딜러에 대한 성향	단골 구매	쇼핑 구매	총계
새 자동차	백만장자 중 28.6% 단골 구매인 중 62.5% 새 차 구매인 중 45.1%	백만장자 중 34.8% 쇼핑 구매인 중 64.1% 새 차 구매인 중 54.9%	백만장자 중 새 자동차 구매인 = 63.4%
중고 자동차	백만장자 중 17.1% 단골 구매인 중 37.5% 중고차 구매인 중 46.8%	백만장자 중 19.5% 쇼핑 구매인 중 35.9% 중고차 구매인 중 53.2%	백만장자 중 중고차 구매인 = 36.6%
총계	백만장자 중 단골 구매인 = 45.7%	백만장자 중 쇼핑 구매인 = 54.3%	

각할 수도 있을 것이다. 정말 이런 사람들이 소위 게으른 부자들일까? 결코 그렇지 않다. 게으르기 때문에 이들이 반복해서 같은 자동차 딜러를 찾아가는 것은 아니다. 여러분은 이런 구매인들이 단지 그 딜러를 좋아하기 때문일 거라고 생각할지도 모르겠다. 그러나 그것 역시 답은 아니다.

간단히 말하자면, 새 자동차를 선호하는 단골 구매인들은 딜러를 선택하고 새 자동차와 중고 자동차 중 어떤 것을 살 것인지 고르는 데 들이는 노력을 최소화하고 싶어 하는 것이다. 새 자동차를 선호하는 단골 구매인들은 고소득을 올리기 위해 엄청난 시간과 노력을 쏟아 붓는다. 이들은 저렴한 중고 자동차를 찾아다니거나 여러 딜러를 비교하여 얻는 이익보다는 그 시간에 일을 해서 얻는 이익이 훨씬 더 크다고 생각한다. 이들은 또한 자신의 단골 딜러들이 전체적으로 봤을 때 최상의 패키지를 제공한다고 느끼기 때문에 특정 딜러를 단골로 삼는 것이다. 이런 패키지 가운데 어떤 요소들은 자동차 가격이나 물리적 차원을 훨씬 넘어선다.

이 백만장자들이 중고 자동차 대신 새 자동차를 구입하는 이유는 무엇일까? 왜 이들은 자동차 가격에 대해 중고 자동차 구매인보다 덜 민감할까? 첫 번째, 새 자동차를 구입하는 사람들은 새 자동차를 좋아하기 때문에 구입하는 것이다. 물론 이것이 새 자동차를 구매하는 유일한 이유는 아니다. 이들은 중고차보다는 시간과 노력이 덜 들기 때문에 새 차를 사는 것이 훨씬 간단한 일이라고 생각한다. 이런 백만장자들은 새 자동차가 더 믿을 만하다고 생각하며, 모델과 색상, 그리고 액세서리도 더 쉽게 선택할 수 있다고 생각한다. 사실 이들은 더 좋은 것을 얻으려면 더 많은 돈을 내는 것이 당연하다고 생각한다.

그러나 이 집단에 속한 백만장자들에게도 가격은 중요할 수밖에 없다. 이들은 단골 딜러를 방문하기 전에 거의 절반 정도가 특정 모델에 대한 딜러 각각의 가격을 알아본다. 3명 가운데 1명 정도는 2군데 이상의 경쟁 딜러들에게 연락해서 구입하려는 자동차에 대한 대략의 가격을 알아낸다. 이들 중에는 소비자 잡지나 기타 정기 간행물, 또는 가격 지침서를 훑어보며 딜러 가격을 알아내는 사람도 있다. '지역'도 이들의 행동을 이해할 수 있는 또 하나의 요소가 된다. 이런 백만장자 중 많은 이가 다른 지역 딜러들과도 접촉한다. 이런 접촉을 하는 것은 대개가 자기 지역 딜러들이 제시하는 가격과 비교해 보기 위해서일 뿐이지만, 10명 가운데 1명 정도는 타지방 딜러들과 단골로 거래하기도 한다.

새 자동차를 선호하는 단골 구매인들을 설명하는 또 다른 요소가 있다.

'20% 이상이 자신의 고객인 딜러에게 단골로 자동차를 구입한다.'

미국의 부자들 사이에서는 인맥을 통한 소개가 매우 잘 이루어지고 있다. 부유한 자영업자 중 많은 이가 '호혜주의'를 신봉한다. 잠시 생각해 보자. 예를 들어, 당신이 도로 포장 하청 업자라면 어디에서 자동차를 구입하겠는가? 낯선 딜러로부터 구입하겠는가, 아니면 당신에게 주차장 포장 공사를 맡긴 딜러로부터 사겠는가? 대답은 뻔하다.

의사, 변호사, 공인 회계사, 재무 담당자, 건축사 같은 자영업 전문가들 역시 이런 호혜주의를 신봉한다. 좀 더 현명한 사람들은 대체로 자신의 고객인 자동차 딜러를 단골로 삼는다. 자동차 영업소 주인은 자신의 판매점에 상품과 서비스를 제공해 주는 공급자를 100명 이상 보유하고 있는 경우가 많다. 따라서 영업소 주인 입장에서는 이런 공급자들이 자신에게서 자동차를 살 것으로 어느 정도 기대하게 된다. 많은 단골 구매 유형의 백만장자는 자신이 자주 거래하는 자동차 딜러에게 새로운 고객을 소개받곤 한다. 이런 단골 구매 유형 가운데 25.5%는 그 호의에 대한 답례로 자신의 동료나 친구를 자동차 딜러에게 소개한다고 한다. 그러면 자동차 딜러는 이런 구매인들에게 대폭 할인된 가격으로 보답한다.

많은 백만장자가 단골 구매 유형이 된 또 다른 이유가 있다. 약 20% 정도가 친척이나 가까운 친구가 운영하는 자동차 영업소를 단골로 이용한다. 또한 많은 이가 단골 영업소의 주인과 직접 거래하는 것을 선호하며, 37%는 반드시 주인과 거래한다. 그 이유는 무엇일까? 그렇게 하면 확실하게 최상의 패키지를 얻어낼 수 있다고 생각하기 때문이다.

새 자동차 - 쇼핑 구매 유형(34.8%)

이 유형의 백만장자들은 여러 딜러를 대상으로 적극적인 협상을 하여 할인받는 이익이 거기에 쏟는 시간과 에너지보다 더 중요하다고 생각한다. 이들이 가장 비싼 자동차를 사는 데 소비한 액수는 '새 자동차를 선호하는 단골 구매 유형'보다 평균 약 9% 정도 적다. 가장 최근에 구입한 자동차에도 이들은 단골 구매 유형보다 약 14% 적게 소비했다.

단골 구매 유형은 다소 비싼 자동차를 구매하는 경향이 있는데, 이 두 집단 사람들이 자동차 구입에 지출하는 평균 액수에 차이가 생기는 이유 중 절반이 이 때문이다. 반대로, '새 자동차를 선호하는 현금 쇼핑 구매 유형' 사람들은 경쟁 판매인들 간의 가격 차이에 더 민감하다. 이런 유형은 대체로 능숙한 협상가들로, 이들 중에는 쇼핑 중 물건 값 깎기를 즐기는 사람이 많다. 단골 구매인과는 대조적으로 현금 쇼핑 구매인들은 여간해서는 친척이나 가까운 친구가 운영하는 영업소를 단골로 삼지 않으며, 상당한 가격 할인에 대한 보답으로 다른 사람을 소개하는 경우도 적다. 이들은 영업소 주인에게서 반드시 차를 구매하는 경우도 많지 않으며, 자신과 거래하는 딜러에게 자동차를 사는 경우도 드물다. 반대로, 이들은 몇 주건 몇 달이건 시간을 들여서라도 가장 좋은 가격의 자동차를 사기 위해 쇼핑하고, 딜러 가격보다 더 싼 가격을 요구해 대폭 할인된 새 모델의 자동차를 구입한다. 그러고는 1~2년 내에 거의 같은 가격, 혹은 더 비싼 가격으로 되팔아 버린다.

자동차 가격 입찰 방법

수신: 새 자동차 담당 영업부장
발신: 마크 R. 스튜어트
팩스: (404)XXX-XXXX
내용: 견적 요청

저와의 거래를 원하신다면 팩스 번호 '(404)XXX-XXXX'로 답장해 주시기 바랍니다. 카운티의 소비세를 포함한 현금 거래를 원합니다. 현재 이 모델의 재고가 없거나 주문해 놓은 상태가 아니더라도 급하지 않으니 배달될 때까지 기다릴 수 있습니다. 주문 차량 명세서는 다음과 같습니다.

금년도형 포드 익스플로러 리미티드 4X4
아이보리 펄 색상, 가죽 시트
옵션: 선루프, CD 플레이어, 앞면 자동차 번호판 장착대

견적서에는 품목에 대한 가격을 세금, 정가 및 기타 수수료 등과 같이 자세히 명시해 주시기 바랍니다. 회신은 팩스로 해주십시오. 전화는 하지 마시고, 궁금한 점이 있다면 회신 팩스에 포함시켜 주십시오. 제가 문의할 사항이 있으면 전화 드리겠습니다. 감사합니다.

만일 자동차를 구입하기 위해 직접 나서서 쇼핑하는 것이 싫다면 대안이 될 만한 방법을 모색해 보라. 마크 R. 스튜어트는 우리 친구인데, 그는 여러 자동차 딜러들을 직접 찾아가 많은 자동차를 구매해 왔다. 그러나 올해까지만 해도 다목적 레저용 자동차를 구입해 본 적이 없었다. 이런 차종을 사 본

경험은 없지만, 스튜어트는 여러 딜러를 찾아다니는 데 들여야 할 수많은 시간을 절약할 방법 한 가지를 생각해 냈다. 위의 팩스 내용은 스튜어트가 그 지역에 있는 6군데의 포드 영업소 영업부장에게 보낸 것이다.

3명의 영업부장이 가장 자신 있는 견적서를 즉시 팩스로 보내 왔다. 스튜어트는 이 중 하나를 받아들였다. 그가 과거에 미 육군의 군수 장교로 일했던 경험이 민간인 생활에도 도움이 되었던 것 같다. 당신이 스튜어트와 비슷한 상황이라면 다음의 팩스 내용을 참고해 보라.

중고 자동차 - 단골 구매 유형(17.1%)

연간 소득이 30만 달러가 넘고 순자산이 거의 400만 달러에 육박하는 이 유형의 백만장자들이 왜 중고 자동차를 사야 하는 것일까? 사실 그럴 필요는 없다.

이 유형의 백만장자들은 대체로 새 자동차보다는 중고 자동차 구입에서 더 큰 만족을 느낀다. 2~3년 정도 된 차의 경우, 이전 차 주인이 자동차의 가치가 하락하는 2~3년 동안 그 값을 다 치렀기 때문에 그만큼 싼 값에 살 수 있다고 생각하는 것이다. 이들은 구입한 중고차를 2~3년 정도 탄 후에 되팖으로써 처음에 지불했던 금액의 상당 부분을 벌충할 계획을 가지고 있는 경우가 많다. 또한 이 중에는 새 자동차를 사기 위해 적극적으로 쇼핑을 다니는 것은 시간과 에너지 낭비라고 생각하는 사람이 많다. 이들은 새 자동차의 공장도 가격이나 도매 가격이 너무 비싸게 책정되었다고 생각한다. 그렇지만 딜러가 사 온 가격보다 더 싼값에 달라고 할 수는 없는 노릇이므로, 자동차를 살 때 제대로 할인을 받으려면 중고 시장에 가야 한다고 생각하는 것이다.

중고 자동차를 선호하는 단골 구매인 중에는 기업가 비율이 가장 높다. 자동차 구매에 있어 기업가들이 가격에 매우 민감한 것은 사실이다. 이들은 소득 중 많은 부분을 증식성 자산에 투자하기를 좋아하지만, 성공적인 기업가로서 고급 자동차를 몰아야 할 필요성도 있는 것이다. 그래서 이 유형 사람들은 그 해결책으로 최신형 고급 중고차를 선택한다. 이들이 가장 좋아하는 메이커와 모델로는 중고 지프 체로키, 캐딜락 드 빌, 포드 F-150 픽업트럭과 익스플로러, 링컨 타운 카, 시보레, 카프리스와 서버번, 인피니티 Q45 등이 있다.

이 집단 사람들은 새 자동차를 선호하는 두 집단 사람들에 비해 자동차 구입에 돈을 덜 소비한다. 자동차 구입에 할당한 소득 비율도 전체 네 집단 가운데 가장 낮다. 이들은 대개 최근의 자동차 구입에 소득의 단 7.6%만을 지출했다. 또한 가장 비싼 자동차 구매에도 소득의 9.9%만을 지출했을 뿐이다. 순자산에 대한 비율을 살펴보면 각각 0.68%와 0.89%이다.

이 집단 사람들은 어떤 방법으로 구매 결정을 내리고 단골 딜러를 결정할까? 우선 대부분이 마음에 드는 새 모델의 딜러 가격을 알아낸다. 그런 다음 그동안 자동차 가치가 얼마나 하락했는지를 계산한다. 이것은 선택한 모델의 중고차를 구입하는 데 유용한 정보가 된다.

그리고 나서 중고 자동차를 선호하는 단골 구매인들은 여러 딜러가 제시하는 가격을 비교해 본다. 이것은 그 지역 딜러들이 자동차 구매 거래를 할 의향이 있는지를 판단하기 위한 것이다. 어떤 사람들은 신문 광고란에 개인이 올린 자동차 가격을 검토하기도 한다. 그리고 간혹 광고를 올린 개인에게 전화해서 광고에서 요구한 가격보다 깎아 줄 의향이 있는지 물어본다. 그러나 대부분의 경우 어느 정도의 가격이 적절한지를 알아내기 위한 행위일 뿐이다. 중고 자동차를 선호하는 단골 구매인들은 이렇게 모은 정보를 자신이 선택한 딜러와의 거래에서 자동찻값을 깎기 위한 협상 카드로 사용한다. 선택된 딜러는 소위 경쟁자들이 제시한 가격이나 혹은 그보다 더 싼 값을 제시하게 된다.

이 집단의 백만장자들은 같은 딜러를 단골로 삼는다. 단골 거래를 함으로써 가격도 깎을 수 있고, 특별 서비스도 받을 수 있다고 생각하기 때문이다. 그러나 이것이 단골 거래를 하는 유일한 이유는 아니다. 새 자동차를 선호하는 단골 구매인들과 마찬가지로 중고차를 선호하는 단골 구매인 중 36%도 자신의 사업과 관련이 있는 자동차 딜러를 이용한다. 또한 자신에게 고객을 추천해 주는 자동차 딜러를 단골로 이용하는 사람도 많다.

여기에서 기억해 둘 것은 이 집단에는 기업가, 전문 자영업자, 성공한 판매원 및 마케팅 담당자의 비율이 높다는 점이다. 이들은 서로 돕는 호혜주의 원칙이 효과적이라는 사실을 잘 알고 있다. 4명 가운데 1명 정도가 자동차 산업에 종사하는 친척이나 가까운 친구로부터 자동차를 산다. 3명 가운데 1명은 영업소 주인과의 거래를 통해서만 자동차를 구입한다. 5명 가운데 1명은 자신이 선택한 영업소의 가장 유능한 딜러하고만 거래한다. 가장 유능한 딜러라면 영업부장을 설득하여 낮은 가격으로 판매할 수 있다고 생각하기 때문이다.

중고 자동차 - 쇼핑 구매 유형(19.5%)

이 집단에 속한 사람들은 위에서 설명한 4집단 가운데 가장 가격에 민감하고, 가장 공격적으로 가격을 깎는 사람들이다. 이들은 대체로 나머지 집단 사람들보다 자동찻값을 적게 낸다. 이들이 가장 최근에 구입한 자동찻값은 평균 2만 2,500달러이고, 가장 비싼 자동찻값은 평균 3만 달러가 채 안 된다. 가장 최근에 구입한 자동차 가격은 이들 재산의 0.7%가 안 되며, 가장 비싼 자동차 가격도 재산의 0.9%가 채 안 된다. 이 집단은 자동차 업계에 종사하는 고객이나 친구, 또는 친척을 가지고 있는 사람의 비율이 가장 낮다. 그런 친구가 없다면 이들은 도대체 어떤 방법으로 유리한 거래를 할 수 있는 것일까? 먼저 중요한 것은 이들이 새 자동차를 사지 않는다는 점이다. 또한 이 집단의 이름이 '중고차를 선호하는 쇼핑 구매인들'이라는 점에서도 알 수 있듯이 이들은 단골 딜러를 상대하지 않는다. 이들은 중고 자동차를 사기 위해 모든 타입의 딜러들을 상대한다. 대부분의 경우 이들은 개인 딜러로부터 구입하지만 자동차 영업소, 임대 회사, 금융 기관, 위탁 기업, 경매 회사, 중개인 등을 대상으로 쇼핑하기도 한다.

중고 자동차를 선호하는 쇼핑 구매인들은 인내심이 매우 강한 사람들이다. 자동차를 구입하는 모든 백만장자 중에서 가장 좋은 가격을 찾아내기 위해 몇 달이고 기다릴 가능성이 가장 큰 사람들이 바로 이들이다. 이들은 자동차 구입을 결코 서두르지 않는다. 어떤 면에서는 늘 자동차를 구입할 준비가 되어 있으며, 유리한 구매를 위해 늘 탐색 중이라고도 할 수 있다.

예를 들어, 이 집단의 어떤 사람은 최신형 시보레를 사기 위해 7개월이 넘도록 시장 조사를 다녔다. 그러나 챕터 3에 나왔던 사우스 박사와는 달리 여기에 대대적인 시간을 쏟지는 않았다. 긴 출근 시간 동안 그는 일상적으로 3군데의 자동차 영업소를 지나다녔다. 만일 눈길을 끄는 자동차가 있으면 전화로 딜러에게 연락하곤 했다. 동시에 신문 광고란에 난 자동차 판매인들에게도 전화했다. 그는 결국 다른 어떤 딜러가 제시한 가격보다도 훨씬 싼값에 개인 판매인으로부터 시보레를 구입했다. 그는 개인 판매인에게 이렇게 말했다.

"저는 조금도 급하지 않습니다. 한 달 정도 후에 저에게 전화 주십시오. 제가 원하는 가격을 말씀드리겠습니다. 사실 지금 당신이 요구하는 가격은 지난 몇 주 동안 제가 연락했던 모든 영업소의 제시 가격과 거의 비슷하군요."

그는 자신이 접촉하는 모든 사람에게 똑같이 이런 말을 한다.

그는 또한 1년 중 협상에 가장 좋은 시기를 알고 있었다. 그의 주장에 따르면 12월의 마지막 2주부터 2월까지가 협상하기에 가장 좋은 시기라는 것이다. 겨울 동안에는 쇼핑 고객이 별로 없다. 이 기간에는 크리스마스 관련 지출과 행사, 그리고 추운 날씨 때문에 대부분의 잠재 고객이 자동차를 구매하는 일이 그다지 많지 않은 것이다. 따라서 중고 자동차를 선호하는 쇼핑 구매인에게는 호기가 된다. 이 기간에 집단의 구매인들이 4명 이상의 딜러를 경쟁시키는 건 흔한 일이었다.

이 집단 사람들은 대개 2년에서 4년 정도 되고 총 주행 거리가 짧은 중고 자동차를 구입한다. 이들이 가장 좋아하는 메이커는 포드, 메르세데스, 캐딜락, 렉서스, 시보레, 닛산, 아큐라 등이다.

구매 습관으로 알 수 있는 것

　부자들의 자동차 구매 습관을 분석함으로써 많은 것을 알 수 있다. 예를 들어, 대다수의 백만장자가 '단골 구매인'과 대비되는 '쇼핑 구매인'에 속한다. 당신은 아마도 54.3% 대 45.7%라는 크지 않은 차이 때문에 논리적으로 반박할 수도 있을 것이다. 그러나 이 차이는 좀 잘못된 수치이다. 단골로 이용하는 딜러와 강한 호혜적 관계에 있기 때문에 '단골 구매인' 집단에 속하게 된 사람들의 비율을 빼야 한다. 또한 친지나 친구가 운영하는 영업소를 단골로 삼는 경우도 제외시켜야 한다. 그런 다음 '단골 구매인'과 '쇼핑 구매인'의 비율을 비교해 보라. 그러면 미국 백만장자 가운데 이 두 집단의 비율은 단골 구매인 1명당 적어도 쇼핑 구매인 2명이라는 비율이 나온다.

　미국의 일반적인 자동차 구매 현상은 어떤가? 대부분의 자동차 구매인은 부자가 아니다. 그러므로 논리적으로 생각한다면 그들은 가장 좋은 가격 조건을 위해 더 많은 시간과 에너지를 쏟아 쇼핑해야 할 것이다. 그러나 우리 조사에 따르면 정반대의 현상이 나타났다. 부자들에 비해 부자가 아닌 사람들이 쇼핑에서의 흥정과 협상에 소극적인 것이다. 자동차 구매 행위를 보면, 대부분이 결코 부자가 되지 못함에도 불구하고 일부 어떤 사람들은 부자가 되는 이유를 알 수 있다.

　<u>자동차를 구입할 때 적극적인 자세로 협상하는 쇼핑 구매인은 다른 소비재를 구입할 때도 가장 치열하게 값을 깎는 경향이 있다. 이런 사람들은 또한 대개가 소비 계획을 세운다.</u> 이런 사실들을 고려할 때 위의 4가지 유형 가운데 어떤 유형이 일반적으로 가장 검소하겠는가?

'중고차를 선호하는 쇼핑 구매인'이라고 생각하는가? 이 구매인들은 자동차 구입에 있어 가장 적극적이며, 가격에 가장 민감한 사람들이다. 이들은 매우 다양한 정보원을 활용하여 쇼핑한다. 또한 나머지 집단 사람들보다 훨씬 싼값에 차를 산다.

부자가 되는 방법을 알고 싶다면 위에서 연구한 네 집단 가운데 '중고차를 선호하는 쇼핑 구매인'들을 연구하는 것이 가장 도움이 될 것이다. 그 이유는 무엇일까? 이 집단이 네 집단 중에서 소득에 대한 순자산 비율이 가장 높기 때문이다. 이들은 실현 소득 1달러당 17.2달러의 순자산을 가지고 있다. 위의 네 집단 중에서 이 집단의 평균 소득이 가장 낮다. 그러나 평균적으로 이들은 300만 달러 이상의 재산을 축적할 수 있었던 사람들이다. 어떻게 그럴 수 있었을까? 이들의 재산 축적 전략은 자세히 살펴볼 만하다.

'중고차를 선호하는 쇼핑 구매인' 집단의 백만장자들

어떤 요소 때문에 재산 축적에 차이가 생기는 것일까? 소득도 재산 축적의 한 가지 요소가 된다. 고소득을 올리는 사람이 더 많은 재산을 모을 것이라고 생각할 수 있다. 그러나 '중고차를 선호하는 쇼핑 구매인' 집단에 속한 사람들은 다른 집단의 백만장자들보다 평균 소득 수준이 상당히 낮다는 점을 다시 한번 상기하자. 약 2/3가 5만 달러 이상 50만 달러 이하의 소득을 올린다.

직업도 한 가지 요소이다. 연구를 통해 우리는 기업가들이 미국 백만장자 중에서 놀라울 만큼 높은 비율을 차지하고 있다는 사실을 여러 차례 확인했다. 반면, 대부분의 다른 고소득 전문직 종사자는 그에 비해 눈에 띄는 자산 축적을 이루는 경우가 드물었다. 이런 기타 고소득 직업 중에는 의사, 기업 중간 관리자, 기업 간부, 회계사, 변호사, 엔지니어, 건축가, 고소득 공무원, 교수 등이 있다. 그러나 예외의 경우도 있다. 예를 들어, '중고차를 선호하는 쇼핑 구매인' 집단에는 기업가가 아닌 기타 직업을 가진 사람들도 포함되어 있다.

중고차 쇼핑 구매인들은 백만장자 중에서도 상당히 독특한 사람들이다. 이들은 [표4-2]에 나와 있는 검소함을 측정하는 기준 7가지 항목에서 모두 가장 높은 점수를 받았다.

이들의 검소한 생활 방식 이면에는 강한 신념이 깔려 있다. 첫째, 이들은 재정적으로 자립하는 것이 왜 좋은지 잘 알고 있다. 둘째, 이들은 검소하게 생활하는 것이 독립을 달성하는 핵심 요소라고 생각한다. 이들은 비싼 옷이나 귀금속, 자동차, 수영장과 같은 사치품을 갖고 있는 많은 사람에게는 재산이 거의 없다는 점을 자신에게 끊임없이 상기시킴으로써 과소비를 억제하며, 자녀들에게도 그런 말을 자주 한다. 우리가 연구했던 한 사례에서 한 아이가 아버지에게 '왜 우리에게는 수영장이 없냐'고 질문한 적이 있었다. 아버지는 검소한 많은 사람이 즐겨 인용하는 **'모자만 크고 소 떼는 없는 카우보이'**의 예를 들려주었다. 그는 아들에게 집에 수영장을 만들 수도 있지만, 그렇게 되면 아들을 코넬대학에 보낼 수 없게 될지도 모른다고 말해 주었다.

오늘날 그의 아들 칼은 코넬대학 졸업생이 되었다. 이 가족은 결코 집에

[표 4-2] 자동차 구매 유형에 따른 경제 생활 방식

경제 및 재정적 생활 방식의 상관성	새 차-단골 구매인 유형(28.6%)	새 차-쇼핑 구매인 유형(34.8%)	중고차-단골 구매인 유형(17.1%)	중고차-쇼핑 구매인 유형(19.5%)
소비 억제형 "상류층 주택가에 사는 사람들은 대부분 사실 재산이 거의 없다."	59[1) 저(4)	106 고(2)	111 저(3)	136[2) 고(1)
스스로 정한 검소형 "나는 항상 검소하게 살아왔다."	82 저(4)	108 고(2)	89 저(3)	121 고(1)
부모에게 물려받은 검소형 "나의 부모는 매우 검소했다."	91 저(4)	99 중(3)	105 중(2)	111 고(1)
가계 예산 설계형 "우리 가계는 매우 신중하게 계획된 연간 예산에 따라 운영된다."	95 중(3)	101 중(2)	85 저(4)	118 고(1)
세심한 가계부 기록형 "나는 가족이 의·식·주에 연간 얼마나 소비하는지 알고 있다."	101 중(2)	94 중(4)	96 중(3)	112 고(1)
가격 흥정형 "나는 할인되지 않은 옷은 결코 구입한 적이 없다."	69 저(4)	89 저(3)	123 고(2)	145 고(1)
단골 이용형 "나는 옷을 살 때 대형 할인 매장을 자주 이용한다."	62 저(4)	106 중(3)	111 고(2)	136 고(1)

주 1) 예를 들면, '새 차-단골 구매인 유형'은 소비 억제 성향 척도에 있어서 모든 백만장자에 대한 합성 점수(100)에 비해 상당히 낮은 점수(59)를 나타냈다. 이들은 소비 억제 성향 척도에서도 네 집단 가운데 최하위인 4위를 기록했다.

주 2) 예를 들면, '중고차-쇼핑 구매인 유형'은 모든 백만장자에 대한 합성 점수(100)에 비해 소비 억제 성향 척도에 있어서 상당히 높은 점수(136)를 나타냈다. 이들은 소비 억제 성향 척도에서 네 집단 가운데 최상위인 1위를 기록했다.

수영장을 만들지 않았다고 한다. 칼이 결혼해서 자녀를 두었을 때, 아이들이 아빠의 검소한 성향에 관해 물으면 칼은 어떤 대답을 할까? 칼은 자신의 소비 성향과 전반적인 근검절약 정신을 제대로 설명할 수 있을까? 이 질문에 대한 대답은 [표4-2]에 나타난 결과에도 반영되어 있다. '중고차-쇼핑 구매인'들은 다음과 같이 말할 확률이 높다.

"나의 부모는 매우 검소했다."

한번은 '중고차-쇼핑 구매인' 집단에 속하는 한 사람이 자신의 근검절약 습관에 관해 말해 주었다. 그는 자신의 부모가 농부였다고 설명했다.

"네브래스카에 살았던 우리 가족은 돈의 가치를 잘 알고 있었습니다. 아버지는 씨앗과 돈은 아주 비슷하다고 말씀하시곤 했죠. 씨앗은 먹어 버리거나 심거나 둘 중 하나만 할 수 있습니다. 그러나 씨앗이 자라나는 모습, 즉 10피트짜리 옥수수로 자라는 모습을 본다면 먹어서 없애고 싶지는 않을 것입니다. 심거나 둘 중 하나지요. 나는 늘 무언가가 자라나는 것을 보면 기분이 아주 좋습니다."

이 남자는 자신의 3년 된 평범한 4도어 미국산 세단을 보면서 상당한 즐거움을 느낀다고 한다. 그는 사람들이 자신의 자동차를 보고 자신이 큰 부자라는 사실을 전혀 짐작할 수 없을 것이라고 생각한다. 그러니 강도가 그를 뒤쫓아와 재산을 털어 가는 일은 없을 것이라는 얘기이다. 그는 자신의 차를 일컬어 **'공항 주차장에 세워 놓아도 아무도 가져가지 않을 차'**라고 말하곤 했다.

검소해야 부자가 된다

검소함은 '중고차를 선호하는 구매인' 집단 사람들이 부자가 될 수 있었던 중요한 이유가 된다. 검소하면 투자할 돈의 토대가 마련된다. 사실 이 집단 사람들은 나머지 집단 사람들에 비해서 연간 소득 중 상당히 높은 비율을 투자하고, 연금에도 많이 투자한다. 이미 여러분도 예상하고 있겠지만 '중고차-쇼핑 구매인' 집단은 PAW 비율이 가장 높다. 이 집단에 속한 사람들은 다른 집단들에 비해 다음 진술에 훨씬 더 많은 부분에 동의한다.

- 우리 가계는 매우 신중하게 계획된 연간 예산에 따라 운영된다.

적절한 예산을 세우기 위해서는 반드시 지출 내역을 기록해야 한다. 다시 한번 말하지만 '중고차-쇼핑 구매인'들은 다른 모든 집단에 비해 세심하게 가계부를 기록하며, 대부분 다음과 같은 사실에 동의한다.

- 나는 가족이 의·식·주에 연간 얼마나 소비하는지 알고 있다.

'중고차-쇼핑 구매인'들은 옷을 사는 데 있어서도 할인 품목을 찾는 경향을 보인다. 이 부분에서 이들은 전체에서 가장 높은 점수인 145점을 받았다([표4-2] 참조). 이 중 상당수가 다음과 같은 진술에 동의했다.

- 나는 할인 품목이 아닌 옷은 결코 구입한 적이 없다.

'중고차-쇼핑 구매인'들은 할인 매장을 단골로 이용하는 비율이 다른 집단에 비해 상당히 높다. 이런 사실은 다음 진술에 대한 이들의 긍정적인 답변에서 확실히 알 수 있다.

- 나는 옷을 살 때 대형 할인 매장을 자주 이용한다.

게다가 이 집단 사람들은 다른 모든 집단의 백만장자에 비해 중저가 제품을 파는 시어즈 백화점을 훨씬 더 많이 이용한다. 대체로 이 집단 사람들은 여러 가지 품목에서 훨씬 적은 돈을 소비한다. 챕터 2에서 토론했던 것처럼 우리는 모든 백만장자에게 ①손목시계, ②양복, ③신발의 품목에서 지금까지 가장 많이 지불했던 금액을 대답해 달라고 부탁했다. 여기에서도 '중고차-쇼핑 구매인'들은 다시 한번 검소함을 과시했다. 이 집단 사람들은 손목시계 항목에서 다른 백만장자들에 비해 겨우 59%만을 소비했으며, 양복에서는 83%, 신발에서는 88%만을 소비했다.

대다수의 사람에게는 소득을 크게 늘릴 능력이 없다. 그러나 소득은 부와 긍정적인 상관관계를 가지고 있다. 그렇다면 우리는 무엇을 말하고자 하는 것일까? 소득을 급격히 올릴 수 없다면 다른 방법으로 부자가 되라는 것이다. 절약이라는 수비守備 방법으로 부자가 되어라. 이것이 바로 '중고차-쇼핑 구매인'들이 부자가 된 비결이다. 이들은 자신을 성공적으로 수비함으로써 많은 이웃이 택하고 있는 과소비적 생활 방식에 전염되지 않도록 해 왔다. 이웃의 70% 이상이 그들이 버는 수입만큼 벌거나 혹은 더 많이 번다. 그러나 100만 달러 이상의 순자산을 지닌 이웃은 50%도 안 된다.

이런 백만장자들의 고소득·저산 이웃들은 대부분 잘못된 생각을 가지고 있다. 그들은 고소득을 올리는 데 에너지를 집중시키기만 하면 자동적으로 부자가 될 것으로 생각한다. 이런 점에서 이들은 뛰어난 공격수라고 할 수 있다. 이들은 대부분 미국 전체 가구의 소득 분포에서 상위 3~4% 내에 위치하고 있기 때문에 마치 백만장자처럼 보인다. 그러나 이들은 부자가 아니다. 왜냐하면 수비를 엉망으로 하고 있기 때문이다. 우리는 수많은 백만장자가 우리에게 말해 주었던 그들의 신념을 여러 차례 언급해 왔다.

"미국에서는 재산을 모으는 것보다 훨씬 더 쉬운 일이 돈을 많이 쓰는 것이다."

왜 그럴까? 우리 사회가 소비 지향적이기 때문이다. 게다가 '중고차-쇼핑 구매인'들의 고소득·저산 이웃들은 미국에서 가장 소비적인 사람들에 속한다.

사례 연구

J. S 공인 회계사: 새 차-단골 구매인 유형

J. S.는 규모는 작지만 생산성 높은 회계 법인의 고문 회계사 3명 중 하나이며, 또한 백만장자이다. J. S.는 새 자동차 구입을 즐기며, 중고차 구입은 아예 생각해 본 적도 없는 사람이다. 그에게 중고차 소유란 남이 입던 옷을 얻어 입는 것과 마찬가지로 생각되었다. J. S.가 특정 자동차 딜러를 단골로

찾는 것은 할인을 많이 받기 위해서라기보다 자신의 시간을 아끼는 것이 중요하다고 생각하기 때문이다. 또한 그는 자신과 거래 관계에 있는 딜러를 단골로 삼고 있다.

다시 한번 말하지만, 인맥과 호혜주의는 '새 차-단골 구매인' 집단의 많은 사람이 이런 구매 습관을 갖게 된 중요한 요소가 된다. 그렇다면 J. S.는 어떻게 해서 자동차 딜러를 자신의 회계 고객으로 만들 수 있었을까? 그는 10여 명의 고객을 자동차 영업소 주인에게 소개해 주었다. 그에 따라 그 영업소 역시 그에게 회계 서비스를 맡기기로 한 것이다. 이전에는 수년간 다른 회계 법인의 서비스를 받았었는데, 그곳에서는 고객을 전혀 소개해 주지 않는다는 사실을 깨닫고 바꾸어 버린 것이다.

이제 이 자동차 딜러와 J. S.는 강력한 호혜주의 관계를 맺게 되었다. 자영업자의 큰 이점 가운데 하나가 바로 자기 회사의 단골들을 활용할 수 있다는 점이다. J. S.도 고객 몇 명에게 자신이 미칠 수 있는 영향력을 활용한 것이다. J. S.는 자신의 수많은 고객에게 자동차 딜러에 관해 알려 줄 수 있는 오피니언 리더의 위치에 있다. J. S.는 자신이 추천하는 고객들에게 자동차 딜러 역시 자신의 고객임을 명확히 알려 준다. 자동차 딜러는 추천받고 온 고객들에게 특별 서비스를 제공하고, 가격도 많이 할인해 준다. 지난 10년간 J. S.는 자신의 고객인 자동차 딜러를 위해 30~40대 정도의 자동차를 팔아 주었다. 동시에 이 딜러의 영업소 역시 회계 서비스 대금으로 J. S.에게 수천 달러를 써 왔다.

T. F 주식 중개인: 중고차-단골 구매인 유형

T. F.는 주식 중개인이며 백만장자이다. 그는 최신형 고급 중고차 구입을 즐긴다. 같은 자동차 딜러로부터 여러 대를 구입한 후, 그에게 한 가지 아이디어가 떠올랐다. 그 딜러의 영업소 주인에게 전화해서 주식 투자를 권해 보자는 것이었다. T. F.는 우선 그 주인에게 자신이 지난 5년간 그로부터 3대의 자동차를 샀다는 점과 자기 고객을 여러 명 추천해 주었음을 상기시켰다. 그런 다음 T. F.는 그에게 약간의 주식 투자를 함으로써 서로 도움을 주고받을 수 없겠느냐고 물었다. 영업소 주인의 대답은 매우 솔직했다. 그는 그동안 수십 명의 주식 중개인에게 차를 팔았지만 그들 모두와 투자 거래를 할 수는 없다고 했다.

T. F.는 영업소 주인의 입장을 이해했다. 그래서 대안으로 그에게 가장 매출이 높은 공급 업자 5명의 명단을 알려 줄 수 있겠느냐고 물었다.

"만일 당신에게 우리 주에서 올해 가장 실적이 좋았던 공급 업자들의 명단을 알려 달라고 한다면 제일 먼저 누구를 꼽으시겠습니까? 이 건물 지붕 공사를 새로 한 사람은 누구입니까? 그 사람에게 당신이 소개했다고 말해도 될까요?"

영업소 주인은 T. F.에게 자신의 주요 공급 업자를 몇 명 소개해 주었다. T. F.는 지금도 여전히 이 영업소에서 자동차를 구매하고 있으며, 자신의 고객도 소개해 주고 있다. 그리고 영업소 주인 쪽에서도 그 답례로 T. F.에게 고객을 소개해 주고 있다.

이 책의 저자 토머스 스탠리의 '자동차 팔기'

크리스마스가 되기 직전이었다. 나는 지역 신문에 우리 가족의 아큐라 레전드를 팔겠다는 광고를 냈다. 광고를 내기 전에 우선 영업소에 전화를 했었는데, 그렇게 해서 알게 된 이 차의 중고 상한가를 광고에 실었다. 나는 늘 자동차를 아주 세심하게 관리해 오고 있었다. 우리 차 레전드는 거의 모든 옵션 사항이 들어 있는 골드 패키지였다. 그리고 이 차는 항상 차고에 보관되어 있었고, 아큐라 판매점에서 규정대로 모든 관리 및 정비를 맡아 주었다. 우리는 심지어 '모빌 원' 합성 엔진 오일을 쓸 정도로 이 차를 아꼈다. 게다가 이 차의 타이어는 미쉘린 MXV4로, 겨우 몇 천 마일밖에 달리지 않아서 상태가 매우 좋았다. 그리고 아마도 가장 중요한 것은 우리가 당시 새 차를 구입했었다는 사실일 것이다. 신문 광고에 나는 이런 여러 가지 특징들을 대략적으로 설명해 놓았다.

이제 우리 집에 들러 차를 살펴보고 간 몇몇 인물들에 관해 이야기해 보겠다.

구매인 1: 마케팅부 고위 간부, 여성

이 여성은 인피니티 Q45를 타고 왔다. 나는 그녀에게 타고 온 차도 거의 새것인데 왜 레전드를 사려 하느냐고 물었다. 그녀는 Q45는 남편의 차로, 1년 전쯤에 중고로 샀다고 말했다. 이 여성은 솔직히 방금 여러 자동차 영업소에서 중고 레전드와 인피니티를 둘러보고 왔다고 했다. 그리고 자기네 집에서는 중고차를 선호한다는 점을 확실히 해 두었다. 특정 메이커를 좋아하는 건 아니지만, 그녀와 남편은 몇몇 종류의 자동차를 선호한다고 했다. 여기에는 아큐라 레전드와 인피니티 Q45, 그리고 렉서스 400 시리즈가 포함되어 있었다.

우리 집을 방문하기 위해 그녀는 그날 오후 근무를 비번으로 돌렸다고 했다. 그녀는 애틀랜타 지도에 자신이 선택한 자동차 영업소들의 위치와 개인 판매인들의 주소를 표시해 두고 있었다. 이런 방법으로 그녀는 나에게 자신이 경쟁적 기회를 상당히 많이 알고 있다는 점을 확실히 알려 주었다.

이 여성은 중고차 평가에 있어 매우 전문적인 안목을 갖고 있는 것이 확실했다. 그녀는 즉시 운전석 쪽 문의 작은 홈을 지적해 냈으며, 인테리어와 엔진, 그리고 차체를 살펴보았다. 그런 다음 나에게 왜 레전드를 팔고자 하는지 물었다. 나는 즉시 다음과 같이 대답해 주었다. "우리 집 10대 아이들이 4도어 세단을 아주 싫어하기 때문이에요. 10대 아이들에게 레전드는 저희 부모처럼 재미없는 중년들에게나 어울리는 것으로 보이는 게죠. 차라리 중고일망정 4륜 구동 다목적 레저 자동차나 스포티한 2도어 자동차가 훨씬 더 마음에 든다나요."

그녀는 잠시 멈추어 서서 내 말을 곰곰이 생각해 보았다. 지금 생각해 보니 그녀는 다른 대답을 기대했던 것 같다. 그녀는 내가 그 차를 파는 이유가 재정적 문제 때문이기를 바랐을 것이다. 그러면 값을 깎기에 훨씬 유리한 입장이 될 수 있었을 것이다. 그럼에도 불구하고 그녀는 값을 깎기 위한 협상을 시도했다. 그녀는 "이 차를 얼마까지 깎아 주실 수 있어요?"라고 물었다. 나는 "내가 30일 후에도 팔지 못하면 그때 값을 깎도록 해보지요."라고 대답했다. 그런 다음 앞 좌석에 있는 자동차 점검 기록 수첩을 가리켰다. 거기에는 모든 정비 기록과 함께 원래 창에 붙어 있던 윈도우 스티커 등이 들어 있었다. 그녀는 돌아서서 남편의 중고 Q45를 타고 떠나 버렸다. 그 후로는 그녀에게 다시 연락을 받지 못했다. 나는 그녀가 급매물로 나온 최신형 중고차를 원하던 값으로 샀을 것이라고 확신한다.

구매인 2: 지역 금융 기관의 부사장, 남성

여러분은 이 사람의 특별한 직함을 알면 상당히 재미있어할 것이다. 그는 자동차 리스 부서의 부사장이다. 나는 그가 자동차의 진정한 가치에 관해 매우 잘 알고 있을 것이라고 생각했다. 그는 자동차를 리스하는 것보다는 사는 것이 비교적 이익이라는 사실도 잘 알고 있었다. 따라서 새 자동차를 리스해 주는 일에 전문가이면서도 중고차를 사는 데 많은 시간을 보낸다.

이 사람은 정말 싼값을 찾고 있었다. 몇몇 일제 고급 차종에 관심이 있었지만, 앞의 여성처럼 특정 메이커를 고집하지는 않았다. 그는 아큐라의 정비 및 기타 기록을 오랫동안 꼼꼼히 살펴보았다. 그런 다음 나에게 앞의 여성과 똑같은 질문을 했다. "단도직입적으로 말해서, 당신이 제시할 수 있는 제일 낮은 가격이 얼마죠?" 그래서 앞의 여성에게 했던 것과 똑같은 대답을 했다. 그는 떠났고, 나는 여전히 그의 전화를 기다리고 있다.

구매인 3: 부유한 전직 사업가, 남성

세 번째 구매자는 내가 만났던 사람 중에서 가장 흥미로운 사람이었다. 그는 나에게 전화를 걸어 아내를 데리고 쇼핑센터에 가려고 한다면서 우리 집의 위치를 물었다. 위치를 설명해 주다 보니 우리 집이 그 쇼핑센터에서 비교적 가깝다는 사실을 알 수 있었다. 그들 부부는 전화를 끊고 얼마 안 되어 BMW 5 시리즈를 타고 나타났다. 그 차는 방금 출고된 것처럼 보였다. 그래서 나는 그에게 아큐라를 살 필요가 있는가 물었다. 그는 BMW가 아내의 차라고 말했다. 그러고는 아큐라를 매우 자세히 살펴보았다.

그가 자동차를 살펴보고 있는 동안 나는 그의 부인과 재미있는 대화를 나누었다. 그녀는 나에게 자기 남편은 최근에 성공적인 소프트웨어 회사의 주식을 다 팔아 버렸다고 말했다. 그들은 백만장자였다. 남편은 여전히 그 회사의 고문 역할을 맡고 있으나, 이제는 다른 일을 하는 데 더 많은 시간을 보낸다고 했다. 그녀는 남편이 결혼 후 지금까지 30년 동안 새 차를 산 적이 한 번도 없었다고 말해 주었다. 그는 자동차를 정말 싼값에 사기 위해 항상 기다리고 있는 것이 분명했다. 그는 특히 중고 일본산 자동차나 독일산 자동차를 선호했다. 그러나 결코 서두르는 일은 없는 것 같았다. '중고차-쇼핑 구매인' 집단의 많은 이와 마찬가지로 그는 너무 비싼 자동차를 보유함으로 인해 재정적으로 곤란에 처하게 된 개인 판매인으로부터 진짜 싼값에 자동차를 구매하는 것을 무척 즐기는 사람이었다.

그가 나에 관해 자세히 캐물은 이유를 알 수 있을 것 같았다. 그는 나에게 직업이 무엇이며, 사업은 잘 되는지를 물었다. 아마도 그는 내가 퇴직한 기업 간부쯤 된다고 생각했던 것 같다. 카키색 바지에 면 셔츠를 입고 한낮에 집에 있었으니 왜 안 그랬겠는가. 나는 그에게 내 직업은 작가이며, 네 번째 책을 집필 중이라고 말해 주었다. 그는 전에 나온 책들이 잘 팔리고 있느냐고 물었다. "굉장히 잘 팔리고 있습니다."라고 대답했다. 그러자 그는 얼굴을 찡그리더니 정말 하고 싶었던 질문을 했다. "당신이 부른 가격에서 1,500달러를 깎아 주실 수 있습니까?" 나는 다시 한번 이렇게 대답했다. "내가 30일 후에도 팔지 못하면 그때 그렇게 하겠습니다." 나는 그에게서도 여전히 연락이 오길 기다리고 있다! 그는 아마도 차를 관리하는 내 태도에 감명을 받았던 것 같다. 그래서 떠나기 전에 나에게 다른 자동차는 팔 의향이 없는지를 물었다. 그는 나의 성능 좋은 카마로 Z28을 가리켰다. 나는 그 제안 역시 거절해야 했다.

구매인 4: 교사, 여성

참으로 흥미로운 것은 '중고차-쇼핑 구매인' 중에는 불균형적으로 선생과 교수의 비율이 높다는 사실이다. 네 번째 사람은 어느 금요일 저녁 늦은 시각에 전화를 했다(주말 전화 요금 할인이 적용되는 때였다). 나에 관해 꼬치꼬치 캐묻고 난 후 그녀는 애틀랜타에서 수백 마일 떨어진 시골에 산다면서 애틀랜타 지역 신문에 아큐라 레전드 판매 광고를 낸 사람들의 목록을 들고 전화하는 중이라고 했다.

그녀는 다음 주 수요일에 다시 연락하겠다고 약속했고, 그 약속을 지켰다. 그날 그녀는 내 자동차에 담보권이 설정되어 있지 않다는 증거를 팩스로 보내 달라고 요청했다. 자동차의 액세서리 리스트도 좀 더 자세하게 기록해 보내 달라고 했다. 나는 그녀에게 새 차였을 때의 가격과 엔진 종류, 연비, 기타 옵션들이 적혀 있는 윈도우 스티커 복사본과 자동차 등록증을 팩스로 보내 주었다. 그러자 그녀는 금요일에 애틀랜타를 방문해서 자동차 몇 대를 보고 오겠노라고 했다.

목화 재배로 성공한 남편과 그 부인은 금요일에 우리 집을 방문했다. 그들은 최신형 닛산 맥시마를 몰고 왔는데, 상태가 매우 좋아 보였다. 부인이 남편과 나를 태우고 약 20분간 아큐라를 시험 운전했다. 차에 타고 있는 동안 그들에 관해 알 수 있는 기회가 있었다. 왜 그들은 먼 시골에서 이곳까지 왔을까? 왜 그들은 중고차를 사는 데 관심이 있는 것일까? 농부들은 대체로 검소하지 않던가?

이 부부는 최신형 일본산 중고 자동차를 2~3년에 한 번씩 사는 것 같았다. 이들은 대도시가 자동차 가격과 선택의 다양성 면에서 조건이 훨씬 좋다는 것을 알고 있었다(이들이 사는 곳에서는 가장 가까운 아큐라 판매점이 150마일이나 떨어져 있다). 그래서 이 부부는 내 아큐라 같은 차를 구입해서 2~3년간 타다가 그들이 사는 시골 동네에서 처음에 지불했던 가격과 비슷한 가격을 받고 되판다는 것이었다.

이 부부는 자신들이 검소한 사람들이라고 말했다. 이들은 내가 요구했던 가격보다 1,000달러 적은 액수의 수표를 가지고 왔었다. 시험 운전을 마치고 돌아온 남편은 아내에게 "이 사람에게 가격을 깎아 달라고 해보지 그러오?"라고 말했다. 그러자 부인은 "이분은 이 차를 그런 가격에 팔 필요가 없어요. 이 차는 상태가 최상이거든요."라고 했다. 남편도 그 말에 동의했다.

부인은 나에게 그 수표와 100달러짜리 지폐 10장을 건네주었다. 모든 서류에 서명하고 거래가 마무리되자 부인은 자기네 집에서 가장 가까운 자동차 영업소에서는 이런 차라면 적어도 3,000달러는 더 부른다고 말했다. 나는 그녀에게 월요일에 이 자동차를 몰고 학교에 가면 동료 교사들이 놀라지 않겠느냐고 물었다. 그러자 그녀의 남편은 그들이 차 가격을 알면 정말로 놀랄 것이라고 대답했다.

그가 내게 했던 말 가운데 한마디가 특히 내 관심을 끌었다.

"내 아내의 동료 교사 중 어떤 여성은 신형 메르세데스 벤츠를 타고 다닙니다. 그녀는 그 벤츠를 60개월짜리로 리스했는데, 한 달에 600달러씩 낸답디다. 그 돈을 지불하려면 목화를 얼마나 많이 재배해야 하는지 아십니까?"

검소한 교수와 UAW인 그 이웃들

공학 교수인 빌은 연간 가계 총 소득이 8만 달러를 넘어 본 적이 없음에도 불구하고 백만장자가 되었다. 어떻게 그럴 수 있었을까? 그에게는 물려받은 유산도 전혀 없었다. 또한 복권에 당첨되거나, 몇천 달러를 갑자기 큰 재산으로 부풀려 주는 투자 고문을 고용해 본 적도 없었다. 빌이 재산 축적에 성공한 것은 오로지 매우 검소한 생활 때문이었다. 빌은 전형적인 '중고차-쇼핑 구매인'이다. 그러나 이 집단에 속한 사람들 대부분이 그렇듯이 빌 역시 가족을 무시해 본 적이 없었다. 그는 자녀들의 대학 학비를 넘치도록 지원했으며, 현재 중·상류층 동네에 살고 있다. 사실 이 집단에 속한 약 80%의 사람들이 30만 달러에서 50만 달러짜리 주택에서 산다.

빌의 목표는 늘 재정적인 자립이었지만, 그렇다고 기업가가 되고 싶지는 않았다. 대개의 경우 기업가는 상당한 위험 부담을 안고 사업을 추진하거나 수십 명, 심지어는 수백 명에 이르는 사람들의 노동력과 재능을 이용해서 부자가 된다. 그러나 빌에게는 교수가 되는 것 외에는 별다른 재주가 없었다. 하지만 빌만 그런 것은 아니다. 미국에 사는 대부분의 사람이 기업가가 아니다. 그렇다고 해서 그들이 백만장자가 될 수 없다는 뜻은 아니다.

사람들은 대개 부자가 되는 것과 기업가가 되는 것의 관계에 관해 우리가 말하려는 취지를 혼동하는 경우가 많다. 우리는 사람들에게 현재 종사하고 있는 의료, 법률, 회계 및 기타 분야의 직업을 포기하고 기업가가 되라고 말하는 것이 결코 아니다. 자신이 진정으로 원하고 성공할 자신이 있는 게 아니라면 결코 그런 변화를 고려해서는 안 된다. 만일 당신이 상당히 높은 소득을 올릴 수 있다면, 가령 미국 전체 가계의 평균 소득보다 2배 정도(6만 5,000불~7만 불. 1996년 기준)를 벌어들인다면 당신은 언젠가 부자가 될 수 있다. 그러나 단, '중고차 - 쇼핑 구매인' 집단에 속한 백만장자들의 '방어 전략'을 따라야만 한다.

빌의 이웃 중 백만장자가 아닌 사람들은 대부분 가계 예산을 세우지 않는다. 그 결과 그들에게는 소득 한도 내에서 써야 한다는 것 외에는 가계 지출 제한 요소가 아무것도 없다. 그러나 이런 사람들이야말로 뒤돌아서서 빌과 같은 검소한 이웃을 욕하는 사람들이다.

노만은 빌의 이웃으로서, 40만 달러짜리 주택에 사는 기업 간부이다. 그의 가계 소득은 지난해 15만 달러가 넘었다. 그러나 노만은 집과 자동차, 그리고 기업 연금 외에는 투자해 본 일이 전혀 없으며, 순자산은 20만 달러가 안 된다. 노만 부부는 둘 다 50세이다. '중고차-쇼핑 구매인'인 이웃집의 빌 부부 역시 50세이다. 그러나 빌의 가족은 순자산이 노만 가족보다 9배나 많다. 어떻게 이런 일이 가능할까?

이것은 가능하고도 남는 일이며, 충분히 예측 가능한 일이기도 하다. '훌륭한 공격과 한심한 수비'는 UAW를 의미한다. 말하자면 돈을 아주 잘 벌어도 검소하게 생활하지 않는다면 UAW가 된다는 얘기이다. 그러나 노만 가족만 그런 것은 아니다. 그 동네에는 빌의 가족 같은 PAW들보다는 UAW들이 훨씬 더 많다.

노만 같은 UAW들은 중고차 구매는 생각만으로도 품위가 떨어진다고 여긴다. 그들에게 중고차는 고려의 대상도 되지 못한다. 그러나 이웃인 빌은 중고차 구입이 품위가 떨어지는 일이라고 생각해 본 적이 전혀 없다. 사실 새 차나 다름없는 중고차를 구입하는 것은 빌로서는 매우 만족스러운 일이었다. 세월이 흐르고 나서야 빌은 자신이 새 차가 아닌 중고차를 샀기 때문에 돈을 많이 절약할 수 있었고, 그 돈은 자녀 한 명의 대학 및 대학원 학비를 전부 댈 수 있을 정도의 액수였음을 알 수 있었다.

빌은 가장 최근에 구입한 3년 된 중고차 BMW 5 시리즈를 어디에서 샀을까? 하이테크 분야에 종사하는 영업 전문가이자 고소득자이며 동시에 과소비자인 게리에게서 샀다. 게리는 신형 수입 자동차만을 고집한다. 만일 게리가 대부분의 UAW와 비슷하다면 자기에게 중고 BMW 5 시리즈를 사는 사람은 재정적으로 자기보다 못하다고 확신할 것이다. 이것은 UAW인 사람들이 감추지 못하는 증상 중 하나이다. UAW들은 대개 자신이 이웃보다 더 부자라고 생각한다. 또한 UAW 중에는 모든 사람이 감당할 수 있는 한도 내에서 가장 좋은 차를 몰고 다닌다고 믿는 사람도 많다.

이런 상황을 다른 각도에서 생각해 보자. UAW인 게리는 빌에게 자동차를 팔면서 가격을 깎아 준다. 3년 동안 차의 가치가 하락한 부분을 감수하는 것이다. 그러고는 좋은 차의 권리를 검소한 백만장자 빌에게 건네준다. 게리는 회사원이기 때문에 자동차의 가치 하락 부분을 소득세에서 감가상각할 수도 없다. 게다가 게리에게는 자동차 업계에서 일하는 친구나 친척, 고객도 없다. 세금 면제도 받을 수 없고, 자동차 영업소를 운영하는 삼촌이나 이모에게 특별 할인을 받을 수도 없으며, 자동차 사업을 하는 고객과 서로 돕는 관계도 아니다. 그럼에도 불구하고 게리는 오로지 즐거움만을 위해 자동차를 사는 것이다.

그러나 게리와 노만, 그리고 여러 다양한 UAW들이 꼭 알아 두어야 할 것이 있다. 그들이 미국의 전형적인 백만장자들보다 자동차 구입에 더 많은 돈을 소비하고 있다는 사실이다. 게리의 소득은 많은 백만장자와 비슷한 수준이지만, 게리는 백만장자가 아니다. 아마도 그는 이런 점을 자신의 과소비로 보상하려는 것인지도 모르겠다. 혹시 자기 회사의 회장을 흉내 내고 있는 것일까? 그러나 그 회장은 백만장자이며, 회사의 지분도 소유하고 있다. <u>게리와는 달리 회장은 부자가 되고 난 후에야 비싼 자동차를 구입하기 시작했고, 대신 자신의 소득 중 상당 부분을 주식 구매를 통해 회사에 재투자해 두었다. 그러나 그와는 반대로, 게리는 부자가 될 것을 예상하고 비싼 물건을 사들인다. 하지만 그런 날은 영영 오지 않을 것 같다.</u>

CHAPTER 5

마마보이보다 무서운 '머니보이'

The Millionaire Next Door

백만장자 부모는 성인 자녀에게 경제적 원조를 해주지 않았다

스탠리 박사님과 댄코 박사님께

백만장자에 관한 두 분의 연구 기사를 조금 전에 읽었습니다. 제 아내에게는 기한이 지난 신탁 재산이 있는데, 장인 장모께서는 이를 양도하지 않으시려고 합니다. 장모님은 서류 처리 문제를 들어 자꾸 미루시기만 합니다. 아마도 아내에게 양도하실 생각이 없으신 것 같습니다.

박사님들이 연구를 위해 그분들을 만나 주시지 않겠습니까? 제 아내의 이름은 ○○○입니다. 아니면 그 신탁에 돈이 얼마나 있는지 저희가 알 수 있는 다른 방법을 좀 알려 주실 수 없겠는지요.

MR. L. S.

이 편지를 쓴 라마와 그의 아내 메리는 돈이 당장 급하게 필요하다. 라마의 아내 메리는 부유층 가정 출신으로, 부모에게서 매년 1만 5,000달러가 넘는 액수를 지원받는다. 메리는 30년 가까이 라마와의 결혼 생활을 하는 동안 부모에게서 이런저런 경제적 도움을 받아 왔다.

현재 라마 부부는 50대 초반이다. 이들은 부유한 동네의 좋은 집에 살고 있으며, 컨트리클럽 회원이기도 하다. 두 사람 모두 테니스와 골프를 좋아하며, 각각 고급 수입 자동차를 타고 다닌다. 그들은 비싼 옷을 입으며, 비영리 단체에서 사회 활동도 하고 있다. 아이들이 다니던 사립학교를 위해 적극적으로 기금 모금에 나선 일도 있었다. 두 사람 모두 고급 와인을 즐기는 미식가이고, 비싼 귀금속, 해외여행을 좋아한다.

이웃 사람들은 라마와 메리가 부자라고 생각한다. 이들이 수백만 달러를 지닌 재산가라고 확신하는 사람들도 있다. 그러나 눈에 보이는 것은 사실과 다를 수 있다. 사실 이들은 부자가 아니다. 그렇다면 적어도 고소득은 올리는가? 그렇지도 않다. 부인도, 남편도 고소득을 올리지 못한다. 메리는 주부이고, 라마는 지방 대학의 행정 직원이다. 이 부부는 긴 결혼 생활 동안 6만 달러 이상의 연 소득을 올려 본 적이 없다. 그럼에도 불구하고 이들의 생활 방식은 소득 수준이 2배가 넘는 사람들과 비슷하다.

이 부부가 예산과 계획 면에서 매우 탁월한 것은 아닐까 생각하는 사람들도 있을 것이다. 그렇지 않다면 어떻게 적은 수입으로 그토록 화려하게 살 수 있겠는가? 그러나 라마와 메리 부부는 결혼 생활 내내 한 번도 함께 예산을 짜 본 일이 없다. 이들은 매년 가계 소득을 훨씬 초과한 소비를 하며 산다. 또한 메리의 부모로부터 받은 돈도 몽땅 써 버린다. 간단히 말해서, 메리와 라마 부부는 소위 '성인 자녀에 대한 부모의 경제적 원조EOC, economic outpatient care' 덕분에 그토록 사치스럽게 살 수 있는 것이다. 'EOC'란 일부 부모들이 성인 자녀와 손주들에게 베푸는 상당한 액수의 경제적 원조 및 친절 행위를 일컫는 말이다. 이 챕터에서는 EOC가 의미하는 것이 무엇인지, 그리고 그것이 부모와 자녀의 삶에 어떤 영향을 끼치는지 알아보도록 하겠다.

성인 자녀에 대한 경제적 원조

오늘날 '성인 자녀에 대한 경제적 원조(이하 EOC)'를 베푸는 부모들 가운데 많은 이는 젊은 시절부터 재산 축적에 탁월한 실력을 발휘했다. 일반적으로 이들은 자신의 소비 및 생활 습관 면에서는 매우 검소하지만, 일부 사람들은 자녀나 손주들에게 **'친절한 경제적 지원'**을 할 때만큼은 검소함을 잊곤 한다. 이런 부모들은 성인 자녀와 그 가족들에게 경제적 원조를 제공해야 할 의무감마저 느낀다. 이런 선심은 어떤 결과로 나타날까? <u>같은 나이, 소득, 직업군에 속한 사람 중에서도 EOC를 제공하는 사람들은 경제적으로 자립한 자녀를 둔 사람들보다 재산이 현저히 적다. 일반적으로 많은 돈을 지원받는 성인 자녀일수록 더 적은 재산을 모으게 되며, 적은 돈을 지원받을수록 재산을 더 많이 모으게 된다.</u>

EOC를 베푸는 부모들은 대개 경제적 지원 없이는 성인 자녀들이 중·상류층의 소비 생활을 유지할 수 없다고 생각한다. 그 결과 부유층 가정 출신의 자녀가 가장家長이 된 가정의 수가 점점 늘어나고 있고, 이들은 고소득을 올리는 중·상류층의 성공한 사람들처럼 행세하고 있다. 그러나 그들의 생활 방식은 빛 좋은 개살구에 지나지 않는다.

이런 부유층 가정 출신들은 고급 상품과 서비스를 상당히 많이 소비하는 사람들로서, 대도시 근교 고급 주택가에 살고, 고급 수입차를 구입하며, 컨트리클럽에 가입하고, 자녀들을 사립학교에 보낸다. 이들은 EOC의 단 한 가지 핵심 규칙을 몸소 보여주는 살아 있는 증거다. 바로, 자기가 번 돈보다 남의 돈을 쓰는 일이 훨씬 쉽다는 사실이다.

EOC는 미국에서 널리 나타나고 있는 현상이다. 미국의 부유층 가운데 46% 이상이 자녀와 손주들에게 매년 1만 5,000달러 이상의 EOC를 제공한다. 부유층 가정의 35세 미만 성인 자녀 가운데 거의 절반 정도가 부모로부터 매년 돈을 받는다는 얘기가 된다. 성인 자녀가 나이가 들면서 EOC를 제공받는 비율은 감소해 40대 중반에서 50대 중반 사이의 성인 자녀 중 20% 정도만이 EOC를 받는다. 그러나 이런 추정치는 부유층 성인 자녀들을 대상으로 조사한 것으로, 그들이 돈을 받는다는 사실을 부정하거나 그 액수를 줄여서 말했을 가능성도 있다. 한 가지 재미있는 사실은, EOC를 제공하는 부모들이 말한 제공 빈도수와 액수가 그것을 제공받는 자녀들이 대답한 것보다 훨씬 많았다는 사실이다.

많은 EOC가 한꺼번에 제공되거나 특이한 형태로 제공된다. 예를 들어, 그동안 모았던 동전이나 우표 같은 형태로 제공되기도 한다. 부유층 부모의 25% 정도가 성인 자녀나 손주들에게 그런 수집품을 준 적이 있다고 대답했다. 마찬가지로, 손주들의 치열 교정이나 성형 수술 비용을 대 주는 경우도 많다. 부유층의 약 45%가 성인 자녀와 손주들의 의료비 및 치과 비용을 대 주었다고 했다.

향후 10년간 미국의 부유층 인구(100만 달러 이상의 순자산을 지닌 사람들)는 보통 가정 인구와 비교해 5배에서 7배 빠른 속도로 늘어날 것이다. 부유층 인구가 증가하면서 이들은 과거보다 훨씬 더 많은 자녀와 손주를 배출할 것이고, 따라서 이 기간 동안 EOC도 크게 늘어날 것이다. 또한 100만 달러 이상의 상속 재산도 향후 10년간 246% 늘어나 총 2조 달러가 넘을 것이다(1996년도 달러 기준). 그러나 거의 비슷한 액수가 백만장자 부모가 고인이 되기 전에 분배될 것이다. 부유한 부모나 조부모는 자신이 죽기 전에 재산의 많은 부분을 자녀나 손주들에게 분배하기 때문이다.

또한 EOC로 제공되는 액수는 앞으로 상당히 늘어나게 될 것이다. 사립학교 수업료, 고급 수입차, 고급 주택, 성형 수술, 치열 교정, 법과대학 등록금 및 기타 여러 가지 EOC 항목은 일반 생활비 지출보다 훨씬 **빠른** 속도로 상승하고 있다.

게다가 인구가 고령화되면서 점점 더 많은 부유층 부모와 조부모가 상속세를 내야 할 나이로 접어들고 있다. 특히 배우자가 없는 과부나 홀아비의 경우에는 상속세로 전 재산의 55% 이상을 낼 수도 있다. 따라서 부유층 사람들은 나이가 듦에 따라 상속세 부담을 줄이기 위해서라도 EOC를 더 많이 내놓게 될 것이다.

메리와 라마

어떻게 메리와 라마 부부는 2명의 자녀를 사립학교에 보낼 수 있었을까? 이들은 그럴 형편이 못 되지만, 대신 메리의 부모가 손주들의 학비를 대 주

[표 5-1] 부유층 부모가 성인 자녀 및 손주들[1]에게 제공하는 EOC

성인 자녀에 대한 경제적 지원(EOC) 형태	전체 부유층 중 차지하는 비율
1. 제3세대의 교육 향상을 위한 비용 • 손주의 사립초·중·고 수업료 지원	43%
2. 제2세대의 교육 향상을 위한 비용 • 성인 자녀의 대학원 학비 지원	32%
3. 성인 자녀의 주택비 보조 비용 • 주택 구입 시 재정적 보조	17% 59%
4. 소득 보조비 • 성인 자녀에게 주는 '상환 면제 대부금'	61%
5. 이윤 발생 부동산 증여 • 성인 자녀에게 상업용 부동산 양도	8%
6. 유가증권 양도 • 성인 자녀에게 상장 주식 증여	17%
7. 개인 자산의 양도 • 성인 자녀에게 개인 사업 소유권의 일부 또는 전부 양도	15%

주 1) 25세 이상의 성인 자녀를 한 명 이상 둔 백만장자 222명이 이 분석에 참여했다.

었다. 이것이 드문 일일까? 오히려 그 반대이다. 우리가 실시한 조사에 따르면 미국의 백만장자 가운데 43%가 손주들의 사립학교 수업료를 전액 또는 일부 부담하고 있는 것으로 나타났다([표 5-1] 참조). 우리는 이런 지원금을 **'제3세대의 교육 향상을 위한 비용'**이라고 부른다.

최근 우리는 이런 형태의 EOC에 관해 부유층의 노년 여성들과 이야기를 나누었다. 우리는 참석자들에게 조사 결과를 나누어 주고, EOC에 관해서는 중립적인 태도를 보였다. 프레젠테이션 후에 질문을 받았는데, 세 번째 질문자는 다음과 같은 말을 했다.

"굉장히 화가 나는군요. 도대체 내 돈을 어떻게 해야 하지요? 내 딸의 가족은 가계의 수지 균형을 맞추지 못해서 늘 힘들어합니다. 이 근처에 있는 공립학교가 가지고 있는 문제점들에 관해 알고 계십니까? 나는 이 때문에 손주들을 사립학교에 보내고 있습니다."

딸의 가족에게 EOC를 제공하는 것이 이 부인에게 그다지 마음 편한 일이 아님을 짐작할 수 있었다. 진짜 문제는 사립학교에 보내는 것이 아니라 딸의 가족이 경제적으로 의존적이라는 데 있다. 이 어머니는 자신의 딸이 고소득을 올리지 못하는 남자와 결혼했다는 점이 못마땅하다. 어쩌면 딸과 손주들이 자신과 같은 중·상류층 생활을 누릴 수 없을지도 모른다는 생각이 들었다. 그래서 어머니는 딸 가족의 환경을 향상시켜 주기로 마음먹었다. 딸과 사위의 경제력으로는 살 수 없는 집을 구입할 수 있도록 어머니는 많은 돈을 대 주었다. 이 집은 부유층 지역에 있고, 그곳 주민들은 대부분 자녀를 사립학교에 보낸다. 딸이 그런 소비 지향적 거주지에서 살 수 있도록 하는 유일한 방법은 어머니가 상당한 액수의 EOC를 제공하는 것뿐이었다. 그러나 그 어머니는 그런 환경에서 사는 것이 덜 부유하게 살더라도 자급자족하는 것보다 더 많은 문제가 있다는 사실을 모르고 있었다.

메리는 우리에게 질문했던 부인의 딸과 상당히 비슷한 상황에 있다. 두 사람 모두 EOC를 제공받았고, 이를 제공한 이들은 비슷한 생각을 했던 것으로 보인다. 즉, EOC를 통해 자녀들이 안정적인 출발을 할 수 있으며, 그렇게만 되면 더 이상 금전적 지원은 필요 없을 것이라 여긴 것이다. 그러나 메리 어머니의 생각은 틀렸다. 그녀는 25년이 넘도록 특별한 형태의 EOC

를 제공해 왔지만 딸의 가족은 경제적으로 의존적이다.

라마 역시 이런 EOC의 혜택을 받아 왔다. 그는 메리와 결혼하고 난 직후에 석사 학위를 받기 위해 직장을 그만두었는데, 그의 부모가 모든 학비와 경비를 대 주었다. 이런 경우는 전혀 드물지 않다. 사실 미국 백만장자 중 32%가 성인 자녀의 대학원 학비를 지원한다.

라마가 대학원 공부를 시작하던 무렵에 그들 부부는 첫 아이를 낳았다. 메리의 어머니는 사위가 다니는 학교 근처에 있는 메리 부부의 임대 아파트가 마음에 들지 않았다. 정기적으로 사람들을 보내 청소를 시켰으나, 그래도 딸의 가족이 살기에 적합하지 못하다고 생각했다. 그래서 메리 부부가 집을 살 수 있도록 자금을 대 주었다.

라마 자신도 경제적 안정을 위해 보탬이 되고자 애썼다. 그는 파트타임으로 조교 일을 하며 대학에서 매달 몇백 달러의 급여를 받았고, 메리는 당시 일을 하지 않았다. 사실 메리는 결혼 생활 내내 전업 주부로 지내 왔다.

메리의 어머니는 메리 부부가 집을 살 때 상당액의 계약금을 지불해 주었다. 부유층 사람들 가운데 성인 자녀가 집을 구매할 때 재정적으로 보조해 주었다고 대답한 사람들은 59%였다. 메리의 어머니는 주택 융자금도 내 주었다. 우리가 인터뷰한 백만장자 중 17%가 성인 자녀의 주택 융자금을 지원했다고 대답했다([표5-1] 참조). 메리의 어머니도 처음에는 이런 자금들을 이자 없이 빌려주는 것으로 생각했다. 그러나 결국 그 돈은 사실상 돌려받지 않는 것이 관례처럼 되었다. '상환이 면제된 대부금'은 EOC 수혜자들 사이에서는 흔히 있는 일이다. 미국 부유층의 61%가 성인 자녀들에게 그런 성격의 돈을 주었다고 대답했다. 메리 부부가 좀 더 비싼 집으로 이사할 때는 어땠을까? 메리의 어머니는 다시 한번 주택 구입 자금을 대 주었다. 그리고 메리 부부가 지금 살고 있는 집으로 이사할 때 어머니는 결국 또 한번 EOC를 제공했다.

    대학원에서 거의 4년이라는 세월을 보내는 동안 라마는 2개의 학위를 받았다. 현재 라마는 대학의 행정 직원으로 있는데, 연봉이 6만 달러가 채 안 된다는 점을 감안하면 그들 부부가 가계 수지 균형을 맞추는 건 여전히 어려운 일임을 알 수 있다. 장모가 매년 1만 5,000달러의 돈을 대 주기는 하지만 라마의 소득은 중·상류층의 생활 방식을 유지하기에 충분하지 못하다. 메리와 라마의 연간 소득 6만 달러가 흥미로운 이유는 그들만 그런 상황에 있는 것이 아니라는 데 있다. 30만 달러 이상의 주택에 거주하는 미국 가구 중 약 30%는 연간 가계 소득이 6만 달러 이하다. 과연 그 이유가 이들의 독창적인 예산 운용 덕분일까? 아니면 미국에 만연해 있는 EOC 때문일까? 대부분의 경우는 EOC에 의존해서 살아가는 UAW들이 많기 때문이다.

    메리는 라마의 소득과 매년 어머니로부터 받는 돈을 합쳐도 가족에게 필요한 기본적인 물건들을 사기에 너무 벅차다고 말한다. 가장 힘든 점은 자동차 운용비인데, 그들은 고급 수입차를 소지하고 있다. 이 부부는 어떤 방법으로 고급 수입차 구입비를 예산에서 쥐어짠 걸까? 경제적인 고통을 줄이기 위해 중고차로 산 것일까? 그렇지 않다. 이 부부는 3년마다 한 번씩 새 차를 구입한다. 왜 그렇게 자주 사는 것일까? 그 이유는 메리 어머니의 사이클이 그렇기 때문이다. 즉, 거의 3년마다 한 번씩 메리의 어머니는 딸에게 자신의 포트폴리오에 있는 주식을 증여한다. 미국 부유층의 약 17%가 이런 식의 증여를 한다. 성인 수혜자 중 일부는 증여받은 주식을 보유하지만, 메리와 라마는 그렇지 않다. 이들은 즉시 주식을 팔아 새 차를 사는 것이다.

　메리의 어머니가 돌아가시면 메리와 라마에게 어떤 일이 일어나게 될까? 그것이 이 부부에게는 가장 큰 고민거리이다. 불행하게도 우리는 점쟁이가 아니라서 어머니가 딸을 위해 마련해 둔 신탁에 돈이 얼마나 들어 있는지 알 수가 없다. 메리 부부에게 행운이 있기를 빌 뿐이다. 아무리 많은 유산이 있더라도 메리와 라마 부부가 다 써 버리기까지는 그리 오래 걸리지 않을 것이다. 이들은 이미 신탁의 돈이 한꺼번에 주어질 것을 기대하고 있다. 더 큰 집과 별장, 1년 동안의 세계 여행 등이 눈앞으로 다가와 있는 듯한 것이다.

여기서 잘못된 점은 무엇인가?

　다음번 EOC는 언제쯤 받게 될까 하고 앉아서 기다리는 성인 자녀들은 대개 생산적이지 못한 사람들이다. 이런 돈은 대개가 즉시 소비해 버리거나 혹은 비현실적으로 높은 생활 수준을 유지하는 데 쓰인다. 바로 이런 일이 메리와 라마 부부에게 일어나고 있는 것이다. 이 가정의 연간 소득 6만 달러는 같은 카운티에 사는 노동자 부부가 초과 근무를 하며 벌어들이는 금액과 같다. 이 부부는 둘 다 버스 운전을 한다. 그러나 이들은 자신들이 누구인지, 그리고 자신들이 이룩한 것이 무엇인지를 좀 더 현실적으로 볼 수 있는 눈을 가지고 있다. 그러나 반대로, 메리와 라마 부부는 환상의 나라에서 살고 있다. 중·상류층의 삶을 과시하는 것은 메리 부부에게 사회경제적 목표이자 삶의 중요한 지향점이었다.

그렇다면 이것은 곧 부유층의 성인 자녀는 모두 메리 부부처럼 된다는 것을 의미할까? 절대로 그렇지 않다. 사실 통계적으로 볼 때 부유한 부모의 재산이 많을수록 그들의 성인 자녀는 경제적인 절제 성향이 강한 것으로 나타났다. 미국의 백만장자들은 보통 가정보다 자녀를 의과대학에 보낸 확률이 5배나 많았고, 법과대학에 자녀를 보낸 비율도 4배나 된다.

교육비를 지원하는 것은 자녀에게 물고기를 낚는 법을 가르치는 것과도 같다. 그러나 메리의 어머니는 딸과 사위에게 전혀 다른 방식으로 접근했다. 그들에게 소비하는 법을 가르쳤고, 자신은 마치 '<u>물고기를 나눠주는 기계</u>'처럼 여겨지게 만들었다. 물론 EOC에는 여러 형태가 있으며, 어떤 형태는 수혜자의 생산성에 긍정적인 영향을 미치기도 한다. 이런 종류의 EOC 중에 자녀의 교육비 보조가 있다. 그러나 좀 더 중요한 것은 자녀들이 사업을 시작하거나 확장시킬 수 있도록 EOC를 제공하는 것이다. 자수성가한 백만장자나 기업가 중 많은 이가 이 사실을 직관적으로 알고 있다. 메리의 어머니와는 달리 이들은 자손들에게 비상장 주식을 주는 것이 더 좋다고 생각한다. 왜냐하면 비상장 주식은 새로운 고급 수입차를 살 목적으로 쉽사리 매각할 수 없기 때문이다.

반대로, 소비와 특정 생활 방식을 유지하기 위해 제공되는 EOC는 어떤 영향을 미치게 될까? 우리는 그런 EOC 제공이 부유층 성인 자녀들의 생산성 결여를 설명하는 가장 중요한 요소라는 사실을 알아냈다. 그런 '<u>임시적인 EOC</u>'는 수혜자의 사고방식에 영향을 미치게 되는 경우가 많다. 소비를 목적으로 제공되는 돈은 수혜자의 모험심과 생산성을 약화시키며, 쉽게 습관으로 굳어진다. 그렇게 되면 수혜자는 평생 그런 지원에 의존하게 될 수밖에 없다.

많은 성인의 '**보조받는 생활 방식**'은 또 다른 결과를 낳는다. 이웃들은 메리와 라마가 살아가는 방식을 지켜보고 있다. 그들은 어떤 결론을 내릴까? 대부분 과소비를 긍정적인 생활 방식으로 생각하게 된다. 예를 들어, 여러 해 동안 메리와 라마는 간간이 그 지역 '환영위원회' 회원으로 일했고, 자녀들이 다니던 사립학교에서 기금 모금 활동도 하고 있다. 메리와 라마는 새로 이사 온 이웃에게 뭐라고 말할까? 최근에 유능하고 적극적인 영업부장 겸 부사장이라는 사람이 가족과 함께 이 동네로 이사를 왔다. 그는 당시 겨우 35세의 나이였지만, 라마보다 3배나 많은 소득을 올리고 있었다. 그들 부부에게는 학교에 다니는 아이가 셋 있었다.

새로운 이웃을 맞이한 지 10분도 지나지 않아 라마는 자신의 주장을 펼치기 시작했다. 라마는 새로 온 부부에게 그 지역 공립학교가 형편없다고 말하며, 그 해결책인 사립학교의 여러 가지 장점에 관해 장황하게 설명하기 시작했다. 새로 이사 온 사람들은 열심히 경청했다. 그런 다음 수업료를 물었다. 라마는 그 학교의 여러 가지 장점에 비하면 비용은 중요하지 않다고 주장하면서, 사립학교의 연간 수업료는 겨우 9,000달러밖에 안 된다고 말했다. 라마는 새로 이사 오는 모든 이웃에게 똑같은 말을 해준다. 훌륭한 교육에 비하면 9,000달러는 아주 싼 비용이라고 말이다. 물론 라마는 그 학교를 매우 좋아한다. 라마가 아이들을 그 학교에 보내는 것은 정말이지 '식은 죽 먹기'이다. 메리의 어머니가 수업료를 전부 지불해 주고 있기 때문이다.

나중에 그 영업부장 부부는 그 지역 공립학교 시스템에 관해 좀 더 조사해 보고는 라마가 이야기했던 것보다 학문적으로 훨씬 훌륭하다는 사실을 알아냈다. 이들은 자녀 셋을 모두 공립학교에 보내기로 마음먹었다. 그곳에서 제공하는 양질의 교육이 마음에 들었던 것이다.

사립학교 교육, 고급 자동차, 외국 여행, 멋진 주택에 당신은 어떤 가치를 두고 있는가? 이런 상품과 서비스의 가격에 대해 당신은 어느 정도로 민감한가? 라마는 이런 비싼 가격에 대해 매우 무감각하다. 그 영업부장은 정반대이다. 라마는 자신의 돈보다 남의 돈이 훨씬 쓰기 쉽다는 것을 알고 있다. 반대로 영업부장은 대학 학비 일부를 제외하고는 결코 EOC를 받아 본 적이 없다. 그는 현재 완전히 자립적인 생활을 하고 있다. 왜 그럴까? 소비를 위한 EOC를 전혀 받지 않고 있기 때문이다. 그는 열심히 일하고 현명한 투자를 함으로써 생산성을 높이는 데 대부분의 시간을 보낸다. 반대로, 라마와 메리는 EOC를 좀 더 많이 받기를 기대하면서 대부분의 시간을 소비를 하며 보낸다.

가장 중요한 문제

'내가 성인이 된 아이들에게 EOC를 제공하는 건 그 아이들을 망치게 하는 걸까?'라는 의문이 생길 것이다. EOC가 부유층 성인 자녀들에게 어떤 영향을 미치는가에 대해서는 아마도 한 챕터에서 다 설명할 수 없을 것이다. 그리고 여기에서 중요한 점은, 그런 혜택을 받는 사람들이라고 해서 언론에서 자주 보도되는 것처럼 **'무직의 낙오자'**는 아니라는 사실이다. 사실 이들은 고등 교육을 받고 존경받는 직업을 가지고 있는 경우가 많다. 부유층 성인 자녀들의 상위 10개 직업은 다음과 같다.

1. 기업 간부

2. 기업가

3. 중간 관리자

4. 의사

5. 광고·마케팅·판매직 사원

6. 변호사

7. 엔지니어·건축가·과학자

8. 회계사

9. 대학교수

10. 초·중·고 교사

그럼에도 불구하고 EOC를 받는 성인 자녀들은 그렇지 않은 사람들과 비교해 차이가 있다는 점을 부인할 수 없다. EOC를 받는 성인 자녀들의 재산 및 소득 특징을 그렇지 않은 사람들과 비교해 보자. 나이는 재산이나 연간 가계 소득과 밀접한 연관성이 있으므로 두 집단의 비교에 나이라는 상수를 집어넣는 것이 중요하다. 또한 위에서 말한 10가지 직업군 내에서 이 두 집단을 비교하는 것이 유용하다. 왜냐하면 각 직업군에 따라 각기 다른 소득 및 순자산을 갖게 되기 때문이다.

40대 초에서 50대 중반 사이의 EOC 수혜자들과 비수혜자들을 살펴보자. [표5-2]에 있는 수치들을 비교해 보라.

10개의 직업 카테고리 중 8개에서 EOC 수혜자들의 순자산이 비수혜자들보다 적다는 점에 주목해야 한다. 예를 들어, 50세 정도의 EOC 수혜자인

[표 5-2] EOC 수혜자의 비수혜자 대비 재산 비율

직업	가계 순자산(%)	순위	연간 가계 소득(%)	순위
회계사	57[1]	10	78[2]	7
변호사	62	9	77	8
광고·마케팅·판매직 사원	63	8	104	1
기업가	64	7	94	2
기업 간부	65	6	79	6
엔지니어·건축가·과학자	76	5	74	10
의사	88	4	75	9
중간 관리자	91	3	80	5
대학교수	128	2	88	4
초·중·고 교사	185	1	92	3
전체	81.1	-	91.1	-

주 1) 예를 들어, 부모에게 EOC를 받는 회계사 가정은 아무것도 받지 않는 회계사 가정과 비교했을 때 재산이 57%밖에 안 된다는 것이다.

주 2) 예를 들어, 부모에게 EOC를 받는 회계사 가정은 아무것도 받지 않는 회계사 가정과 비교했을 때 소득이 78%밖에 안 된다는 것이다.

회계사는 같은 나이의 비수혜자 회계사와 비교했을 때 재산이 평균 57%밖에 안 된다. 그리고 EOC 수혜자인 회계사는 비수혜자 회계사와 비교했을 때 연간 소득이 78% 수준밖에 안 된다.

EOC를 받는 회계사의 연간 소득을 계산할 때, EOC는 포함시키지 않는다는 점에 주목하라. 이런 종류의 비과세 증여는 수혜자들의 소득을 증가시킨다. 따라서 평균적으로 수혜자들의 연간 평균 소득은 비수혜자들의 약 98%에 해당된다. 그럼에도 불구하고 이들의 순자산은 비수혜자들의 57% 수준밖에 안 된다.

수혜자들 가운데 회계사만이 같은 직업군의 비수혜자에 비해 소득과 순

자산이 더 낮은 것은 아니다. [표5-2]를 보면 다른 7개의 직업 카테고리에서도 비수혜자에 비해 수혜자의 순자산 수준이 낮다. 비수혜자의 재산을 100%로 보았을 때 수혜자인 변호사의 순자산은 62%, 광고·마케팅·판매직 사원은 63%, 기업가는 64%, 기업 간부는 65%, 엔지니어·건축가·과학자는 76%, 의사는 88%, 중간 관리자는 91%밖에 안 된다.

10개 직업군 가운데 2개 직업군 수혜자들만이 비수혜사에 비해 재산 수준이 높았다. 초·중·고 교사들의 경우 수혜자들의 소득이 비수혜자보다 적은데도 순자산은 더 많았다. 수혜자 교사는 비수혜자에 비해 순자산이 평균 185%였다. 그러나 소득은 92% 수준이었다. 대학교수의 경우 수혜자는 비수혜자와 비교해 순자산은 128% 수준, 소득은 88% 수준이었다. 부유층 부모들은 교사와 교수 직업을 가진 EOC 수혜자들에게 배울 점이 많다. 수혜자인 교사와 교수들은 나머지 8개의 직업군에 비해 재산 축적 성향이 훨씬 높다. 이것을 어떻게 설명할 수 있을까? 이를 위해서는 우선 대부분의 수혜자가 비수혜자들에 비해 재산 축적 성향이 낮은 이유부터 설명하는 것이 중요하다.

1. EOC 제공은 저축과 투자보다는 소비를 부추긴다

예를 들어, 부유층 부모는 대개 자녀들이 집을 살 때 자금을 보조해 준다. 아마도 자녀의 원활한 출발을 도우려는 의도일 것이다. 이런 부모들은 EOC가 일생에 단 한 번 있는 일이라고 생각하며, 어떤 부모들은 자녀에게 필요한 마지막 돈이 될 것으로 생각했다고 한다. 이런 부모들은 혜택을 받은 자녀들이 가까운 장래에 자립할 수 있을 것이라고 생각한다. 그러나 거의 절반은 잘못된 생각이다.

EOC 수혜자들은 대부분 소득 창출에 자신의 능력을 다 발휘하지 못하기 때문에 소득이 소비 수준을 따라가지 못한다. 비싼 주택은 대개 과소비 성향이 강한 지역에 위치한다는 점을 기억하기 바란다. 그런 동네에서 생활하려면 주택 융자금을 갚을 능력만 필요한 것이 아니다. 여기에 맞추어 살아가려면 옷, 조경, 주택의 유지 보수, 자동차, 가구 등도 비슷한 수준으로 맞추어야 한다.

<u>따라서 전부이건 일부이건 간에 주택 계약금을 부모가 대신 갚아 주는 것은 자녀를 소비의 쳇바퀴 속으로 집어넣는 것이며, 결과적으로 EOC 의 존자가 되도록 만드는 것이다.</u> 그러나 이런 수혜자의 이웃들은 대부분 부모로부터 EOC를 받지 않는다. 이들은 자신의 생활 방식에 대해 수혜자들보다 더 만족감을 느끼고, 자신감을 갖는다. 하지만 그런 상황에 있는 많은 수혜자는 지속적인 EOC를 필요로 하게 된다. 이들의 성향은 단순한 경제적 성취로부터 추가적인 EOC의 갈망 쪽으로 급격히 바뀌기도 한다. 자신의 능력을 다 발휘하지 못해 소득이 적은 계층 사람들은 재산 축적이 거의 불가능하다고 생각하게 된다.

주택 계약금을 내주는 것이 소비를 부추기는 유일한 형태의 EOC는 아니다. 예를 들어 보자. 부유층 부모가 아들인 빌과 며느리인 헬렌에게 수공예 매듭이 수백만 개나 되는 9,000달러짜리 융단을 주었다. 빌은 토목 기사로서, 연간 소득이 5만 5,000달러가 채 안 된다. 빌의 부모는 우수한 대학에서 석사 학위까지 받은 아들이 그 수준에 맞는 생활과 위엄을 유지할 수 있도록 도와주어야 한다고 생각한다. 물론 그 고급 융단은 싸구려 가구와 조

명 시설로 채워진 방에는 어울리지 않는다. 그래서 빌과 헬렌 부부는 호두나무로 만든 주방 가구와 크리스털 샹들리에, 은 식기, 비싼 조명 기구 등을 사야 한다고 생각했다. 결국 9,000달러짜리 선물은 그에 걸맞은 다른 비싼 물건들을 사는 데 거의 비슷한 액수를 소비하도록 만들었다.

얼마 후 빌은 어머니에게 그 지역 공립학교가 자신이 다닐 때만큼 질이 좋지 못하다고 말했다. 빌의 어머니는 손주의 사립학교 학비를 내주겠다고 나섰다. 물론 아이들을 공립학교 대신 사립학교에 보내는 것은 빌과 헬렌의 결정에 달려 있었다. 빌의 어머니는 학비의 2/3를 지불했고, 빌과 헬렌이 나머지 1/3을 냈다. 이 경우에 1만 2,000달러의 EOC가 결국 빌과 헬렌에게 연간 6,000달러를 더 지출하게 만든 셈이다.

게다가 빌과 헬렌은 아이들을 사립학교에 보낼 때 드는 추가 비용을 생각하지 못했다. 예를 들어, 수업료 외에 여러 가지 기부금 요청이 있었다. 이 부부는 학교의 카풀에 참여하려면 7인승 스테이션 왜건을 사야 한다고 생각했다. 교재와 기타 비용도 비쌌다. 그리고 아이들은 이제 공립학교에 다닐 때보다 한층 소비성이 강한 아이들과 부모들에게 노출되어 있다. 사실 빌의 아이들은 이번 여름에 유럽으로 여행 가기로 되어 있다. 이 일정은 교육 및 사회화 과정의 일부였다. EOC 수혜자들은 비수혜자들보다 아이들을 사립학교에 보내는 비율이 훨씬 더 높다. 전체적으로 보았을 때 사립학교에는 비수혜자 가정의 아이들이 더 많지만, 그것은 비수혜자의 인구가 수혜자에 비해 훨씬 더 많기 때문이다.

2. EOC 수혜자들은 대체로 자신의 재산과 부모의 재산을 명확히 구분하지 못한다

이 문제를 가장 잘 설명한 사람은 자산 관리 전문가인 토니 몽타주일 것이다. 그는 이렇게 말했다.

"부유층 성인 자녀들인 EOC 수혜자들은 부모의 재산을 자신의 소득이라고 생각하며, 게다가 소비해야 할 소득이라고 생각한다."

대부분의 EOC 수혜자들이 자신을 재정적으로 부유하다고 생각하는 중요한 이유 중 하나는 부모로부터 받는 보조금 때문이다. 재정적으로 부유하다고 생각하는 사람들은 소비지향적이다. 사실 통계에 따르면 이들은 자신을 비수혜자인 진짜 부자들만큼 부자라고 생각하는 경향이 있다. 이들은 비수혜자 소득의 91%를 벌고, 그들 재산과 비교해 81%밖에 가지고 있지 못한데도 그렇게 생각하는 것이다.

이 문제를 EOC 수혜자의 입장에서 생각해 보자. 윌리엄은 성인이 되고 난 후 부모로부터 매년 1만 달러의 비과세 증여를 받고 있다. 윌리엄은 현재 48세이다. 1만 달러의 비과세 소득을 얻으려면 얼마의 자본금이 필요할까? 수익률을 8%로 가정하면, 12만 5,000달러의 자본금이 있어야 한다. 이 금액을 윌리엄의 실제 순자산에 더해 보면, 그는 자신이 실제로 가진 것보다 12만 5,000달러 더 많은 자산을 보유하고 있다고 여긴다는 결론에 도달할 수 있다.

이런 비유를 생각해 보자. 8살짜리 아이가 부모의 집 앞마당에 서 있다. 만일 낯선 당신이 집안으로 들어가려 하면 아이는 "들어오지 마세요. 이건 내 집이에요."라고 말할 것이다. 아이는 부모의 집을 자신의 집이라고 생각한다. 8살의 나이라면 그 말이 맞을 수도 있다. 어쨌든 그 아이는 그 집에 사는 아이이기 때문이다. 그러나 그런 아이들은 나이가 들면서 대부분 부모로부터 적절한 사회화 교육을 받게 되고, 독립적인 성인이 된다. 무엇이 자신의 것이고, 무엇이 남의 것인지를 쉽게 구별할 수 있는 성인이 되는 것이다. 부모는 아이들에게 독립심을 가르친다.

불행하게도 성인 자녀들이 심리적으로나 경제적으로 부모로부터 독립하는 것이 중요하다는 점을 배우지 못하는 경우가 점점 더 많아지고 있다. 몇몇 부모가 자신의 아들이 독립적인지 아닌지를 알아보기 위해 실험을 했다. 어떤 방법이었을까? 그들은 '몽타주 효과Montage Effect'를 실험의 토대로 삼았다.

추수 감사절 저녁 식사를 마치고 난 후, 제임스의 부모는 제임스에게 자신들의 상업용 부동산 가운데 일부를 그 지역 사립대학에 기증하기로 결심했다고 말했다. 아버지는 아들에게 "대학에서 그 기부금을 정말 유용하게 사용할 것이라는 점을 네가 이해하리라 생각한다."라고 말했다. 제임스의 반응을 신문의 헤드라인으로 쓴다면 아마도 다음과 같았을 것이다.

'말도 안돼요! 그건 내 땅이기도 해요. 그 대학 사람들은 우리 마당에 들어올 수 없다고요!'

제임스의 반응은 예상했던 대로였다. 그는 성인이 된 후 내내 부모로부터 상당한 액수의 EOC를 받아 왔다. 제임스는 자신의 연간 소비를 충당하기 위해 매년 자신이 벌어들이는 소득의 약 20%에 해당하는 금액을 EOC로 받아야 한다.

자산을 대학에 기증하겠다는 부모의 아이디어가 제임스에게는 자신의 미래 소득에 대한 위협으로 들렸던 것이다.

다른 많은 수혜자와 마찬가지로 제임스는 자신을 자수성가한 사람으로 착각하고 있다. 실제로 부모로부터 상당액의 EOC를 정기적으로 받는 성인 자녀 가운데 2/3 정도가 자신을 '자수성가한 인물'에 속한다고 생각한다. 이런 사람들이 우리와의 인터뷰에서 "우리가 가지고 있는 재산은 한 푼, 한 푼이 모두 우리가 벌어들인 돈입니다."라고 말해 놀라지 않을 수 없었다.

3. EOC 수혜자는 비수혜자보다 신용 카드 의존도가 훨씬 높다

EOC를 정기적으로 받는 사람들은 그런 경제적 지원을 받을 수 있음에 대해 진심으로 다행스럽게 여긴다. 이런 종류의 행복감은 돈의 소비 욕구와 관계가 있다. 그러나 소비에 쓸 많은 돈이 당장 손안에 있는 것은 아니다. 그런 돈은 앞으로 받게 될 EOC인 것이다. 그렇다면 EOC 수혜자들은 이런 딜레마에 어떻게 반응할까? 이들은 신용 카드라는 방법으로 현금 흐름 문제를 해결한다. 무엇 때문에 무지개가 걷힌 다음에 올 횡재를 기다린단 말인가? EOC 수혜자들은 결국은 자신에게 오게 될 엄청난 유산을 기대하며 살아갈 확률이 비수혜자들보다 높다.

EOC 수혜자들은 비수혜자들과 비교해 연간 가계 소득은 약 91%, 순자산은 81%밖에 안 되지만, 신용 카드 의존도는 훨씬 높다. 여기에서의 신용 카드는 투자를 위한 것이 아니라 소비를 위한 것이다. 반대로, EOC를 받지 않는 사람들은 수혜자들에 비해 투자 목적으로 돈을 빌리는 경우가 많다. 투자의 경우를 제외하면 거의 모든 종류의 상품과 서비스 카테고리에서 수혜자들의 신용 카드 사용 정도가 비수혜자들을 능가한다. 신용 카드를 사용하는 빈도뿐만 아니라 대출 원금에 대한 이자 지불액 면에도 마찬가지이다. 또한 개인 대출금뿐만 아니라 신용 카드 미납분에서도 같은 결과이다. EOC 수혜자들과 비수혜자들은 주택 융자금 서비스를 이용하는 면이나 그런 목적으로 돈을 할당하는 면에서 그다지 큰 차이를 보이지는 않는다. 그러나 EOC 수혜자 가운데 상당 비율은 집을 살 때 많은 액수의 계약금을 부모로부터 제공받는다.

4. EOC 수혜자의 투자액은 비수혜자보다 훨씬 적다

우리 조사에 따르면 EOC 수혜자들은 비수혜자들과 비교해 연간 65% 미만을 투자하는 것으로 나타났다. 이 수치도 줄잡아 평가한 것이다. 왜냐하면 신용 카드를 많이 이용하는 대부분과 마찬가지로 EOC 수혜자들 역시 자신이 투자한 돈의 액수를 과장되게 말한다. 예를 들어, EOC 수혜자들은 소비와 투자 습관을 계산할 때 신용 카드 구매를 잊어버리고 계산에 넣지 않는 경우가 많다.

이 규칙에도 예외는 있다. 수혜자인 교사와 교수는 비수혜자들만큼, 또는 그보다 더 검소한 생활을 하는 것 같다. 이들은 EOC로 받은 돈을 저축하고 투자하는 경향이 다른 직업군에 속한 수혜자들보다 훨씬 강하다. 교사와 교수들이 역할 모델이 되어야 한다는 문제는 이 챕터의 뒷부분에서 좀 더 충분히 논의하기로 하겠다.

우리가 지금까지 확인했던 바와 같이 EOC 수혜자들은 과소비와 신용카드에 의존하는 성향이 강하다. 이들은 비슷한 소득 수준의 다른 사람들보다 훨씬 더 사치스럽게 산다. 이 때문에 사람들은 EOC 수혜자들이 자신의 욕구에만 신경을 쓴다고 잘못 생각하는 경우가 많은데, 그렇지는 않다. 수혜자들은 대개 같은 소득 수준에 속하는 다른 사람들보다 자선 단체에 돈을 기부하는 비율이 훨씬 더 높다. 예를 들어, 1년에 10만 달러 정도의 가계 소득을 올리는 수혜자라면 보통 연간 소득의 6%에 조금 못 미치는 금액을 자선 목적으로 내놓는다. 같은 소득 수준의 일반인들은 겨우 3% 정도를 내놓는 것과는 차이가 있다. 위의 수혜자들은 자선 기금으로 소득의 약 6%, 즉 연간 소득이 20만 달러에서 40만 달러에 속하는 가구와 같은 비율로 내고 있는 것이다.

그 목적이 자선을 위한 것이든 다른 것이든, EOC 수혜자들은 어쨌든 더 많은 소비를 하므로 투자할 돈이 훨씬 적은 것이다. 투자할 돈이 거의 없거나 전혀 없다면 투자 기회에 관해 아무리 자세히 들은들 무슨 소용이 있겠는가? 최근 자신이 이런 상황에 처해 있음을 깨닫게 된 젊은 경영학 교수가 있다. EOC 수혜자인 이 교수는 평생 교육 프로그램에서 투자에 관한 강의를 맡아 달라는 요청을 받았다. 강의를 듣는 사람 중에는 교육 수준이 높은 고소득층 사람들도 있었다. 이 교수는 투자 정보를 얻는 방법과 다양한 상장 회사들의 주식을 평가하는 방법 등 여러 가지 주제에 관해 강의했다. 교수는 청중에게 매우 좋은 평가를 받았다. 그는 재정 부문을 집중 연구하여 경영학 박사 학위를 받은 사람이었다. 그러나 강의가 끝나 갈 무렵, 청중 가운데 어떤 신사가 교수에게 간단한 질문을 했다.

"교수님, 교수님의 개인 포트폴리오에 관해 질문해도 되겠습니까? 교수님은 어디에 투자하시지요?"

교수의 대답은 강의를 듣던 대부분을 놀라게 했다.

"현재로서는 투자 자산이 별로 많지 않습니다. 주택 융자금을 두 가지나 내고 있고, 자동차 관련 대출금에다가 아이들 학비까지 내야 하기 때문에…."

나중에 어떤 청중이 우리에게 이런 말을 했다.

"여성에게 '매력적으로 보이는 화술 100가지'에 관해 책을 쓴 작가가 결국 본인은 멋진 여성을 단 한 명도 만나지 못하는 것과 마찬가지 아닌가요?"

UAW인 EOC 수혜자의 재정 고문들은 왜 그들에게 검소함을 강조하지 않는 것일까? 대부분의 재정 고문은 시야가 좁기 때문일 것이다. 그들은 투자 상품과 투자 조언을 팔아 생계를 유지하는 사람들이다. 때문에 그들은 근검절약과 예산을 가르치지 않는다. 재정 고문 중에는 고객의 생활 방식이 너무 사치스러움을 일깨워 주는 것은 매우 힘든 일이며, 심지어는 상대를 깎아내리는 일이라고까지 생각하는 경우가 많다.

솔직히 말하자면, 고소득층 사람들은 물론, 그들의 재정 고문들조차도 특정 소득과 나이를 기준으로 어느 정도의 순자산을 가지고 있어야 하는지를 모르고 있다. 게다가 자신의 고객이 매년 상당 액수의 EOC를 받고 있다는 사실을 모르는 재정 고문들도 많다. 단지 고객의 소득에만 의존해서 재정 고문들은 이렇게 말한다.

> "빌, 당신은 나이가 44세이고 연간 소득이 7만 달러인 사람치고는 재정 관리를 아주 잘하고 있는 겁니다. 멋진 주택, 보트, 비싼 수입 자동차, 기부금, 투자 자산 면에서 당신은 매우 양호합니다."

빌이 부모로부터 매년 2만 달러의 비과세 EOC를 받는다는 사실을 알고도 재정 고문은 같은 생각을 했을까?

이 책 내내 강조해 왔던 점을 여기서 다시 한번 강조하고자 한다. 부유층 성인 자녀가 모두 UAW가 되는 것은 아니다. UAW가 되는 사람들은 부모로부터 생활 수준을 상당 부문 보조받는 경향이 있는 사람들이다. 그러나 부유층의 다른 많은 자녀는 PAW가 된다. <u>부모가 검소하고 절제하며, 자녀에게 독립심뿐만 아니라 검소와 절제의 가치관을 심어 줄 때 자녀들은 PAW가 되는 것이다.</u>

대중 매체에서는 전혀 다른 내용을 보도하는 경우가 많다. 그들은 '에이브러햄 링컨'의 이야기를 자주 다루며, 노동자 계층에서 태어난 아이가 크게 성공하는 경우를 극적으로 묘사한다. 그러면서 가난으로부터 얻은 교훈이 미국에서 백만장자가 되는 전제 조건이 된다는 일화적인 증거를 제시한다. 그것이 사실이라면 오늘날 미국에는 백만장자 가구가 3,500만은 될 것이다. 그러나 우리가 알고 있듯이 백만장자 가구는 그 1/10밖에 안 되는 350

만에 불과하다.

대부분의 백만장자는 부모가 백만장자가 아니었다. 왜냐하면 백만장자가 아닌 인구가 백만장자보다 30배 이상 많기 때문이다. 겨우 1세대 전만해도 그 수치는 70배 이상이었다. 백만장자가 아닌 인구가 엄청나게 많다는 사실은 대부분의 백만장자가 일반 가정 출신인 이유와 큰 관계가 있다. 확률적으로 백만장자가 백만장자 자녀를 둘 확률이 더 높다. 따라서 백만장자가 아닌 부모의 자녀는 백만장자가 될 확률이 상대적으로 낮은 것이다.

＼ 사례 연구: 교사와 변호사

헨리와 조쉬는 형제이다. 그러나 부모가 같다고 해서 이 두 사람의 성격도 같은 건 아니다. 헨리는 48세이고, 조쉬는 46세이다. 헨리는 고등학교 수학 교사이고, 조쉬는 변호사이자 상당한 규모의 법률 회사 파트너이다.

이 형제는 하청 업체를 성공적으로 운영하여 백만장자가 된 벌과 수잔 부부의 6남매 중 형제로 태어났다. 벌과 수잔 부부는 자녀들에게 늘 관대했다. 이들은 매년 헨리와 조쉬를 비롯한 아이들에게 현금 1만 달러씩을 주고 있다. 이런 EOC는 자녀가 성인이 된 후에도 중단되지 않았다. 벌과 수잔 부부는 그렇게 EOC를 제공함으로써 재산 규모를 줄일 수 있으며, 그러면 자녀들이 언젠가 부담해야 할 상속세도 줄어들 것으로 생각했다.

벌과 수잔 부부는 또한 성인 자녀들이 인생을 순조롭게 시작하도록 도와주고 싶었다. 이 부부는 자녀에게 재정적 도움을 주면 결국에는 경제적 자립을 하게 될 것으로 생각했던 것이다. 그리고 벌과 수잔은 항상 자녀들에게 재산을 분배하는 데 있어 민주적이었다. 성인 자녀들은 매년 같은 금액의 돈을 받았다. 그리고 처음으로 집을 구입할 때 대략 같은 액수의 도움을 받았다.

그런 가정의 자녀들이라면 아마도 재정적 자립이 가능할 것으로 생각할 수도 있을 것이다. 벌과 수잔도 그렇게 생각했던 것이 틀림없다. 이 부부는 늘 대학에 다니고 부모에게 EOC를 받았더라면 더 크게 성공할 수도 있었을 것이라고 생각했다. 그러나 양가 부모 모두 가난했다. 벌과 수잔은 부모들에게 돈이 아닌 다른 중요한 것을 받았기 때문에 성공할 수 있었다. 두 사람은 모두 절제와 규율이 있는 집안에서 자랐다. 하지만 절제와 규율만 교육받은 것이 아니었다. 스스로 역경을 헤쳐 나가는 방법을 배웠기 때문에 오늘날과 같이 백만장자로 성공할 수 있었던 것이다. 하청 업체를 운영하면서 겪은 힘든 시간들이 나약하고 비생산적인 면들을 몰아냈다. 벌과 수잔은 결코 나약하지 않았으며, 항상 저비용과 높은 생산성으로 사업체를 운영해왔다. 이런 점들이 그들의 사업과 가정에 모두 적용되었다.

경제적으로 성공을 거둔 뒤에도 이 부부는 결코 고급 자동차를 사지 않는다. 스키를 타러 가지도, 해외여행을 하지도 않는다. 컨트리클럽에 가입한 적도 없다. 그러나 어쨌든 이 부부는 만일 자녀가 대학을 졸업하고, 해외여행을 하고, 상류층 사람들과 어울린다면 더욱 현명해져서 부모보다 더 많은 재산을 축적하게 될 것이라고 생각했다.

벌과 수잔의 생각은 잘못된 것이었다. 부유층 자녀들이라고 해서 자동적으로 부모만큼 재산을 모을 수 있는 것은 아니다. 헨리나 조쉬 같은 사람들이 결코 부모보다 못하다는 뜻이 아니다. 일부는 부모보다 더 많은 재산을 모으기도 한다. 그러나 그런 사람들은 부유층 자녀 가운데 소수에 불과하다. 현재의 달러화를 기준으로 보았을 때, 부유층 자녀가 평생 100만 달러 이상의 부를 축적할 가능성은 5명 중 1명이고, 부모가 백만장자가 아닌 보통 사람들은 30명 중 1명에게만 그럴 가능성이 있다.

벌과 수잔 부부의 자녀 중 현재 백만장자가 된 사람이 하나라도 있을까? 없다. 그러나 한 사람은 순자산 면에서 곧 백만장자 대열에 들어서게 될 것이다. 그 사람이 헨리일까, 조쉬일까? 아니면 다른 자녀일까? 벌과 수잔의 다른 자녀들은 헨리와 조쉬보다 훨씬 어리다. 나이는 분명 재산 축적과 상관관계가 있기 때문에 젊은 사람들이 그렇게 많은 돈을 모으지는 못했을 것이다. 또한 나머지 4명의 자녀들은 두 형들만큼 오랫동안 부모로부터 EOC를 받아 온 것도 아니다.

많은 사람이 헨리보다 조쉬가 먼저 백만장자가 될 것으로 생각할 것이다. 그럴 수 있다. 변호사는 대개 고등학교 교사보다 소득 수준이 훨씬 높기 때문이다. 다시 한번 말하지만, 소득은 재산 축적과 밀접한 상관관계가 있다. 작년에 헨리의 총 가계 소득은 부모로부터 받은 현금 증여를 제외하고 7만 1,000달러였다. 조쉬의 소득은 12만 3,000달러였다. 따라서 사람들은 조쉬가 더 많은 재산을 모았을 것이라고 생각하기 쉽다. 조쉬의 소득은 헨리의 2배 가까이 되기 때문이다. 그러나 그렇게 예상한 사람들은 재산 축적의 다음과 같은 기본 법칙을 간과한 것이다.

'소득이 얼마이건 항상 자기 소득보다 검소하게 살아야 한다.'

헨리는 훨씬 적은 봉급을 받지만 자신의 소득 수준보다 검소하게 생활한다. 반면에, 조쉬는 자신의 소득보다 훨씬 사치스럽게 산다. 사실 조쉬는 가계의 수지 균형을 맞추기 위해 부모로부터 받는 1만 달러에 의존하고 있다. 그 1만 달러를 12만 3,000달러의 소득과 합치면 조쉬는 미국의 전체 가계 소득 수준 가운데 상위 4%에 든다. 미국 가구의 약 3.5% 정도가 100만 달러 이상의 재산을 가지고 있다는 점을 생각해 볼 때, 조쉬는 아무리 좋게 평가해도 그에 훨씬 못 미치는 재산을 가지고 있다. 조쉬의 순자산은 주택과 법률 회사 파트너로서 가지고 있는 지분, 그리고 연금과 기타 자산을 모두 합쳐서 55만 3,000달러이다.

헨리의 경우는 어떨까? 훨씬 적은 소득에도 불구하고 헨리는 훨씬 더 많은 재산을 축적했다. 헨리의 재산은 줄잡아 83만 4,000달러나 된다. 어떻게 교사인 헨리는 소득이 거의 2배나 되는 변호사 조쉬보다 훨씬 더 많은 재산을 모을 수 있었을까?

간단히 말해서, 헨리 부부는 검소하지만 조쉬 부부는 과소비 생활을 한다. 이런 차이는 대부분 그들 각자가 처한 위치와 관계가 있다. 우리는 '교사'라는 직업군이 검소하다는 사실을 알고 있다. 게다가 부모로부터 EOC를 받는 변호사들은 EOC를 받지 않는 변호사들보다 돈을 더 많이 쓰고, 저축과 투자는 더 적게 한다. 앞에서 이야기했던 것처럼 EOC 수혜자인 변호사들은 같은 연령대의 비수혜자 변호사들과 비교해 재산은 겨우 62%, 소득은 77% 수준밖에 안 된다([표5-2] 참조).

EOC 수혜자인 교사들은 재산 축적과 소득 면에서 어떤 위치에 있을까?

수혜자 교사 가정은 같은 직업과 나이의 카테고리에 속한 비수혜자 가정과 비교했을 때 순자산은 185%이고, 연간 가계 소득은 92%이다(［표5-2］ 참조).

수혜자 교사들은 비수혜자 교사들에 비해 사립학교에 근무하는 경우가 많다. 사립학교는 공립학교보다 월급이 적다. 아마도 벌과 수잔 같은 많은 부유층이 성인 자녀들에게 EOC를 제공함으로써 사립학교 학비를 보조하고 있는 셈인지도 모르겠다. 즉, 헨리 같은 사람들이 적은 월급을 받고도 기꺼이 사립학교에 남아 있도록 했다는 얘기이다. 헨리는 EOC를 받고 있으므로 몇천 달러를 더 받기 위해 공립학교에서 근무할 필요는 없다고 생각하는지도 모른다. 헨리는 비록 사립학교에서 교편을 잡고 있지만 자신의 4년 된 혼다 어코드와 아내의 미니밴에 매우 만족하고 있다.

이와는 반대로 조쉬는 전혀 다른 환경에 놓여 있다. 사실 그의 사무실 단지 주차장에는 고급 수입 세단과 스포츠카가 가득하다. 조쉬는 회사에서 신사업 개발을 맡고 있으며, 4년된 혼다를 타고 싶어도 고객 유치를 위해 탈 수가 없는 입장이다. 혼다를 타고 다닌다면 그의 모습이 고객들에게 그다지 좋지 않은 인상을 줄지도 모를 일이다.

조쉬 부부는 최신형 자동차를 3대 가지고 있다. BMW 7 시리즈와 리스한 7인승 볼보, 도요타 수프이다. 조쉬는 자기보다 훨씬 소득이 많은 사람과 동일하게, 헨리와 비교해 3배나 많은 돈을 자동차에 지출하고 있다.

조쉬는 또한 주택 융자 할부금으로 헨리의 거의 2배나 되는 돈을 지출하고 있다. 조쉬는 소위 상류층 지역에 있는 크고 사치스러운 집에 살고 있으며, 헨리는 중류층 지역의 수수한 집에 살고 있다. 헨리의 이웃은 교사, 중간 관리자, 공무원, 매장 관리인 등의 직업을 가지고 있다. 헨리 가족은 이 동네에서 아주 잘 어울려 살고 있다. 이들의 소비 습관은 전형적인 중류층에 속한다. 헨리 가정은 평범한 이웃들보다 재산이 4배 내지 5배나 더 많은데도 이들과 비슷한 생활을 하고 있는 것이다.

조쉬의 이웃들은 어떨까? 시골에 있는 스키장 근처에 공동 소유의 콘도도 가지고 있지만 조쉬가 주로 거주하는 곳은 상류층 지역이다. 그의 이웃은 고소득을 올리는 의사, 기업 고위 간부, 유능한 판매직 및 마케팅 전문가, 변호사, 부유한 기업가 등이다. 조쉬는 이런 환경에서 사는 것이 만족스럽고, 동료나 고객들과 어울리기에도 이상적이라고 생각한다. 그러나 그가 간과하고 있는 중요한 사실이 있다. 그의 소득은 이웃들과 비교해 적지 않지만, 순자산 면에서는 바닥에 가깝다는 사실이다.

조쉬 가족은 그들이 지닌 순자산의 2~3배, 아니 그 이상의 재산을 가진 사람들처럼 생활하고 있다. 그러나 조쉬 가족만 그런 것은 아니다. 상류층 지역에 살고 있는 가구 중 적어도 20%는 조쉬 가족과 비슷한 상태에 있다. 그들 역시 EOC에 의존해서 살아가며, 그 지역에 사는 다른 사람들보다 더 많이 소비하고 더 적게 투자하면서 살고 있다.

조쉬의 예산 시스템은 어떻게 돌아가고 있을까? 자신의 소비적인 성향에 맞추기 위해 돈을 어떻게 융통하는 것일까? 조쉬는 다른 많은 UAW와 비슷하다. 우선 소비한다. 그리고 남는 것을 저축하거나 투자한다. 사실 이것은 조쉬가 어쩌다 가입한 연금과 이익 분배를 위한 회사 투자분 외에는 저축하거나 투자하는 돈이 전혀 없음을 의미한다. 실제로 조쉬 가족은 개인 소득으로는 한 푼도 투자하지 않는다. 그러나 그들은 아마도 스스로를 부자로 생각할 것이다. 조쉬는 매년 현금 1만 달러를 받는다. 그리고 언젠가 훨씬 더 많은 돈을 유산으로 받게 될 것을 기대하고 있다.

그러나 조쉬의 자녀들은 어떤가? 그들은 아버지 조쉬에게 상당액의 EOC를 받게 될까? 그렇지 못할 것 같다. 그러나 이들은 과소비적 환경에 영향을 받아 아버지의 소비 행위를 모방하게 될 것이다. 이런 과소비를 따라 하기란 어려운 일이거니와 특히 많은 EOC를 보조받지 않는다면 더욱 힘들 것이다. 반대로, 헨리의 자녀들은 아버지가 모아 둔 재산에 놀라게 될 것이다. 헨리 부부는 결코 분수에 넘게 살아 본 적이 없다. 헨리는 교사가 몰고 다닐 만한 차를 몰고, 교사다운 옷차림을 하며, 교사들이 쇼핑하는 가게에서 쇼핑한다. 헨리는 조쉬처럼 비싼 물건을 전혀 가지고 있지 않다. 그에게는 풀장도, 사우나도, 스파도, 요트도, 컨트리클럽 회원권도 없다. 헨리에게는 양복 2벌과 스포츠 재킷 3벌이 있을 뿐이다.

헨리의 사회 활동은 훨씬 단순하고, 경비도 적게 들며, 사회적 지위와도 별 관계가 없다. 헨리는 이틀에 한 번씩 조깅을 하며, 그의 가족은 하이킹과 캠핑을 매우 좋아한다. 이들은 텐트 2개와 침낭 여러 개, 그리고 2대의 카누를 가지고 있는데, 1대는 중고로 구입한 것이다. 헨리는 또한 독서를 많이 하고, 교회와 교회 청년회에서 활발하게 활동하고 있다.

이런 단순한 생활 방식 덕분에 그는 저축을 하고, 투자를 한다. 헨리는 교사가 된 첫해에 선배 교사로부터 403b 은퇴 연금 계좌에 투자하라는 조언을 받아 이후 해마다 이 프로그램에 투자하고 있다. 헨리는 또한 매년 부모로부터 받는 EOC 역시 대부분 투자해 왔다.

누가 훗날 더 편한 마음으로 퇴직할 수 있을까? 헨리일까, 조쉬일까? 지금 이들의 부모는 자녀뿐만 아니라 손주들에게도 재산을 나누어 주고 있다. 따라서 헨리와 조쉬는 물려받을 유산이 거의 없게 될 것이다. 조쉬의 과소비적인 성향으로 보아 그는 편한 마음으로 퇴직하기가 어려울 것 같다. 그러나 헨리는 안심하고 퇴직하게 될 것이다. 아마도 헨리가 65세가 될 무렵 그의 재산은 연합 연금, 은퇴 연금 계좌, 투자 자산을 합해 상당액이 되어 있을 것이다.

자녀에게 고기 낚는 법을 가르쳐야 한다

우리가 EOC와 경제적 성취도에 관한 강연을 할 때면 청중들은 대개 이런 질문을 한다.

"EOC가 아니라면 어떤 형태가 더 바람직할까요?"

이들은 어떻게 하면 자녀의 경제적 생산성을 높일 수 있는지 알고 싶은 것이다. 우리는 여기서 다시 한번 이들의 자녀에게 검소한 생활 방식을 가르치는 것이 중요함을 상기시킨다. 성장 과정에서 그런 훈련을 받지 못한 사람들은 대개 과소비적인 어른으로 자라나 청년기와 중년기 동안 EOC를 필요로 하게 되는 것이다.

어떤 형태로 재산을 양도해야 자녀들이 경제적으로 생산적인 성인이 되게 할 수 있을까? 무엇을 주어야 하는가? 부자들은 고등 교육의 가치를 높이 평가한다. 우리는 백만장자들에게 다음의 진술에 동의하는지 물어보았다.

'학교·대학 교육은 실제로 세상을 살아가는 데에는 별 소용이 없다.'

14%만이 이 말에 동의했고, 6%는 무응답, 나머지 80%는 동의하지 않았다. 바로 이런 이유 때문에 백만장자들은 자녀의 교육에 상당한 돈을 쓴다. 백만장자들이 부모로부터 가장 많이 받은 EOC는 무엇이었을까? 바로 교육비였다!

다른 형태의 EOC를 받았다고 대답한 백만장자는 극소수에 지나지 않았다. 이들 중 약 1/3이 처음으로 집을 살 때 일부 재정적 지원을 받았고, 1/5이 평생 무이자 융자를 받았다. 그리고 부모가 주택 융자 할부금을 대신 지불해 준 경우는 1/35뿐이었다.

자녀가 경제적으로 생산성 있는 성인으로 자랄 가능성을 높이기 위해 무엇을 해주어야 할까? 정규 교육 외에 독립적인 생각과 행동을 중요시하고, 개인의 성취도를 소중히 여기며, 책임과 리더십을 강조하는 환경을 조성해 주어야 한다. 그렇다. 인생에서 가장 좋은 것들은 대가가 없는 경우가 많다. 자녀들에게 자립적으로 살 수 있도록 가르쳐라. 그것이 경제적이기도 하거니와 장기적으로도 자녀와 부모 모두에게 가장 큰 이득이 될 것이다.

경제적 생산성과 상당한 액수의 EOC는 반비례 관계에 있다. 그런 사례는 수없이 많이 찾아볼 수 있다. 우리가 지난 20년간 수집한 자료에서도 이런 결론을 뒷받침해 주는 증거가 반복적으로 제시되고 있다. 즉, 2/3 이상의 미국 백만장자들이 대학 등록금 외에는 부모로부터 EOC를 받아 본 적이 없다. 그리고 여기에는 부모가 백만장자인 경우도 대다수 포함되어 있다.

약한 아이를 더욱 약하게 하는 방법

그렇다면 부유한 부모들은 자신의 재산을 어떻게 해야 할까? 언제, 그리고 어떻게 자녀들에게 나누어 주어야 할까? 재산 분배에 관해서는 다음 챕터에서 자세히 다루도록 하겠다. 그러나 이쯤에서 우리가 함께 생각해 보아야 할 문제가 있다. 그것은 대부분의 부유층이 자녀를 적어도 2명 이상은 두고 있다는 점이다. 대개 경제적으로 가장 생산적인 사람은 부모로부터 가장 적은 몫을 받게 된다. 반면, 가장 생산적이지 못한 사람은 EOC와 유산 상속 양쪽 면에서 가장 큰 몫을 받게 된다.

잠시 동안 당신이 전형적인 부유층 부모라고 가정해 보자. 당신은 큰아이가 어린 나이에도 불구하고 매우 독립적이고, 목적의식이 뚜렷하며, 자제력도 강하다는 사실을 알게 되었다. 그래서 당신은 그 아이의 결정을 통제하지 않음으로써 그런 자질을 키워 준다. 대신 자립심이 부족한 다른 자녀의 결정을 도와주는 데 더 많은 시간을 보내거나 혹은 아이를 대신해 당신이 결정을 내리기도 한다. 그렇다면 결과는 어떻게 될까? 당신은 강한 아이를 더 강하게, 그리고 약한 아이를 더 약하게 만드는 것이다.

당신이 열 살짜리 아이를 데리고 신체검사를 받으러 간다고 가정해 보자. 담당 의사가 당신에게 아이가 체중 미달에다 성장 발육이 미숙하다고 말한다. 당신은 이런 평가에 어떻게 반응하겠는가? 아이의 성장 발육을 향상시킬 방법을 찾을 것이다. 당장 운동을 등록하고, 비타민을 복용하게 하고 생활 습관을 바꾸는 등 대부분의 부모가 적극적으로 문제를 해결하려 할 것이다. 만일 부모가 반대로 행동한다면 정말 이상하지 않겠는가? 자기 아이에게 음식을 덜 먹이고, 운동도 덜 하라고 하는 부모가 있다면 당신은 어떤 생각이 들겠는가?

자녀에게 성격상의 약점이 나타날 경우 이 아이를 더 약하게 만드는 방법을 적용하는 경우가 많다. 예를 들어, 어떤 부모가 아들의 작문 실력과 표현력이 떨어진다는 얘기를 듣게 되었다. 부모는 어떤 반응을 보였을까? 우선 부모는 아이를 다른 학교로 전학시켰다. 그래도 아이의 언어 능력이 향상되지 않자, 아버지가 아들의 숙제를 대신 해주기 시작했다. 그 아들은 지금 대학교 3학년이 되었지만, 아버지가 여전히 아들의 숙제를 해주고 있다.

다른 경우를 보자. 어떤 부유층 부부에게 열두 살짜리 딸이 있었는데, 그 아이는 수줍음이 많아 남이 말을 걸기 전에는 좀처럼 입을 열지 않았다. 이런 딸이 걱정된 어머니는 딸의 선생님에게 메모를 보내 자기 아이를 교실의 뒷자리로 옮겨 달라고 부탁했다. 앞자리에 앉으니 선생님에게 너무 자주 질문을 받아서 아이가 불편해 한다는 것이었다. 이런 메모를 받고도 선생님은 자리를 바꾸어 주지 않았다. 그러자 아이의 어머니는 바로 그날 오후, 선생님에게 항의 전화를 했다. 마침 그때 자리에 없어 전화를 받지 못한 선생님이 다음 날 오후 그 어머니에게 전화를 했으나, 무시당했다고 느낀 어머니는 즉시 아이를 다른 학교로 전학시켰다.

또 다른 사례가 있다. 어떤 유명한 교수가 이웃 사람에게 전화를 받았다. 그는 화가 나 있었다.

이웃 사람 박사님, 박사님은 대학에 계시니까 저에게 조언을 좀 해주십시오. 교수 한 사람을 해고하려면 어떻게 하면 될까요? 박사님은 아마도 이 사람을 모르실 겁니다. 그 교수는 주립대학에 있거든요.

교수 왜 그 교수가 해고되기를 바라시나요?

이웃 사람 제 딸이 그 과목에 낙제할 것 같아요. 그 교수는 우리 딸에게 그 과목에 필요한 기초 지식이 부족하다고 하더군요. 그 사람은 행색도 누추하고, 볼품이 없어서 누구를 탓할 인물이 아니에요. 한심한 놈이지요! 그 학교 총장에게는 이미 말해 두었습니다만, 저는 발뺌을 하려구요. 정말이지 그런 인간을 해고당하게 만들고 싶습니다.

교수 따님에게 그 과목을 수강하지 말라고 하시지 그러세요?

이웃 사람 그러면 우리 아이가 여름 계절 학기에 다녀야 하거든요.

교수 계절 학기에 다니는 것이 어때서요?

이웃 사람 아이가 여름에 계절 학기에 다니게 되면 함께 유럽 여행을 갈 수가 없거든요. 우리는 2년 전부터 이 여행을 계획했는데 말입니다. 아이 엄마도 딸내미 없이는 가지 않으려고 할 거고요. 어떡하지요?

이런 경우 부모의 행동은 어떤 결과를 부르게 될까? <u>결국 부모는 약한 아이를 더 약하게 만드는 데 한몫하고 있는 것이다.</u> 만일 당신 아들에게 언어 능력이 부족하다면 그 약점을 극복하도록 노력해야 한다. 이런 경우도 있었다. 아들이 수학에는 상당히 우수하지만 언어 능력은 매우 약하다는 사실을 알게 된 아버지는 문제를 해결하기 위해 다음과 같이 했다. 그는 매일 저녁 식사 시간마다 아들에게 SAT(Scholastic Aptitude Test: 미국의 대학수학능력시험) 문제집에 있는 단어 3개를 골라 정의를 말하도록 시켰다. 수백 번의 저녁 식사 시간마다 아버지는 아들의 가정 교사가 되어 주었고, 또한 아들을 위해 전문 가정 교사도 고용했다. 이런 노력들이 효과를 나타내 결국 그 아들은 입학 조건이 가장 까다롭다는 아이비리그 Ivy League를 우수한 성적으로 입학하여 수석으로 졸업했다.

EOC를 받는 성인 자녀들은 어떻게 될까?

약한 아이들은 성인이 되면 어떻게 될까? 그들은 대개 진취성이 부족한 어른이 된다. 이런 사람들은 경제적 능력은 부족하면서도 상당한 소비 성향을 갖게 된다. 따라서 그들은 어렸을 때 부모 밑에서 누렸던 생활 수준을 유지하기 위해 경제적인 보조를 필요로 하게 되는 것이다. 다시 한번 말한다.

'많은 돈을 지원받는 성인 자녀일수록 재산을 덜 모으게 되며, 반면에 적게 지원받을수록 더 많은 재산을 모으게 된다.'

이것은 통계적으로 증명된 관계이다. 그러나 아직도 많은 부모가 자신의 재산을 가지고 자동적으로 자녀를 경제적인 면에서 생산적인 성인으로 만들 수 있다고 생각한다. 그러나 잘못된 생각이다. 자제력과 진취성은 자동차나 기성복처럼 돈으로 살 수 있는 것이 아니기 때문이다.

최근에 실시한 사례 연구는 우리의 이러한 논점을 이해하는 데 도움이 될 것이다. 어떤 부유층 부부가 딸인 에이미에게 모든 혜택을 주기로 결심했다. 따라서 에이미가 사업을 시작하고 싶다는 의향을 나타내자 이 부부는 전형적인 태도를 보였다. 그들은 딸에게 이상적인 환경이라고 생각되는 모든 것을 제공해 주었다. 우선 딸에게 빚이 없도록 하기 위해 사업을 시작하는 데 필요한 돈을 모두 대 주었다. 에이미 본인은 한 푼도 마련하지 않았고, 사업 융자도 신청하지 않았다.

둘째, 부모는 딸에게 상당액의 EOC를 제공할 필요가 있다고 생각했다. 그러면 딸이 미국의 기업가들과 경쟁하여 성공할 가능성이 커질 것으로 생각했다. 또한 딸을 부모의 집에서 살게 하면 에너지와 재능을 모두 사업에만 쏟을 수 있을 것으로 믿었다. 부모와 살면 집을 임대할 필요가 없을 것이다. 그리고 장보기나 청소, 또는 침대 정리조차도 할 필요가 없을 것이다. 이렇게 완벽한 형태의 지원은 EOC, 즉 '외래 환자'의 수준을 넘어서서 EIC$^{\text{Economic Inpatient Care}}$, 즉 '입원 환자'를 만들어 버리는 것이다.

집을 임대하지 않고 사는 것이 젊은 기업가에게 과연 이상적인 환경일까? 우리는 그렇게 생각하지 않는다. 사업 자금을 대 주는 것도 절대 이상적이라고 할 수 없다. 성공한 사업가들은 대부분 사업 자금을 자력으로 마련한 사람들이다. 이들 대부분은 성공해야 하기 때문에 성공한다. 그것은 그들의 돈이고, 그들의 상품이며, 그들의 명성이다. 그들에게는 안전장치가 없다. 성공하건 실패하건 간에 의지할 사람이 아무도 없다.

셋째, 에이미의 부모는 이 방정식에 또 하나의 요소를 첨가했다. 만일 사업 초기에 이익을 내야 한다는 딸의 부담을 덜어 준다면 어떻게 될까? 부모는 이런 짐을 덜어 주는 것이 딸의 성공 가능성을 높여 줄 것이라고 믿었다. 에이미는 또 한 명의 새로운 EOC 수혜자가 된 것이다. 그녀의 부모는 딸에게 매년 6만 달러 정도의 돈을 주고 있다.

이렇게 '이상적인' 환경을 만들어 준 결과는 어떨까? 현재 에이미는 30대 후반인데, 아직도 부모의 집에서 지내고 있다. 그리고 부모가 사업 자금을 계속해서 대 주기 때문에 사업상의 채무도 없다. 작년에 에이미의 사업은 5만 달러 가까이 수익을 냈고, 부모로부터 매년 6만 달러도 제공받는다. 그녀의 부모는 여전히 언젠가는 딸이 정말 자립적인 사람이 되리라고 생각한다. 그러나 그 점에 관해 우리는 그녀의 부모처럼 낙관적이지는 않다.

대부분의 성공한 기업가들은 에이미와는 다르다. 아직 초기 단계에 있는 기업가들 중 얼마나 많은 사람이 지난 1년 동안 에이미가 했던 다음과 같은 일들을 할 수 있겠는가?

- 4만 5,000달러짜리 자동차를 쇼핑이나 협상을 하지 않고 구매
- 5,000달러짜리 시계, 2,000달러짜리 정장, 600달러짜리 구두 구입
- 일반 의류 구입에 2만 달러 이상 지출
- 신용 카드 잔고 및 리볼빙 카드 사용 액수에 대한 이자로 7,000달러 이상 지출
- 컨트리클럽 회비로 1만 달러 이상 지불

이런 경우는 거의 없을 것이다. 에이미의 사업은 사실 성공적이라고 할 수 없다. 이 사업체는 직·간접적으로 다른 사람에게 엄청난 돈을 지원받고 있다. 사실 에이미는 부모 때문에 단시간에 변해버렸다. 그녀는 자신이 자립할 수 있을지조차도 알 수 없을 것이다. 부모가 딸에게 제공해 준 '이상적인' 환경은 딸이 소비 제품에 엄청난 돈을 쓰게 하는 인센티브가 되었다. 그동안 에이미는 자기 사업에 대해 마치 의붓자식 대하듯 관심도 없었다.

어느 쪽이 더 두려움과 걱정이 많을 것이라고 생각하는가? 에이미일까, 아니면 돈을 지원받지 않은 부유한 사업가일까? 논리적으로 보면 에이미는 부모로부터 상당액의 EOC를 지원받으므로 걱정이 없을 것 같다. 그러나 실은 지원금을 전혀 받지 않은 부유한 사람들보다 에이미가 훨씬 더 많은 두려움을 가지고 있다.

일반적으로 부유한 사업가들은 3가지 굵직한 걱정만 가지고 있을 뿐이다(챕터 3의 [표3-4] 참조). 이런 것들은 모두 연방 정부와 관련이 있는 걱정들

이다. 이들은 자영업자와 일반 부유층 사람들에게 불리한 정책과 규제를 두려워하는 것이다.

그렇다면 에이미는 무엇을 두려워할까? 그녀는 우리에게 12가지 큰 걱정거리가 있다고 말했다. 어째서 재정적 위험 부담이 거의 없는 사람이 일반적인 부유층 자영업자보다 4배나 많은 두려움을 가지고 있는 것일까? 부유층 자영업자들은 대부분 자신의 두려움을 극복했기 때문이다. 이들은 완전한 자립을 통해 여러 가지 두려움에 대한 면역성을 갖게 되었다. 이들이 두려움을 극복할 수 있었던 이유는 바로 경제적으로 자립하고자 하는 노력 때문이었다.

에이미의 대표적인 두려움과 걱정거리 중 일부를 살펴보자. 단, 이것은 자립적인 부유층에게는 대표적인 걱정거리가 아니라는 점을 기억해 두자. 에이미는 다음과 같은 점을 크게 걱정한다.

- 부모로부터 상속받은 재산에 과세된 많은 상속세
- 생활 수준의 급격한 하락
- 사업 실패
- 편안한 마음으로 퇴직할 만한 충분한 재산 축적 실패
- 부모로부터 EOC와 유산을 더 많이 받는 데서 오는 형제자매들의 비난

자립적인 생각과 행동을 인정해 주는 부모 밑에서 자란 사람들은 이런 걱정을 거의 하지 않는다. 그들은 남의 돈에 신경 쓰지 않으며, 다른 사람의 재산이 얼마나 되는지보다는 어떻게 하면 자신이 성공할 수 있을지에 관심

이 더 많다. 또한 소득 수준보다 검소하게 산다면 생활 수준 하락 가능성을 걱정할 필요도 없을 것이다. 에이미의 부모는 목적을 달성하지 못했다. 그들의 목표는 '걱정 없는 딸'을 만드는 것이었다. 그러나 이들이 사용한 방법은 정반대의 결과를 낳았다. 사람들은 자신의 자녀를 혹독한 경제적 현실로부터 보호하고자 한다. 그러나 그런 보호는 결국 미래를 두려워하는 성인을 만들어 내고 만다.

EOC를 받지 않은 사람들은 어떻게 될까?

웹스터 사전에서는 용기를 "방해, 위험, 고난에 저항하는 정신적 또는 도덕적 힘"이라고 정의하고 있다. 이것은 극단적인 어려움과 위험에 맞서는 확고한 정신력과 의지력을 의미한다. <u>용기는 개발하고 발전시킬 수 있지만, 모든 어려움과 위험을 제거한 환경에서는 결코 자라날 수 없다.</u> 바로 그런 환경에서 자랐기 때문에 에이미는 집을 떠나고, 사업을 확장하고, 거액의 EOC를 거부할 용기가 없었던 것이다.

자신의 능력에 따라 보상을 받는 환경에서 일하는 데에는 상당한 용기가 필요하다. 대부분의 부유층은 용기가 있다. 이러한 사실을 뒷받침해 주는 증거로 어떤 것이 있는가? 대부분의 미국 부유층은 자영업자이거나 성과급을 받는 샐러리맨이다. 부모가 부자이건 아니건 간에 대부분의 미국 부유층은 스스로 부를 이룬 사람들이라는 점을 상기하자. 이들에게는 상당한 위험 부담을 무릅쓰고 사업 기회를 선택할 용기가 있었던 것이다.

부모들은 어떻게 하면 아이들에게 용기를 심어 줄 수 있느냐고 우리에게 종종 물어 온다. 그러면 우리는 아이들에게 영업직 경험을 갖도록 해주라고 권한다. 초·중·고등학교에서 학급 간부 선거에 출마해 보도록 권하는 것도 좋은 방법이다. 아이들은 학급 전체를 상대로 자신을 홍보해야 할 것이다. 걸스카우트에서 쿠키를 파는 것도 용기를 키우는 데 좋은 영향을 미칠 수 있다. 소매점 판매직은 객관적인 제삼자로부터 평가받을 수 있는 또 한 가지 방법이 된다.

대단한 용기를 지닌 여성

수신: 윌리엄 D. 댄코 박사/뉴욕주 올버니
발신: 토머스 J. 스탠리 박사/조지아주 애틀랜타
내용: 대단한 용기를 지닌 여성
일시: 노동절 오전

자네 동료가 새벽 5시 30분에 어디 있었는지 추측할 수 있겠나? 나는 그 시각에 새벽 비행기를 타고 있었다네. 비행기 좌석은 100여 개나 되었지만 승객은 20명 정도밖에 안 되더군. 자리에 앉자마자 목적지에 안개가 껴서 출발이 지연될 거라는 말을 듣게 되었지. 내가 일어나자 로라라는 내 앞자리의 여성도 일어서더군. 나는 그녀에게 이 비행기를 타기 위해 아침 일찍 일어나 나왔다고 불평했네. 그러자 그녀는 밤새도록 비행기를 타고 왔으며, 아직도 한 구간을 더 갈아타야 한다고 하더군.

나는 로라에게 왜 야간 비행기를 타느냐고 물었지. 그러자 로라는 그렇게 하는 것이 훨씬 경제적이라고 하더군. 그 직후에 나는 그 여성이 할인 비행기를 탈 필요가 없는 사람이라는 사실을 알게 되었다네. 로라는 사실 부자였지만 아주 검소한 사람이었지. 로라는 무슨 일로 비행기를 탔을까? 그녀

는 부동산 간부 회의에 가는 길인데, '올해의 부동산 간부 상'을 탈 예정이라는 거야. 그래서 그녀에게 처음에 어떻게 부동산 일을 하게 되었는지 물어 보았더니 "필요해서였지요."라고 대답하더군.

로라는 어느 날 아침 일어나 보니 남편이 부엌 탁자 위에 다음과 같은 메모를 남기고 갔다고 말하더군.

로라에게,
나는 비서와 사랑에 빠졌소. 내 변호사가 자세한 내용을 알려 줄 거요. 당신과 아이들에게 행운이 있기를 빌겠소.

아이를 셋이나 둔 주부 로라가 이 사실에 어떤 반응을 보였을 것 같은가? 로라는 옛날 직업인 고등학교 교사로 돌아가지도, 부유한 부모에게 경제적 지원을 요청하지도 않기로 마음먹었다네. 독립심과 규율을 중요시하는 환경에서 자란 탓이지. 그녀는 자신의 영문학 학사 학위와 석사 학위로 무엇을 할 수 있을지 고민했지. 로라는 자기 정도의 학력을 가진 사람이 대단히 많다는 사실을 알게 되었고, 그들이 교사, 편집자, 작가의 직업으로 벌어들이는 소득은 자신의 현재 생활 방식을 유지할 만큼 충분하지 못할 거라고 생각했다네. 그래서 그 지역의 현명한 사업가들 몇 명과 여러 가지 고용 기회에 관해 의논한 끝에 부동산 일을 시작해 보기로 결심한 거지. 부동산업을 시작한 처음 4개월 동안 로라는 영어 교사로서 가장 많이 벌었던 1년간의 소득보다 더 많은 소득을 올렸다는 거야.

아마 자네도 로라의 성공 요인이 무엇인지 알고 싶을 걸세. 그녀는 이렇게 말하더군.

어떤 일에 마음을 쏟으면 정말 대단한 일을 해낼 수 있다는 사실에 놀라고 말았습니다. 성공하는 것 외에는 대안이 없는 절박한 상황이 되었을 때, 자신이 얼마나 많은 잠재 고객을 찾아가 설득할 수 있는지를 알게 되면 정말 놀랄 거예요.

젊은 시절부터 로라는 영업직을 위한 훌륭한 토대를 마련해 두었던 거지. 학교 다닐 때는 수많은 고용주를 설득해서 여름 방학 때 자신에게 일자리를 주도록 했다고 하더군. 그리고 고등학교와 대학교 때 파트타임으로 여러 가지 일을 했다는 거야. 일자리를 찾아내는 능력이 탁월해서 친구들의 일자리도 구해 주었다고 하니, 그녀는 헤드헌터를 했어도 성공했을 걸세. 또, 로라는 학생 자치회에 출마한 친구들의 선거 운동 위원장을 맡아 여러 명의 선출을 돕기도 했다네.

성실하지 못한 남자와 결혼해 생겼던 불운이 결국 그녀 자신과 아이들에게는 반전의 계기가 되었다는 것은 정말 아이러니한 일이지 않은가? 남편의 배반 때문에 로라는 자신의 재능을 십분 발휘할 수 있었던 거야. 아이러니한 사실은 로라가 항상 남편보다 사업 감각 면에서 더 우수한 잠재력을 가지고 있었다는 점일세. 그것이 오늘날 사실로 증명된 거지. 로라는 현재 전남편보다 훨씬 더 잘살고 있다네. 로라의 성공은 성실함의 결과이고, 그 성실함이 전남편에게는 없었던 거지.

몇 년간 영업 전문가로서 최고의 능력을 발휘하던 로라는 성공적인 부동산 회사를 설립했다네. 재정적으로 크게 성공했는데도 로라는 여전히 야간 비행편이나 새벽 비행편을 이용하고 있지. 외모만 봐서는 그녀가 대단한 용기와 정열을 지닌 사람이라는 것을 알 수가 없을 거야. 키 150센티에 정도에 몸무게는 140킬로그램 정도 나갈 테니 말일세. 하지만 우리도 잘 알고 있다시피 외모는 중요한 것이 아니지 않은가? 중요한 것은 경제적으로 생산적인 사람들의 용기와 절제, 그리고 불굴의 의지이지.

CHAPTER 6

지갑을 닫고
지혜를 여는
부모

The Millionaire Next Door

백만장자의 성인 자녀들은
경제적인 면에서 자립적이다

성인 자녀를 둔 대부분의 부유층 부모는 자신이 사망하기 전에 재산의 규모를 줄이고 싶어 한다. 그렇게 하지 않으면 자녀에게 엄청난 상속세를 물려야 하므로, 일리 있는 결정이라고 할 수 있다. 재산을 자녀에게 나누어주겠다는 결정은 쉽다. 문제는 어떻게 나눌 것인가이다.

어린 자녀를 둔 부유층 부모들은 대개 재산 분배를 결코 큰 문제로 생각하지 않는다. 재산을 똑같이 나누어주면 된다고 생각하기 때문이다. 예를 들어, 아이가 넷 있는 부모라면 재산을 25%씩 똑같이 나누어주겠다고 말할 것이다.

이런 단순한 분배 원칙도 자녀들이 성장하면서 점점 더 복잡한 문제로 바뀐다. 성인이 된 자녀를 둔 부모들은 자녀마다 상황이 다르며, 그중에서도 재정적 지원이 훨씬 더 필요한 자녀가 따로 있다는 사실을 점차 깨닫게 된다. 누가 더 많이 받아야 하고, 누가 덜 받아야 하는가? 이것은 우리 모두가 대답해야 할 문제이다. 그러나 다음의 몇 가지 중요한 연구 결과가 이 문제로 고민하는 부유층 부모들에게 도움을 줄 수 있을 것이다.

- 부모는 현재 실직자이거나 잠시 실직 상태에 있는 성인 자녀에게 상당액의 EOC를 제공하는 성향이 높다. 또한 이런 자녀들은 부모로부터 이례적으로 큰 몫의 유산을 받을 가능성도 높다.
- 경제적으로 성공한 자녀는 EOC와 상속 재산을 적게 받을 가능성이 높다.
- 가장 경제력 있는 자녀는 유산을 전혀 받지 못하는 경우도 많다. 그러나 챕터 5에서 토론했던 것처럼, 그래서 그들은 부자가 된 것이다!

A형 혹은 B형 주부?

자녀에 따라 EOC 제공에 차이가 생기는 것은 직업(또는 사회, 경제적 지위)과 성별로 설명될 수 있다. 사실 주부는 부모로부터 상당한 유산을 물려받을 가능성이 부유층의 다른 자녀들 평균치보다 3배나 높다. 실제로 주부는 부모로부터 받는 유산의 액수와 빈도 면에서 1위이다. 또한 매년 상당액의 재정적 보조를 받을 확률도 가장 높다.

우리는 부유층 딸들의 특징으로 두 타입의 주부를 찾아냈다. 이들을 여기에서는 A형 주부와 B형 주부로 부르기로 하자. 이 두 타입은 정도는 다르지만 부모로부터 재정적 혜택을 받고 있다. 이들의 부모는 일하지 않는 여성일지라도 자신만의 돈은 반드시 필요하다고 믿는다. 사회의 경제 구조가 여성에게 불리하게 짜여 있다고 생각하며, 사위가 아내와 자녀를 끝까지 책임질 것이라는 믿음에도 선뜻 확신을 갖지 못하는 사람들이다.

A형 주부는 B형 주부와 상당히 다르다. A형 주부는 고소득을 올리는 성공한 남자와 결혼하는 경향이 있고, 대개 노인이 되었거나 병든 부모를 돌보는 책임을 맡은 사람들이다. 이들이 받는 EOC와 유산은 부분적으로 이러한 노력에 대한 보상이라고 할 수 있다. 다른 형제자매가 기피하는 일을 감당한 대가인 것이다. A형 주부들은 교육 수준이 높고, 부모가 남긴 유언의 공동 집행자가 되는 경우가 많다. 이들은 또한 지역의 여러 교육 단체와 자선 단체에서 지도자나 자원 봉사자로 활동하는 일이 많다.

부모들은 A형 주부를 대리인이라기보다는 동료나 믿을 만한 친구로 여기는 경우가 많다. 지적이고 강한 지도자나 조언자로 여기는 것이다. 그래서 유산 문제와 퇴직 계획, 가계 사업의 매각, 전문가 선택 등 가정의 중요한 문제를 종종 이들과 의논한다. A형 주부들은 또한 상속세법에 관해서도 잘 안다. 이들은 부모를 설득해서 자녀들에게 EOC를 나누어줌으로써 재산 규모를 줄이고 상속세를 최소화하도록 한다. A형 주부들은 성인이 되고부터 중년에 이르기까지 계속해서 상당한 EOC를 받는다. 대개는 결혼하고 나서부터 받으며, 집을 구입할 때나 투자 목적의 부동산을 구매할 때에도 EOC를 받는다.

A형 주부는 노부모를 돌보고 의료 문제 같은 큰 짐도 지기 때문에 부모들뿐만 아니라 나머지 형제자매들에게도 매우 큰 도움이 된다.

이와는 반대로, B형 주부들은 경제적 EOC뿐만 아니라 정서적인 지원도 필요한 성인 자녀로 보인다. B형 주부들은 남에게 의존하는 경향이 있으며, 어떤 면에서도 지도자가 되지 못한다. 이들은 고소득을 올리지 못하는 남자와 결혼하는 경향이 있으며, A형 주부들과 비교해 상대적으로 교육 수준이 낮은 편이다. B형 주부의 부모는 딸의 가족이 최소한의 중류층 생활을 유지할 수 있도록 돈을 지원해 준다. 이런 주부들은 대개 부모와 가까운 거리에 살면서 쇼핑하러 갈 때 엄마를 동반하는 경우가 많고, 계산을 할 때 부모에게 의지하는 일도 흔하다. 부모들은 유언장과 유산 상속 계획의 조항에서도 B형 주부인 딸들을 배려한다. 이런 딸들이야말로 정말 돈이 필요하다고 믿기 때문에 EOC를 제공하고, 유산을 물려주는 것이다. 사실 B형 주부들은 부모를 보살피기보다는 보살핌을 받는 쪽이다.

 B형 주부의 부모들은 딸 부부가 돈 관리에 미숙하다고 생각하기 때문에 큰 액수의 EOC는 주지 않으려고 한다. 따라서 B형 주부는 필요할 때마다 EOC를 받는 경우가 많다. 예를 들면, 남편이 실직했을 때라든가 가족들의 생일 같은 경우, 위기를 만났을 때나 옷을 살 때, 또는 등록금을 내야 할 때 직접 현금으로 받는다. 그럼에도 불구하고 B형 주부들은 부모로부터 많은 재산을 상속받는다. 유언장에 유산 분배 규모와 손주들의 교육비에 관한 특별 지시 사항이 포함되어 있는 경우가 많은 것이다. B형 주부의 가족은 재정적으로 결코 자립할 수 없고, 50대 중반이 되어서도 여전히 부모로부터 현금 보조를 받는 경우가 흔하다.

 B형 주부의 남편이 장인의 사업을 돕는 경우도 흔한데, 월급 수준이 객관적인 수준보다 훨씬 높은 경우도 있다. 다시 말해서, 장인의 사업체에서 직원으로 일하는 사위는 다른 곳에서 일하는 것보다 더 많은 월급을 받는 것이다. 다른 직장을 가지고 있는 경우일지라도 대개는 처가를 위해 겸업한

다. 사례금을 받고 파트타임으로 일하거나 자질구레한 일을 처리해 주는 것이다.

풀타임 직업을 갖고 있는 딸들은 전업주부인 다른 자매들에 비해 현금 증여와 유산을 받을 가능성이 적다. 그러나 높은 직위에 있는 딸들이라 해도 경제적으로 성공한 남자 형제들보다는 현금 증여와 유산을 받을 가능성이 높다. 왜 그럴까? 위에서 언급했던 것처럼 부유층 부모들은 여성은 직업이 있더라도 '자신만의 돈'을 가지고 있어야 한다고 생각하기 때문이다. 또한 부모들은 사위가 딸을 끝까지 보살필 수 있을지에 대해서 신뢰하지 못한다. 사실 부유층 사람들이 이 점에 관해 다소 예민한 편이라고 할 수 있다. 왜냐하면 우리 연구 자료에서도 부유층의 딸인 기혼 여성들은 40% 이상이 적어도 한 번은 이혼하는 것으로 나타났기 때문이다.

딸들을 위한 차별 수정 정책

부유층 부모들은 미국이라는 나라가 돈 벌 기회에 있어서 남녀 차이가 많은 곳이라는 점을 알고 있다. 그래서 이들은 대개 딸들을 위해 나름대로의 경제적 차별 수정 정책을 가지고 있다. 다음의 연구를 한번 살펴보자.

- 미국 노동력의 46%를 여성이 차지하고 있지만, 연간 10만 달러 이상의 소득을 올리는 여성은 전체 인구 가운데 20%도 안 된다. 1980년에는 10만 달러 이상의 소득을 올린 여성이 4만 명도 안 되었지만, 1995년에는 약 40만 명의 여성이 이 범주에 들었다. 10배가 늘어난

것이다. 2000년경이면 60만 명이 넘을 것이다. 그러나 1995년과 마찬가지로 이 소득 범주에 드는 여성 대 남성의 비율은 여전히 여성 1명당 남성 5명꼴이 될 것이다.

- 여성의 전문학부 본과 졸업생 비율이 크게 높아졌다. 예를 들어, 1970년에는 여성의 의대 본과 졸업생 비율이 겨우 8.4%였으나, 1995년에는 거의 40%가 되었다. 또한 1970년의 법대 본과 여자 졸업생은 6% 정도였지만, 1995년에는 45%에 가까웠다. 그러나 사회적 지위가 높은 직업을 가졌다고 해서 반드시 고소득을 올리게 되는 것은 아니다. 최근의 인구 조사 보고서에서도 '전문 학위를 받은 사람들 사이에서도 여전히 소득 수준 차이(1995년도)가 나타나고 있다'고 했다. 1995년 전문직 여성의 소득은 전문직 남성 소득의 겨우 49.2%밖에 안 되었다.

- 고소득 직업을 가진 남성과 여성의 소득은 어떤 차이를 보일까? [표 6-1]에 우리의 분석 결과가 나와 있다. 고소득을 올리는 20가지 직업 중에서 여성은 평균적으로 남성에 비해 상당히 적은 보수를 받는다. 예를 들어, 같은 직종의 남성 소득에 비해 여성 의사는 겨우 52%, 여성 치과 의사는 57.4%, 여성 변호사는 57.5%의 소득만을 올릴 뿐이었다.

- 1980년에는 연간 10만 달러 이상의 소득을 올리는 여성 중 약 45%가 일을 하지 않고 있었다. 55%만이 고용을 통해 그만한 소득을 올렸다는 의미다. 이 비율은 1980년대 이후로 크게 변하지 않았고, 2005년까지도 변함이 없을 것 같다. 이와는 대조적으로, 10만 달러 이상의 소득을 올리는 남성들 가운데 거의 80%가 일을 하여 소득을

[표 6-1] 남성과 여성의 평균 연간 소득 비교: 상위 20가지 고소득 직종

직종	남녀 전체 연봉 (달러)	남성의 연간 소득 (달러)	여성의 연간 소득 (달러)	남녀 차이 (달러)	남성 소득에 대한 여성 소득 비율(%)
의사	120,867	132,166	68,749	63,417	52.0
족병(足病) 전문가	90,083	94,180	51,777	42,403	55.0
변호사	86,459	94,920	54,536	40,384	57.5
치과 의사	85,084	88,639	50,919	37,720	57.4
의과대학 교수	82,766	91,236	48,801	42,435	53.5
법학 교수	76,732	85,376	51,727	33,649	60.6
증권 및 금융 서비스 영업직	67,313	78,097	37,695	40,402	48.3
건강 진단 전문 개업 의사	66,546	76,139	33,718	42,421	44.3
검안(檢眼)사	62,556	64,988	42,659	22,329	65.6
보험 계리사	61,409	71,028	40,219	30,809	56.6
판사	60,728	65,277	43,452	21,825	66.6
파일럿·항해사	57,383	58,123	32,958	25,165	56.7
수의사	56,451	62,018	35,959	26,059	58.0
석유 엔지니어	55,788	56,653	43,663	12,990	77.1
경영 분석가	54,436	62,588	36,574	26,014	58.4
경영학 교수	52,862	57,220	38,884	18,336	68.0
정액직 관리직	52,187	61,152	30,378	30,774	49.7
물리학자·천문학자	52,159	53,970	38,316	15,654	71.0
마케팅·광고·홍보 관리직	51,879	58,668	35,227	23,441	60.0
핵 공학자	50,492	51,313	36,513	14,800	71.2

출처 : 부유층 시장 연구소 자료, 1996년도와 1990년도 미국 직업 센서스

올린다. 나머지 20%는 60세 이상의 퇴직자들이다.
- 연간 소득 10만 달러 이상의 무직 여성들은 대부분 부모나 조부모, 또는 배우자로부터 재산을 상속받았거나 상당한 재정적 보조를 받은 사람들이다. 이들의 소득은 주로 이자, 주식 배당금, 자본 이득, 임대 수입 등에서 나온다.
- 미국의 소규모 사업체 가운데 거의 1/3은 여성이 소유하고 있다. 그러나 이런 사업체 중 2/3가량은 연간 수익이 5만 달러 미만이다.
- 여성은 남성보다 직장을 그만둘 가능성이 4배나 높다.

이런 객관적인 자료에서 확실히 알 수 있듯이, 미국에서 여성이 고소득을 올리기란 쉽지 않다. 이러한 소득 불균형은 부분적으로 여성에 대한 경제 시장의 편견으로 설명될 수 있을 것이다. 그러나 미국 소득 분포의 상위 1%에 드는 여성이 남성 5명당 1명꼴밖에 안 된다는 사실을 경제 시장의 편견만으로 완전하게 설명할 수는 없다. 그렇다면 딸에 대한 부유층 부모들의 재정적 보조가 이런 불균형이 영구화되도록 부채질하고 있는 것일까?

부유층 가정의 딸들은 직업을 갖고 싶어 하지 않는다. 무슨 이유일까? 그것은 바로 지난 20년간 부유층 가정이 대부분 한 가지 형태를 유지해 왔기 때문이다. 말하자면, 80% 이상이 결혼하여 자녀를 두었고, 부인은 전업주부로 있는 형태였다. 이런 환경에서 자라난 딸들은 가정에서 어떤 메시지를 받았을까? 딸은 자연스럽게 '엄마도 직업을 갖고 있지 않으니 나도 직업을 가질 필요가 없다.'라고 생각하게 된다. 이런 논리는 반박하기도 쉽지 않다. 왜냐하면 사실 그런 형태의 가정이 아무런 문제없이 잘 돌아가기 때문이다. 부유층 부부의 이혼율은 평균치의 절반밖에 안 된다.

'아버지는 밖에서 일하고, 어머니는 아이들을 돌보며 집안일을 모두 맡아서 하는 가정 형태'는 그런 가정에서 자란 딸들에게 그대로 전해지는 경우가 많다. 실제로 많은 부유층 부모가 딸에게 직업을 갖지 말고, 경제적으로나 심리적으로도 자립하지 말도록 부추긴다. 부유층 부모들은 이렇듯 사소한 실마리들을 통해 오랜 세월에 걸쳐 '의존적인 성격'을 심어 주면서 딸들에게 다음과 같은 메시지를 전하고 있는 셈이다.

'걱정하지 마라. 만일 네가 일을 갖고 싶지 않다면, 만일 그렇더라도 돈 걱정은 말아라. 우리가 경제적으로 도와줄 테니까. 만일 네가 직업을 갖고 크게 성공해서 자립한다면 우리한테 EOC나 유산은 많이 받지 못하게 될 거야.'

강자와 약자

앤과 베스 : 주부 그리고 딸

앤은 35세로, 로버트 존스와 루스 존스 부부의 작은딸로 태어났다. 존스 부부는 백만장자이다. 남편은 여러 개의 유통 업체를 운영하고 있으며, 아내는 전형적인 주부이다. 그녀는 대학을 졸업하지 않았고, 집 밖에서 일해 본 적도 없지만, 지역 사회에서 여러 가지 활발한 자선 활동을 하고 있으며, 아이들이 어렸을 때는 사친회師親會에서도 일한 적이 있었다.

딸 앤은 부모와의 관계에 대해 매우 솔직하게 이야기했다.

"부모님으로부터 돈을 타 내기는 아주 쉬울 거예요. 집 살 돈과 아이들을 사립 학교에 보낼 돈을 받아낼 수 있겠죠. 하지만 거기에는 부대조건이 따른답니다. 언니 베스는 37세인데, 그런 조건에 관해 잘 알고 있지요. 언니는 자립적으로 살지 않고 부모님에게 의지해서 살고 있거든요. 언니는 돈을 타 내려면 대가를 치러야 한다는 것을 알게 되었죠. 그래서 언니는 엄마가 시키는 대로 하며 살고 있어요."

부모가 영향력을 어떻게 행사하는지 일찌감치 알아차린 앤은 결혼 초에 남편과 함께 다른 도시로 가서 일자리를 찾았다. 앤은 부모의 영향권에서 벗어나기 위해 부모 집에서 1,000마일 이상 떨어진 곳에서 살았다.

앤은 두 번째 아이를 낳은 후 일을 그만두었지만, 언니 베스와는 달리 부모님이 경제적 지원의 대가로 무엇을 바라는지 잘 알고 있었다. 언니의 사례를 보고 깨달은 것이다.

앤의 말에 의하면 베스네 가족은 부모님이 사 준 집에서 산다고 한다. 부모는 베스가 집을 살 때 계약금으로 많은 돈을 지원해 주었고, 주택 융자 할부금과 기타 비용을 위해 베스에게 매년 수천 달러의 돈을 보조해 주고 있다. 베스는 크리스마스 때마다 부모로부터 2만 달러의 현금을 받으며, 부모의 집에서 2마일도 안 되는 곳에 산다. 부모 집에서 가까운 곳에 살도록 하는 것은 지배적인 부모가 성인 자녀를 통제하기 위해 사용하는 대표적인 방법 중 하나이다. 베스와 부모 사이에는 누가 집주인인지에 관해 약간의 혼란이 있다고 앤은 말했다. 엄마는 베스가 오라고 했건 안 했건 항상 베스의 집에 가 있는 것 같고, 베스가 집을 고를 때도 베스보다 더 열을 냈다는 것이다.

베스는 대학을 졸업하기도 전에 결혼해서 엄마가 되었다. 베스 부부는 결혼 후 3년 동안 그녀의 부모님과 함께 살았는데, 덕분에 베스의 남편은 대학을 졸업할 수 있었다. 그는 대학을 마칠 때까지 직장에 다니지 않은 것은 물론 아르바이트도 한 적이 없었다.

베스의 남편은 대학 졸업 후, 그 지역 회사의 행정직 일자리를 얻게 되었다. 그러나 2년도 되기 전에 일자리를 잃고 장인 사업체의 행정 부사장으로 들어가게 되었다. 앤의 말에 따르면 '행정 부사장'은 새로 만든 직위로, 월급도 아주 많고, 여러 가지 혜택도 있었다.

그런 상황에서 베스 부부가 자신감을 키워 가기란 어려운 일이었다. 앤의 부모는 베스의 남편을 전혀 존중하지 않았는데, 특히 장인이 더 심했다. 앤의 말에 따르면 부모님은 항상 베스의 남편이 사회적, 경제적으로, 그리고 지적으로도 베스보다 열등하다고 생각했다고 한다. 부모님은 좋은 대학을 우수한 성적으로 졸업하고, 24세에 석사 학위를 받은 앤의 남편을 훨씬 더 존중했다. 앤의 부모는 친구와 친척들에게 '우리 둘째 사위'가 이룬 위대한 성과들에 관해 끊임없이 말하곤 했다.

앤이 처음으로 남편감을 집에 데려갔을 때, 아버지와 어머니는 사윗감을 위해 빨간 카펫을 깔았다. 앤의 말에 따르면 이 짧은 방문 시간 동안, 당시 장인 집에 얹혀살고 있던 베스의 남편은 웨이터 역할을 했다고 한다. 예를 들어, 장인인 로버트는 사위에게 음료수를 만들어 스낵과 함께 내오라고 시켰다. 어느 날 저녁에는 칵테일을 몇 잔 들이킨 장인이 사위를 가리켜 '허우대만 멀쩡한 놈'이라고 말하기도 했다. 앤과 남자 친구는 큰 충격을 받았고, 이 사건은 이들 부부에게 오랫동안 지워지지 않는 인상을 남겼다. 앤은 자기네가 부모님 눈에 결코 '허우대만 멀쩡한' 인간들로 비치지 않도록 해야겠다고 다짐했다. 그리고 오늘날까지 앤은 이 맹세를 지켜 왔다. 부모님이

EOC를 받으라고 아무리 졸라도 앤은 계속 자신의 소신대로 행동하고 있다. 반면, 부모는 베스의 남편에게 정기적으로 온갖 허드렛일을 시킨다. 이들은 베스의 남편을 큰딸과 결혼한 남자라기보다는 잡역부나 운전사처럼 대했다.

베스의 남편은 왜 이런 상황을 견디고 있는 것일까? 그는 그렇게 하도록 프로그램화되었기 때문이다. 베스 부부는 부모의 수준에 맞는 과소비 생활을 하고 있다. 그러나 그런 생활을 유지할 능력은 없기 때문에 부모의 지배 하에 놓이게 된 것이다. 아버지와 어머니는 지금까지 베스에게 특정한 메시지를 보내 왔는데, 그 메시지는 말이 아닌 행동으로 전달되었다.

'베스야, 너희 부부는 지금 누리고 있는 생활 수준을 유지할 만큼 돈을 벌어들일 능력이 없단다. 경제적으로 문제가 있기 때문이지. 따라서 너희 부부에게는 특별한 경제적 보조가 필요한 거야.'

베스 부부가 부모의 도움 없이 살 수 없을 것이라는 부모의 생각이 과연 옳은 것일까? 제삼자라면 그들이 옳다고 주장할 수도 있을 것이다. 그러나 그 원인을 파헤쳐 본 후에도 과연 그렇게 생각할 수 있을까? 원인을 안다면 아마도 베스의 부모가 자신들의 가정假定을 증명하기 위해 특별한 노력을 기울여 왔다는 결론을 내리게 될 것이다. 공격적이고도 과도한 EOC를 몇 년간 받고 나자 베스 부부는 야망과 경제적 자신감, 그리고 독립심을 잃게 되었다. 베스 부부가 스스로 생산적인 역할을 할 수 있었는지 어땠는지는 아무도 알 수 없다. 베스 부부는 한 번도 이런 기회를 가져 보지 못했던 것이다.

현명한 부모의 역할은 약한 자녀를 강하게 만드는 것이다. 그러나 베스의 부모는 정반대로 행동했다. 그들은 약한 자녀를 더 약하게 만들었으며, 지금도 계속해서 그렇게 하고 있다. 부모는 자신들이 큰딸 부부를 의존적으로 만들었다는 사실을 전혀 깨닫지 못하고 있다. 앤은 지금 부모에게 분노를 느끼고 있으며, 심지어는 괴로운 마음까지 들고 있다. 앤은 언니 부부가 매일 겪어야 하는 경제적, 심리적 의존이 부모 탓이라고 생각한다. 앤은 언니 부부의 경험을 통해 많은 것을 깨달았던 것이다.

앤은 부모가 언니로부터 자녀에 대한 통제권을 빼앗아 간 부분에 대해 특히 민감하다. 그 아이들에게 과거의 실수가 재연될 수 있기 때문이다. 앤은 자신의 부모가 자식들을 독립적으로 키우지 못한 것을 유감으로 생각했다. 그러나 그저 유감으로 생각하는 것 외에는 이제 아무것도 할 수 없다. 너무 늦었기 때문이다. 앤은 부모가 자신의 삶이나 가족의 삶을 조금이라도 지배하는 것을 결코 허용하지 않을 작정이다.

신데렐라 사라

사라는 부유한 부모를 둔 50대 후반의 기업 간부이다. 아버지는 사라가 아주 어렸을 때 자영업을 시작했다. 우리와의 인터뷰에서 사라는 아버지와 언니의 관계에 대해 솔직하게 말해 주었다.

사라의 아버지는 의지가 매우 강한 사람이었다. 우리 사회에서 여성의 역할에 관해 아버지는 사라와 견해가 달랐기 때문에 자주 갈등을 빚었다. 아버지가 생각하는 여자의 인생이란 보다 고차원적인 학문을 공부하고, 결혼하여 아이를 낳고, 결코 집 밖의 일을 하지 않는 것이었다. 아버지의 말에 의하면 여자들은 자신만의 커리어를 가져서는 안 되며, 남편을 내조하고 심지어는 종속적인 역할을 해야 한다는 것이었다.

10대 시절 사라는 아버지와 여러 가지 주제에 관해 논쟁을 벌이곤 했다. 그런 주제 중에는 자유로운 여성들이 미국 문화권에서 어떤 역할을 할 수 있는지에 관한 것도 있었다. 이런 논쟁은 사라가 앞으로의 삶을 어떻게 살아갈 것인지에 초점을 맞춘 언쟁으로 발전하는 경우가 많았다. 아버지는 이 도전적인 딸에게 대학 학자금이나 혼수 등의 재정적 지원을 받지 못하게 될 것이라며 위협했다.

이런 위협에도 불구하고 사라는 성인이 되자 집을 떠났다. 아버지는 자신이 했던 말을 그대로 지켜 재정적 지원을 모두 철회했다. 그러나 사라는 재정적으로나 심리적으로나 부모로부터 독립하겠다던 결심을 결코 꺾지 않았다. 집을 떠난 후 사라는 큰 출판사의 교정 전문가가 되었다. 출판 분야에서 커리어를 쌓는 동안 사라는 매우 높은 직위까지 승진했고, 마침내 결혼도 했지만 자신의 커리어를 탄탄히 구축한 뒤의 일이었다.

사라는 언니 앨리스와는 많이 달랐다. B형 주부인 앨리스는 사라와는 달리 아버지가 지시한 역할을 충실히 이행하는 전형적인 '파파걸'이었다. 언니는 그 지방의 어떤 신사와 결혼했는데, 그는 낮은 계층 출신으로 소비 성향은 매우 높았지만 소득은 얼마 되지 않았다. 그래서 아버지는 딸 앨리스와 돈 못 버는 사위, 그리고 그들의 세 아이에게 특별 EOC를 제공하기로 했다. 아버지는 자신이 가장 아끼는 딸이 중·상류층 생활에 어울리지 않는 동네나 집에서 살도록 내버려두지 않았다. 아버지는 집도 사고 가족에게 필요한 물건을 살 수 있도록 앨리스에게 상당한 돈을 지원해 주었다. 해마다 '파파걸' 앨리스에게 많은 현금과 증권이 하사되었다.

사람들은 아마도 이런 무상 보조금을 받았으니 앨리스가 상당한 재산을 축적했을 것으로 추측할 것이다. 그러나 사실 앨리스 부부는 EOC를 받는 내내 돈을 거의 모으지 않았다. 앨리스 부부의 예산 체계는 아주 간단했다. 버는 것보다 더 많이 쓰고, 부모로부터 받는 것보다 더 많이 쓰는 것이었다. 부족한 부분은 아버지의 몫이었다.

이렇게 세월이 흐르는 동안 사라는 많은 기업 간부가 그렇듯이 아버지로부터 EOC를 전혀 받지 않았다([표 6-2] 참조). 사라는 오히려 아버지가 정한 엄격한 원칙을 어겼다는 이유로 벌을 받고 있었다.

아버지가 돌아가시자 앨리스는 매년 받아 오던 EOC를 더 이상 받을 수 없었지만, 대신 큰 몫의 유산을 받게 되었다. 반면, 사라는 훨씬 적은 유산을 받았다. 아버지는 사라가 독립심이 매우 강하기 때문에 B형 주부인 앨리스보다 유산의 필요성도 훨씬 적을 것으로 생각했던 것이다.

[표 6-2] 부유층 성인 자녀가 기업 간부인 경우의 EOC·상속 재산에 관한 비교

EOC·상속 재산을 받을 확률	- 부유층 자녀 중 기업 간부가 다른 직업의 경우보다 상속받을 확률이 훨씬 낮다. - 부유층 자녀 중 기업 간부가 매년 EOC를 받을 확률은 평균보다 훨씬 낮다.
EOC·상속 재산을 주는 근거	- 젊은 기업 간부들은 다른 이들보다 조숙했던 편이다. 그래서 부모는 이들에게 EOC를 제공하지 않아도 마음이 놓인다. - 부유층 부모는 기업 간부인 중년층 이상의 자녀가 EOC·상속 재산을 필요로 하지 않는다고 생각한다.
부모에 대한 자녀의 위치	- 기업 간부인 자녀가 다른 자녀와 비교해 부모와의 관계가 어떤지는 확실치 않다. 그러나 거주지 결정과 상호작용 면에서는 다소 거리를 두고 있는 편이라는 것이 일부 자료에서 확인되었다.
EOC·상속 재산을 받는 자녀의 연령층	- 기업 간부는 EOC를 받지 않거나, 받더라도 대체로 초기 성인기에 받는 편이다. 그러나 중년기 이후에는 훨씬 덜 받는 편이다.
EOC·상속 재산의 형태	- 기업 간부가 상속 재산을 받는 경우에는 대개 현금·금융 자산으로 받는다. - 첫 번째 주택 구입을 위한 EOC는 부모가 너무 많이 마련해 두었던 '대학 학자금'에서 나오는 경우가 많다.

앨리스 부부는 오랜 시간이 지나지 않아 아버지의 돈을 거의 다 써 버리고 말았다. 그리고 얼마 안 되어 앨리스는 세상을 떠났다. 앨리스의 아이들은 어떻게 살아갔을까? 그들의 아버지는 중·상류층 생활을 유지할 만큼 돈을 충분히 벌지 못했다. 그렇다면 이 아이들을 누가 거두었을까? 누가 아이들의 대학 학비를 대 주었을까? 그것은 바로 이모인 사라였다. 그녀는 EOC를 전혀 받지 않았으며, 유산도 많이 받지 못한 신데렐라 신세였지만, 기꺼이 조카들을 돌보았다. 아버지가 앨리스에게만 보조금을 대 주던 때에도 사라는 언니에 대해 적대심을 표현한 적이 없었다. 사라는 항상 잊지 않고 언니에게 생일 선물을 보냈으며, 조카들에게도 크리스마스 선물과 생일 선물을 챙겼다. 사실 사라는 매우 성공한 사람이었으며, 동시에 독립심이 강하고 인정도 풍부한 사람이었다.

현재 사라는 자수성가한 백만장자이다. 사라는 가족의 재정을 책임지고 있으면서 동시에 조카들뿐만 아니라 미래에 태어날 조카의 자녀들을 위해서도 신탁 기금을 마련하고 있는 중이다. 사라는 이렇게 하는 것이 중요하다고 생각한다. 앨리스의 딸들에 관해 사라는 "조카들은 돈에 관해서는 아무것도 모릅니다."라고 말한다. 그 아이들이 어떻게 알겠는가? 그들은 전형적인 UAW였던 부모에게 그저 과소비적 성향만을 배웠을 뿐이다.

사라는 PAW이지만 지금도 검소하고 절제된 생활을 한다. 사라의 순자산은 기업 간부로서 받는 연봉보다 몇 배나 많다. 사라는 이렇게 말했다.

"내가 모은 재산이 얼마인지 알면 사람들은 아마 놀랄 거예요. 나는 돈을 어떻게 지켜야 하는지 그 방법을 알고 있습니다."

많은 부유층과 마찬가지로 사라는 과소비적인 UAW 부모 밑에서 자란 사람들에게 보조금을 대 주고 있다.

사람들은 종종 어떻게 같은 부모 밑에서 자란 자식들이 재산 축적 면에서는 그토록 차이가 날 수 있는지 우리에게 물어 온다. 사라와 앨리스는 어떻게 그토록 달랐을까? 물론 천성적으로 타고나지만, 각 자녀가 부모와 어떤 관계에 있느냐에 따라 크게 달라진다.

아버지는 사라가 PAW가 되도록 부추겼다. 반면, 앨리스에게는 그 반대 성향을 길러 주었다. 아버지는 강한 딸을 더 강하게 만든 반면, 약한 딸은 더 약하게 만들었던 것이다. 집을 떠나던 무렵 사라는 필사적이었다. EOC를 전혀 받지 못했기 때문에 스스로 고기 낚는 법을 배워야만 했다. 그리고 사라는 그 방법을 스스로 아주 잘 터득했다. 그러나 언니 앨리스는 재정적으로 아버지에게 점점 더 의존하게 되었다.

사라는 부모에게 연민을 느꼈다. 특히 아버지에게 더했다. 부유한 사업가가 되기 위해 희생하면서 매우 열심히 일해 온 아버지는 자식들만큼은 그토록 힘들게 일할 필요가 없도록, 자립하기 위해 위험을 무릅쓸 필요가 없도록 만들겠다고 결심했던 것이다. <u>그러나 아버지가 부유한 사업가로 성공할 수 있었던 원동력은 열심히 일하고, 위험을 무릅쓰고 희생을 감내하는 의지와 능력이었다. 어쨌든 아버지는 많은 성공한 이가 그렇듯이 자신이 어떻게 부자가 되었는지를 잊어버렸다.</u>

EOC를 제공하는 것이 무슨 잘못이냐고 하는 부모들이 많다. 만일 수혜자들이 절제력을 지닌 성숙한 성인이며, 타인의 보조 없이 정상적으로 생계를 꾸려 갈 능력이 있음이 증명되었다면 그 말이 맞을 것이다. 예를 들어, 만일 사라가 자신이 선택한 분야에서 성공하는 법을 터득하고 난 후에 EOC

를 받았다면 EOC는 사라에게 어떤 영향을 미쳤을까? 아마도 거의 영향을 미치지 않았을 것이다. 사라는 자신의 것이든 타인의 것이든 돈을 관리할 수 있을 만큼 충분히 성숙하고 강했기 때문이다.

정말 비극적인 일은 EOC에 의존하게 된 사람들의 나약함이다. 사라 이모의 친절이 없었다면 조카들은 아마도 미래를 두려워했을 것이다. 다행히 이들에게는 사라 이모의 도움이 있다. 아버지보다 현명한 사라는 이 어린 조카들에게 신탁 기금을 제공할 것이다. 조카들에게는 거액의 현금 증여보다 재정적 지원이 장기적으로 더 큰 혜택이 될 것이다. 사라 이모가 조카들을 위해 마련하고 있는 신탁 중 일부 기금은 교육을 위한 것이고, 나머지는 조카들이 성숙해졌음이 증명될 때까지는 분배되지 않을 것이다. 사라는 성숙함을 **'생계를 무난히 꾸려 나갈 수 있는 증명된 능력'**이라고 정의한다. 또한 세대의 '나약한 자매'를 만들어 내고 싶지 않은 사라는 조카들에 관해 매우 현실적인 생각을 가지고 있다. 10대 조카들이 이미 형성된 성향을 바꾸기는 힘들 것이라는 사실을 사라는 잘 알고 있다. 조카들이 앞으로 사라 이모처럼 강인하고 독립심 강한 여성이 될지 어떨지는 확실하지 않다. 너무 늦었을지도 모른다. 조카들은 이미 과소비 성향과 의존적 생활 방식에 익숙해져 있는 것 같다. 다행히 사라는 그 아이들에게 강한 모범적 역할 모델이 되고 있어 자신이 조카들의 행동과 성격에 긍정적인 영향을 미칠 수 있다고 확신한다. 게다가 사라가 조카들에게 베푸는 연민과 사랑은 돈으로 따질 수 없는 것이다.

사라가 자신의 아버지에게 진정으로 바랐던 것은 무엇이었을까? 사라는 아버지에게 돈보다 사랑을 받고 싶었고, 빛나는 성취에 대해 인정받고 싶었다. 지금 사라는 몇 가지를 유감스럽게 생각하고 있다. 그녀는 아버지에 관해 말할 때를 제외하고는 과거를 생각하는 일이 없다. 자신이 아버지로부터 인정받지 못했다는 생각은 여전하지만, 그토록 아버지에게 인정받고 싶었던 마음 때문에 성공할 수 있었다고 말한다. 그녀의 야심과 추진력은 남에게 인정받고자 하는 욕구에서 비롯된 것이었다. 사라는 인생 초기의 역경을 일생의 업적으로 바꾸어 놓는, 많은 신데렐라형 여성 가운데 한 사람인 것이다.

무직의 성인 자녀

B형 주부들과 마찬가지로 무직의 성인 자녀들은 직업을 가진 다른 형제들보다 매년 부모로부터 받는 현금 보조가 훨씬 많다. 사실 우리 연구 결과에 현금 증여의 실제 액수뿐만 아니라 빈도가 낮게 평가된 경향이 있다. 그 이유는 약 25%의 성인 남자(25세에서 35세까지)가 부유한 부모 집에서 함께 거주하고 있는데, 일부 응답자들은 이러한 상황을 현금 보조로 생각하지 않기 때문이다. 그러나 성인 남자가 성인 여자에 비해 부모 집에서 함께 사는 비율이 2배가 넘는다.

이렇게 직업이 없는 성인 자녀들은 직장을 여러 번 들락날락한 경력을 가지고 있는 경우가 많다. 또 다른 경우는 소위 전문직을 공부하는 학생들이다. 부모는 대개 이런 자식들이 다른 형제자매보다 돈을 더 많이 필요로 한다고 생각한다. 그래서 무직의 성인 자녀들이 재산을 상속받을 가능성은 다른 형제자매에 비해 2배 이상 많다.

이 범주에 속하는 성인 자녀들은 경제적인 면에서뿐만 아니라 정서적인 면에서도 부모와 매우 가깝고, 부모의 집에서 가까운 거리에 사는 경우가 많다. 예를 들어, 바로 아랫동네에 살거나 아니면 아예 같은 집에서 살기도 한다. 이런 무직의 성인 자녀가 집안의 잡역부나 조수, 또는 심부름꾼 역할을 하는 것은 흔한 일인데, 특히 남자인 경우에는 더욱 그렇다.

무직의 성인 자녀들이 처음으로 현금 증여를 받는 시점은 풀타임으로 직장 생활을 하는 것이 힘들거나 재미없다는 의향을 내비칠 때이다. 거액의 현금 증여를 받은 젊은 성인 자녀 중에는 대학이나 대학원을 졸업하자마자 집으로 돌아오는 경우도 있으며, 어떤 경우에는 주택, 식비, 의류비, 학비, 교통비를 지원받기도 한다. 부모들은 대개 병원비와 의료 보험비도 대준다. 이런 식으로 현금 증여에 쓰이는 돈은 대개 대학 학자금으로 너무 많이 준비해 두었던 돈에서 나온다. 성인 자녀가 공부를 더 이상 계속하지 않겠다고 결정하면 법적으로 그 자녀의 몫으로 되어 있던 돈이 많이 남게 되는데, 이런 돈은 대개 자녀의 안락한 생활 유지에 쓰이게 되는 것이다.

젊은 시절에 직업을 갖지 않으면, 나이가 들어서도 일할 기회를 갖기 어려워진다. 직업을 가지고 있지 않은 중년의 성인 자녀들은 대개 1년에 한 번씩 현금 보조를 받는다. 게다가 실업률이 높을수록 EOC를 더 많이, 그리고 더 자주 받게 된다. 이런 성인 자녀들은 다른 형제자매에 비해서 부동산 형태의 유산을 상속받을 가능성 역시 높다.

세상 떠나기 전과 떠난 후

포커스 그룹 인터뷰를 위해 우리는 3시간 동안 참석할 백만장자 8~10명을 모아 달라고 소개소에 부탁했다. 참석자는 모두 PAW이고, 최소한 300

만의 순자산을 가지고 있으며, 나이는 65세 이상이어야 했다. 참석자는 200달러씩의 사례금을 받기로 되어 있었다.

인터뷰 이틀 전에 9명의 백만장자가 모집되었다. 그러나 인터뷰 당일 아침에 개인 사정으로 한 사람이 참석할 수 없다는 전화가 걸려 왔다. 소개소에서는 그 사람 대신 다른 사람을 참석시킬 수 있을 것 같다고 했다. 그리고 인터뷰가 시작되기 1시간 전, 대신 참석할 사람을 찾았다는 연락을 받았다. 그런데 그 사람은 62세의 고소득 자영업자였지만 PAW 조건에는 일치하지 않았다. 어쨌든 우리는 그를 참석시키기로 결정했는데, 그 결정이 행운의 기회가 되었다.

대리 참석자인 앤드루스는 다른 참석자들이 백만장자라는 말을 미리 전해 듣지 못한 듯했다. 아마도 그래서 제일 먼저 나서서 자신이 부자가 된 경위를 뽐냈던 것이리라. 사실 앤드루스는 고소득을 올리고는 있지만 순자산은 비교적 적은 편이었다. 그는 외모와 행동 모두 전형적인 UAW였다. 양 손목에 금팔찌를 하고 있었고, 비싼 다이아몬드가 잔뜩 박힌 시계에 비슷한 반지도 여러 개 끼고 있었다. 사람들 앞에서 자기 이야기를 시작하는 앤드루스는 자신감이 넘쳐 보였다. 그러나 8명의 현명한 나머지 사람들과 3시간 동안 이야기를 나누고 난 후, 앤드루스의 표정은 완전히 바뀌어 있었다. 그의 자신감은 인터뷰가 진행되어 가는 동안 차츰 사라져 가고 있는 듯했다. 우리는 그날 앤드루스가 재정 계획과 세대 간 재산 분배에 관해 몇 가지 중요한 교훈을 배웠을 것이라고 생각한다.

앤드루스는 우리에게 자신은 부자이며 이미 재정 목표를 달성했다고 말했지만, 질문을 받자 자신의 목표가 무엇인지 확실히 말하지 못했다. 그는 주요 재정 계획이 고소득을 올리는 것이며, 나머지 부분은 따라오게 되어 있다고만 생각했다. 우리는 앤드루스와 같은 UAW들을 인터뷰해 본 경험이 많은데, 재정 계획에 관해 어떤 질문을 하건 그들의 대답은 예상대로였다.

"우리 동네에 유명 인사들이 얼마나 많이 사는지 아세요?"
"나는 돈을 많이 법니다."
"나는 유명한 록 스타 두 집 건너에 살아요."
"우리 딸은 돈 잘 버는 사람과 결혼했답니다."

앤드루스와 같은 UAW들은 자신에 관해 말할 때 무엇을 강조하고 싶었던 것일까? 그들은 자신의 소득, 소비 성향, 고급 물건을 강조한다. 그러나 PAW들은 학문적 성취나 사업을 일으킨 방법 등과 같은 자신의 업적에 관해 말한다. UAW인 앤드루스는 포커스 그룹 인터뷰에 참석했던 나머지 8명의 PAW들과는 상당히 다른 재정적 성향을 나타낸다.

앤드루스보다 좀 더 나이가 많은 여러 명의 참석자가 자신의 경험을 이례적으로 상세하게 말해 주었다. 우리는 앤드루스가 제일 먼저 이야기를 시작하지 않았더라면 쉽게 이런 정보가 나오지는 못했을 것이라고 생각한다. 남들과는 확연히 다른 앤드루스의 견해가 다른 사람들의 의견 교환을 촉발시켰고, 그 결과 매우 가치 있는 PAW들의 조언을 들을 수 있었다. 여기서 논의된 문제들은 EOC의 제공, 유언 집행자의 역할과 선택, 상속인들 간의 갈등, 신탁, 자녀와 손주들의 사후 통제에 관한 찬반양론 등이었다.

우리는 이런 질문으로 인터뷰를 시작했다.

"우선 자신에 관해 소개해 주시겠습니까?"

9명의 참석자가 모두 간단하게 자기소개를 했다. 대개는 이런 대답이었다.

"저는 마틴입니다. 결혼한 지는 41년 되었고, 아이가 셋 있는데 하나는 의사이고 하나는 변호사이지요. 또 하나는 기업 간부이구요. 손주는 7명입니다. 최근 사업체를 정리하고 지금은 여러 종교 단체에서 활동하는데, 그중 두 군데는 젊은 사람들이 사업을 시작할 수 있도록 돕는 단체이지요."

모든 참석자가 자신의 사업체를 직접 운영했거나, 최근에 정리하고 퇴직한 사람들이었다. 62세인 앤드루스를 제외한 나머지 사람들 모두 60대 중반에서 70대 후반 사이의 연령이었다. 참석자들은 간단하게 자기소개를 마친 후, 자신의 재정 목표에 관해 토론했다. 가장 먼저 발표한 사람은 앤드루스였다.

"나는 내 힘으로 사업체를 시작했습니다. 아침에 눈을 뜨면 하루하루가 도전이었지요. 나는 해야 할 일을 계획하고, 그 계획대로 실천합니다. 그렇기 때문에 내 사업체가 잘 돌아가는 것이지요."

앤드루스는 현재 자녀들에게 제공하고 있는 EOC와 더불어 앞으로 재산을 어떻게 분배해 줄 것인지에 대해 이야기했다.

"나에게는 의사와 변호사 사위가 있는데, 두 사위 모두 돈을 잘 법니다. 둘 다 최고의 소득층에 들지요. 그래서 사위들한테는 돈을 줄 필요가 없습니다.

그러나 그들의 마누라, 즉 내 딸들에게는 내 돈이 필요하지요. 돈을 많이 쓰는 아이들이거든요. 물론 내가 그 아이들의 버릇을 망쳐 놓은 거예요. 그래서 지금도 그 대가를 치르고 있답니다. 딸들은 나에게 전화해서 아이들 피아노를 사 달라고 합니다. 그러면 나는 그 비용을 주지요. 자전거, 생일 파티 비용도 모두 대 줍니다. 나는 딸들에게 돈을 주는 것이 즐거워요. 내 딸들이 내 생명보험의 피보험자입니다. 그 보험금이면 상속세와 기타 비용을 다 치르고도 남지요. 딸들에게는 그 나머지 돈이 돌아갈 겁니다.

내가 죽고 난 후, 아이들이 내 돈을 어떻게 처분하든 상관없습니다. 가지고 있을 수도 있고, 다 써 버릴 수도 있겠지요. 나는 그저 아이들이 행복하기만 바랄 뿐입니다."

앤드루스에게 행복이란 '쓸 돈이 있음'을 의미했다. 그리고 고소득을 올리는 남자와 결혼한 딸들이 그의 자존심을 지켜 주었다. 앤드루스는 이런 화젯거리를 여러 번 반복해서 말했다.

앤드루스 옆에 앉은 사람은 러셀이었다. 그는 큰 부자로, 최근 자신의 제조업체를 정리하고 퇴직한 사람이었다. 앤드루스가 자신이 딸들을 망쳐 놓았다고 인정하자 러셀은 즉시 의자를 앞으로 당겨 앉으며 이렇게 말했다.

"저는 딸이 셋 있는데, 모두 직업을 가지고 일하면서 행복해합니다. 그리고 셋 다 우리 집에서 멀리 떨어져 살지요. 그 아이들 각자의 인생이 존재하기 때문에 나는 아이들의 미래를 위해 돈을 마련해야 한다는 걱정은 하지 않습니다. 아이들도 그렇게 생각하구요. 그러나 아이들은 큰 유산을 상속받게 될 것입니다. 내가 죽고 나면 분명히 많은 돈이 남을 테니까요."

또 다른 참석자인 조셉은 고개를 끄덕이며 이렇게 말했다.

"저에게도 딸이 둘 있습니다. 하나는 대기업 부사장이고, 또 하나는 과학자이지요. 우리 부부는 이 아이들이 정말 자랑스럽습니다. 아이들은 많은 상속 재산을 받게 될 것입니다. 그러나 우리 가족은 내 재산에 관해 깊게 생각하지 않습니다."

러셀과 조셉은 올바른 사고방식을 가지고 있다. 만일 당신이 부자이고, 자녀들이 행복하고 자립적인 성인으로 자라기를 바란다면 타인의 돈을 받는 문제에 관한 중점적 토론 및 행동을 가능한 한 자제해야 한다.

이런 이야기들이 오가고 난 후, 참석자 중 한 사람이 앤드루스에게 사업체 처분은 어떻게 할 생각인지 물었다. 앤드루스의 대답을 들은 나머지 참석자들이 흥미진진한 이야기를 쏟아냈다. 앤드루스는 이렇게 말했다.

"나는 사업으로 벌어들인 돈을 모두 딸들과 손자, 손녀들에게 주고 있습니다. 나에게는 그 돈이 필요 없으니 아이들이 돈을 써 버린다 해도 상관없지요. 나는 법이 허용하는 범위 내에서 최대한 많이 줍니다."

앤드루스는 자신의 사업체 소유권을 어떻게 할 계획일까? 결국 매각할까? 아니면 자녀들에게 경영권을 넘겨줄까? 그렇지 않으면 무언가 다른 생각이 있는 것일까?

"나는 맏아들 빌리와 합의를 보았습니다. 그 아이는 매년 일정액을 지불하도록 되어 있는데, 결국에는 사업체를 완전히 소유할 수 있게 될 겁니다."

연장자인 여러 명의 참석자가 이 계획에 관해 질문을 던졌다. 왜냐하면 그것은 앤드루스의 자녀들 사이에서 갈등을 일으킬 가능성이 크기 때문이었다. 앤드루스의 사업 분야는 서비스·유통 산업이었는데, 이 사업은 앤드루스가에서 경영을 맡지 않는다면 가치가 없었다. 다시 말하면, 아들 빌리가 이 사업체를 맡아 운영하지 않는다면 사업 승산이 없을 것이라는 뜻이다. 어떤 참석자가 물었다.

"오늘 당장 그 사업체를 팔려고 내놓는다면 상당한 가치가 있을까요?"

앤드루스는 그렇지 않을 것이라는 사실을 인정했다. 그렇다면 앤드루스는 왜 핵심 직원인 맏아들에게 사업체를 매입하도록 요구하고 있는 것일까? 왜 그냥 넘겨주지 않는 것일까? 이 점을 기억해야 한다. 앤드루스는 자신의 사업체에서 얻은 모든 수익을 딸들에게 주고 있으며, 사업체를 매각한 돈 역시 딸들에게 줄 계획이다. 아들 빌리에게 사업체를 넘겨주는 대가로 받은 돈을 딸들에게 주는 것이다. 게다가 앤드루스의 딸들은 이미 아버지로부터 상당액의 현금 증여를 받고 있지만, 빌리는 그렇지 않다. 아버지는 빌리에게는 보조금이 필요 없다고 생각한다. 빌리는 매우 생활력이 강해 돈도 잘 벌고 항상 무거운 짐을 짊어질 능력을 갖추고 있는 반면, 딸들은 중·상류층 생활을 제 힘으로 유지해 나갈 능력이 없다고 생각하는 것이다. 하지만 고소득자인 사위들은 어떤가?

앤드루스는 사위들이 과소비적인 딸을 충족시켜 줄 만큼 충분히 벌지는 못할 것이라고 생각한다. 앤드루스는 다음과 같은 말도 했다.

"사위를 100% 믿을 수는 없습니다. 이혼 가능성은 언제나 존재하니까요."

앤드루스의 사망 후, 딸들에게 주어지던 EOC는 어떻게 될까? 앤드루스의 대리인인 맏아들 빌리가 이 문제를 해결할 것이다. 빌리에게 부탁해서 자신의 사망 후 누이들에게 매년 EOC를 제공하도록 하는 것이 앤드루스의 계획이다. 해마다 지출되는 이 돈은 사업 수익금에서 나올 것이다. 이런 일이 드물까? 그렇지 않다. 자영업자들, 기업가들, 의사들은 종종 이와 비슷한 상황에 처하곤 한다([표 6-3]과 [표 6-4]참조).

사실 과소비적일 것으로 예상되는 누이들의 생활 방식을 보조하려면 빌리는 많은 돈을 대 주어야 할 것이다. 앤드루스는 아들 빌리가 자신이 바라는 대로 할 것으로 확신한다. 빌리는 아마도 아버지의 뜻에 따를 것이다. 그러나 만일 당신이 빌리의 아내라면 어떻게 반응하겠는가? 남편이 시누이들의 비싼 의류비와 고급 자동차, 그리고 휴가 비용 등을 대 주고 있다고 생각해 보자. 대부분의 배우자는 '광에서 인심 난다'라고 할 것이다. 재산 분배의 불공평함이 가족 간의 갈등을 일으킨다는 점을 염두에 두어야 하는 것이다.

다른 참석자들은 앤드루스의 계획을 직접적으로 비판하지는 않았다. 한 사람씩 이야기하는 동안 그들은 그룹을 전체적으로 쳐다볼 뿐 앤드루스를 직접 쳐다보지는 않았다. 그러나 토론이 진행될수록 참석자들 모두 앤드루스의 계획을 별로 좋게 평가하지 않는다는 사실이 점점 더 명백해졌다.

한 참석자는 비슷한 상황을 이야기했다.

[표 6-3] 부유층 성인 자녀가 기업가인 경우의 EOC·상속 재산에 관한 비교

EOC·상속 재산을 받을 확률	- 부유층 자녀 중 기업가는 다른 직업의 경우보다 EOC나 유산을 받을 확률이 낮다. - 기업가인 자녀 중 소수만이 가업을 물려받는다. 일반적으로 이들은 자기 사업을 시작한다.
EOC·상속 재산을 주는 근거	- 부모는 기업가적인 성향이 있는 자녀로서 사업을 시작하고 싶어하는 자녀에게 종잣돈을 제공하는 경우가 많다. - 일단 성공한 것으로 보이는 기업가 자녀들은 EOC나 유산을 받을 확률이 훨씬 낮다. - 기업가적 성향을 가진 자녀는 모든 직종의 자녀들 가운데 소득과 순자산이 가장 높은 특징을 가지고 있다. - 부모나 가계의 사업을 상속받은 자녀 중에는 그 대가로 소득이 적은 형제를 장기간 원조해야 하는 경우도 있다.
부모에 대한 자녀의 위치	- 기업가들은 대개 강인하고 자립적이다. 따라서 이들은 심리적, 재정적으로 부모에게 구속될 확률이 낮다. - 대개 부모가 연로하면 기업가적 성향을 가진 자녀가 부모에게 의지하기보다는 부모가 자녀에게 의지하는 편이다.
EOC·상속 재산을 받는 자녀의 연령층	- 기업가 자녀들은 일반적으로 성인기의 초기 단계에 EOC를 제공받는다.
EOC·상속 재산의 형태	- 기업가 자녀들은 다른 자녀들에 비해 대학·대학원을 비교적 짧은 기간에 마치는 편이다. 대개 부유층 부모들은 이런 자녀의 대학 학자금을 무척 넉넉하게 마련해 두기 때문에 여기에서 남은 돈을 EOC로 증여하게 된다. - 또한 종잣돈으로 사용할 EOC의 일부 또는 모두를 비상환 대부금의 형태로 제공한다.

[표 6-4] 부유층 성인 자녀가 의사인 경우의 EOC·상속 재산에 관한 비교

EOC·상속 재산을 받을 확률	- 부유층 자녀 중에서도 의사는 모든 직종을 통틀어 유산을 받을 확률이 가장 낮다. - 의사가 부모로부터 매년 현금 증여를 받을 확률은 평균 수준이다. - 부모들은 의사인 자녀에게 전문적인 의료 서비스를 받을 것으로 기대하며, 의사인 자녀가 덜 부유한 형제자매에게 재정적인 도움을 줄 것으로 기대하는 경우도 있다.
EOC·상속 재산을 주는 근거	- 부모는 의사인 자녀들은 유산을 상속받을 필요가 없다고 생각한다. 즉, 의사들은 이미 부자이기 때문에 더 이상의 재산이 필요 없다고 느끼는 것이다. - 의사가 아닌 형제자매들이 부모를 설득하여 유언장에서 의사 자녀를 삭제시키도록 하는 경우도 있다. 의사 자녀가 부유하지 못한 형제자매에게 경제적 지원을 해줄 것이라고 생각하는 부모도 있다.
부모에 대한 자녀의 위치	- 의사들은 부모에게 경제적, 심리적으로 의존하는 성향이 가장 적다. 이들은 가장 독립적이며 의지가 강한 타입이다. 이러한 태도 때문에 부모는 의사 자녀에게는 부모의 돈이 필요 없다고 확신하게 된다.
EOC·상속 재산을 받는 자녀의 연령층	- 의사들은 성인기 초기 단계에 현금 증여를 받는 경향이 있다. 중년이 되면서 이들이 현금 증여를 받을 확률은 크게 줄어든다.
EOC·상속 재산의 형태	- EOC는 학비와 개업비를 위해 현금 형태로 제공된다. - 상속을 받는 의사들은 대개 부동산이나 물건·수집품이 아닌 현금이나 금융 자산을 받는다.

"아들과 아버지가 있습니다. 아들은 점점 참을성이 없어졌습니다. 아들은 아버지의 사업을 물려받고 싶었는데, 아버지가 돌아가실 때까지 기다리고 싶지 않았습니다. 그래서 아들은 자신의 사업을 시작했고, 실제로 아버지와 경쟁하게 되었습니다."

앤드루스가 재빨리 반박했다.

"내 아들은 나와 경쟁하지 않겠다고 약속했습니다. 가정 안에서 일어나는 모든 일은 신뢰를 밑바탕으로 하고 있지 않습니까?"

참석자들은 잠시 동안 이 말에 관해 생각하는 듯 보였다. 아마도 앤드루스는 자신의 계획을 재고하고 있는 것 같았다.

앤드루스는 이 말을 하고 난 직후에 자녀들이 자기 재산의 유언 집행자라고 밝혔다. 그러자 하비가 손을 들고 발언권을 요청했다. 우리는 환영했다. 하비는 이 그룹에서 가장 연장자이며 가장 부유한 사람이었다. 그는 상속인들이 화목하게 지낼 수 있도록 하는 것이 중요하다는 말부터 시작했다. 그런 면에서 유언 집행자의 선택은 매우 신중해야 한다는 것이었다. 하비는 단독 유언 집행자와 공동 유언 집행자 역할을 여러 번 경험했다고 한다. 그래서 그는 유언 집행자의 역할이 어렵다는 것과, 또 때로는 집행자들과 상속인들 사이에 반목이 생길 수도 있음을 잘 알고 있었다. 이 때문에 하비는 자신의 유산에 대한 유언 집행자를 신중히 선택했다.

"저에게는 아이가 둘 있는데, 그 아이들은 서로 사이좋게 지냅니다. 제 재산은 둘이 잘 알아서 나눌 거라 믿지만, 그래도 제 변호사와 함께 일을 처리하게 할 생각입니다. 아이들과 변호사가 제 재산의 유언 집행자이지요. 균형을 지키도록 하기 위해 변호사를 집행자로 선임했구요. 돈이 관련되면 무슨 일이 벌어지는지 여러분도 잘 아시겠지요? 저는 아이들이 계속 사이좋게 지내기를 바랍니다. 하지만 유능한 전문가가 없다면 마지막 순간에 사이가 갈라질 수도 있지요."

그러자 앤드루스가 약간 도전적인 태도로 이렇게 말했다.

"정말 가족이 아닌 사람을 유언 집행자로 쓰실 겁니까?"

이에 대해 참석자 9명 가운데 7명이 가족 외에도 최소한 1명의 외부인을 재산에 대한 공동 유언 집행자로 선임하겠다고 말했다. 퇴직한 기업가로서 9명의 손주를 둔 링도 그중 하나였다. 링 역시 공동 유언 집행자 역할을 여러 번 해 보았다고 했다. 그는 조부모의 유산을 물려받은 상속인들이 20대 후반과 30대가 되어서도 자신이 누리고 있는 풍족한 생활 방식을 지탱할 능력도, 야심도 없는 한심한 성인으로 사는 경우들을 잘 알고 있었다. 이들 중에는 아직도 부모의 집에서 사는 사람도 여럿이었다. 모두가 조부모로부터 EOC를 받으며 생활했었지만, 일단 '우물'이 말라 버리자 문제가 시작되었다고 링은 설명했다. 조부모가 돌아가시자 손주들과 부모들은 원수가 되어 버렸다. 그들은 각기 자기네 세대가 더 많은 유산을 받아야 한다고 생각했다.

이런 경험들은 링에게 적잖은 영향을 미치게 되었다. 그는 죽기 전에 반드시 전문가를 공동 유언 집행자로 선임해야 한다는 사실을 깨달았다. 결국 오랜 세월에 걸쳐 링은 매우 유능한 상속 전문 변호사와 세금 전문 회계사를 가까운 친구로 사귀게 되었다. 퇴직하기 전에 링은 이들로부터 조언을 구했는데, 이들이 언젠가는 자신의 편에 서서 유산 문제로 인한 손주들 간의 다툼을 막거나 최소한 줄여 줄 수 있을 것으로 믿고 있다. 또한 링은 아이들을 망치지 않으면서 재산을 나누어줄 수 있는 방법에 관해 오랫동안 이들의 조언을 구해 왔다. 현재 링은 손주들에게 EOC를 제공하고 있지만, 물건이나 사회적 특권과 같은 형태는 아니다. 그리고 반드시 아이들의 부모가 허락해야만 EOC를 제공한다.

"손주들을 위한 신탁 기금은 잘 관리되고 있습니다. 돈은 아이들이 특정 연령에 이르러야만 받을 수 있지요. 저는 사실 그 의견에 좀 반대하는 입장이었지만, 변호사와 회계사의 충고에 따랐습니다. 저는 죽어서까지 아이들을 지배하고 싶지는 않습니다만, 신탁 기금의 성격상 손주들은 열심히 노력해야 할 겁니다."

링의 유산 상속인들은 30세가 될 때까지 상속 재산을 받을 수 없을 것이다. 부유한 조부모가 손주들에게 특권을 제공하는 경우도 있지만, 링은 아이들에게 교육비만을 대 주고 있다. 교육은 손주들에게 절제와 야망, 그리고 독립심을 길러 주기 위한 것이다.

그래함이 그다음으로 이야기를 시작했다. 그는 우리에게 공동 유언 집행자로서의 경험을 들려주었다. 그 경험이 그래함에게는 재산을 위한 공동 유언 집행자를 선택하는 데 도움이 되었다고 했다.

"우리의 판단력을 활용해야 합니다. 그리고 이해심과 동정심을 가져야 하구요. 저는 가까운 친구의 어마어마한 재산의 유언 집행자였습니다. 저에게는 자유 재량권이 있었지요. 모든 결정에 대해 반드시 지시받을 필요는 없었습니다. 친구의 딸이 23세가 되어 결혼을 앞두게 되었습니다. 그 아이의 아버지라면 근사한 결혼식을 처러 주고 싶어 했을 거라는 생각이 들었지요. 그래서 우리는 그 아이에게 아버지가 해주었을 것이라고 생각되는 만큼의 혼수를 해주었습니다.

그 아이가 결혼해서 가정을 꾸민 후에도 저는 여전히 그 아이가 충분히 성숙했음을 확신할 수 없었습니다. 그래서 좋은 집을 살 수 있을 정도의 돈만 주었지요. 그 후, 자신을 돌볼 능력이 충분히 있다고 생각되자 그때서야 신탁 기금에 남아 있던 것을 마저 갖도록 허락해 주었습니다."

그 딸은 30세가 되기 직전에 상속 재산의 나머지 부분을 받을 수 있었다. 그때서야 그래함은 그녀가 자신의 상속 재산을 관리할 능력을 갖추었다고 판단했다. 그녀는 안정된 결혼 생활과 엄마로서의 역할, 그리고 직업 경력 면에서 성숙함을 증명해 보였던 것이다.

그래함은 오랜 친구였던 변호사를 유산에 대한 유언 집행자로 선택했다. 자식들끼리 싸우는 것보다는 차라리 중재자와 싸우는 것이 낫다고 생각했기 때문이었다.

또 다른 백만장자인 워드 역시 공동 유언 집행자 역할을 경험해 보았다고 했다. 그는 수백만 달러나 되는 유산의 유언 집행자로 아들과 딸들을 선택하지 않고 두 사람의 변호사를 선택했다. 그중 한 사람은 워드의 조카였고, 다른 한 사람은 미국에서 가장 유명한 법률 회사의 파트너인 변호사였다. 워드는 자신의 선택에 대해 이렇게 설명했다.

"저는 젊은 변호사들을 제 유언 집행자로 선택했습니다. 젊으니까 내 상속인들이 원하는 바를 더 잘 이해할 거라고 생각했기 때문이었지요. 두 변호사 모두 매우 성실하고 이해심도 많은 사람이에요. 업무로 인해 서로 잘 아는 사이이기도 하고요."

워드에게는 이해심과 동정심, 그리고 성실성 외에도 또 한 가지 특성이 중요했다.

"제 유언장을 쓴 변호사가 조카와 함께 공동 유언 집행자로 선임된 사람입니다. 만일 아이들 사이에 문제가 발생하면 그가 훌륭한 중재 역할을 해줄 거라고 생각해서 그를 선택한 거지요. 그는 제 오랜 친구이자 성공한 사업가랍니다."

워드의 이 말은 우리 연구에서 밝혀진 여러 가지 결과와도 일치한다. 우선 대부분의 PAW는 유능한 변호사나 회계사 같은 인물들과 오랫동안 친분 관계를 유지하고 있다. 둘째, 워드 같은 부류의 사람들은 유언장, 신탁, 유산, EOC와 같은 문제에 관해 조언을 해주는 친척이나 가까운 친구를 두고 있는 경우가 많다. 사실 같은 상황일지라도 상속인들이 유산 전문 변호사 자녀인 경우에는 상속세를 적게 내는 편이다. 변호사인 자녀들이 부유층 부모들의 공식 또는 비공식적인 법률 조언자 역할을 하기 때문이다. 이런 자녀들은 유산 전문 변호사 선택, 유언장의 각 조항, 가족 재산의 최종 처분, 유언 집행자 선택, 신탁 서비스 이용, 자녀와 손주들에게 돌아가는 EOC의

빈도 및 규모와 같은 유산 계획의 모든 면에 영향을 미친다.

친척인 변호사들은 대개 자녀와 손주들에게 매년 EOC를 나누어줌으로써 상속세를 최소화하는 방법을 조언해 준다. 따라서 변호사 자녀만 있어도 가족 중 모든 자녀가 부모로부터 상당한 EOC를 받을 가능성이 커진다. 또한 결과적으로 이런 가정의 자녀들은 다른 부유층 자녀들보다 더 적은 액수를 상속받게 된다. 왜냐하면 부모의 재산 중 많은 부분이 부모가 죽기 전에 변호사인 자녀를 포함한 모든 자녀에게 분배되기 때문이다.

경험자인 다른 참석자들이 앤드루스에게 하고자 하는 말은 무엇이었을까? 첫째, 앤드루스의 유산은 여러 가지 주관적인 조항 때문에 너무 복잡한 문제가 얽혀 있다는 점이다. 자신의 계획 중에는 수많은 구두 약속과 금전상의 공언도 포함되어 있음을 앤드루스도 인정했다. 이런 복잡한 문제 처리에는 전문가의 도움이 필요하므로, 공동 유언 집행자로 변호사나 중재자의 선임을 고려하는 것이 현명할 것이다. 그렇게 하지 않으면 앤드루스의 유산 상속 계획은 자녀들 사이에서 많은 갈등과 반목의 원인이 될 것이 뻔하다.

그러나 만일 앤드루스가 그동안 우리가 인터뷰했던 많은 UAW와 비슷한 사람이라면? 그렇다면 앤드루스는 아마도 변호사 같은 전문가와 오랫동안 가까운 사이로 지내면서 함께 일하지는 못할 것이다. 앤드루스가 자신을 도와줄 외부인이 필요하지 않다고 말했던 점을 떠올려 보자. 그것은 자녀들을 신뢰하기 때문이며, 모든 것이 신뢰를 바탕으로 돌아가기 때문이라고 그는 말했었다. 그러나 그런 상황에서는 신뢰가 전부는 아니다.

부유한 부모와 생산적인 자녀를 위한 규칙

참석자들은 성공한 자녀를 둔 부유층 사람들이 자식을 어떻게 키웠는지에 관한 귀한 정보를 우리에게 많이 전해 주었다. 다음은 그들이 제시한 몇 가지 지침이다.

1. 자녀들에게 부모가 부유하다는 사실을 절대로 말하지 마라

왜 UAW의 많은 성인 자녀는 고소득을 올리면서도 그만큼의 재산을 모으지는 못하는 것일까? 주요 원인으로, 어렸을 때부터 부모가 부유하다는 말을 끊임없이 들어 왔다는 점을 꼽을 수 있다. 성인 자녀가 UAW가 되는 것은 그 부모들이 부유층의 생활 방식에 따라 사치스럽게 살아왔기 때문이다. 오늘날 미국 사회에 퍼져 있는 과소비를 생활 방식으로 선택해 살아온 것이다. 자녀들이 부모를 모방하는 것은 당연한 일이다. 반대로, 성인 PAW가 된 사람들은 우리에게 다음과 같은 말을 여러 번 반복해서 해주었다.

"저는 아버지 유산의 유언 집행자가 되고 나서야 아버지가 부자라는 사실을 알게 되었습니다. 아버지는 전혀 부자처럼 보이지 않았거든요."

2. 당신이 아무리 큰 부자라도 자녀들에게 절제와 근검절약을 가르쳐라

챕터 3에서 다루었던 노스 박사의 사례를 보면, 그의 성인 자녀들은 검소하고 절제된 생활을 하고 있었다. 노스 박사 부부는 자녀들을 어떻게 키웠는지 우리에게 자세히 말해 주었다. 간단히 말해서, 노스 부부는 말보다는 행동으로 모범을 보이며 가르쳤다. 자녀들에게는 검소하고 절제하는 부모가 좋은 역할 모델이 되어 주었다. 노스 박사는 그 사실에 대해 이렇게 말했다.

"아이들은 무척이나 영리합니다. 부모가 실천하지 않는 규칙은 따르지 않으려 하지요. 우리 부부는 엄격한 부모였어요. 규칙대로 살면서 아이들이 보고 배우도록 했지요. 아이들은 우리를 보고 배운 겁니다.
부모가 자녀들에게 지시하는 것과 부모의 행동 사이에는 반드시 일관성이 있어야 합니다. 아이들은 모순을 금방 알아차리거든요."

노스 박사는 예전에 열두 살이 된 딸에게 생일 선물을 받은 일이 있었다. '왕의 규칙들'이라는 제목의 포스터였다. 그 포스터에는 딸이 쓴 규칙이 적혀 있었는데, 그것은 노스 박사가 자녀들에게 말해 온 것들이었다. 노스 박사는 지금도 그 포스터를 눈에 잘 띄는 사무실 책상 뒤쪽에 걸어 놓고 있다.

"아이들에게는 규율과 규칙이 중요합니다. 제 딸아이는 그 포스터로 나를 기쁘게 해주었지요. 아이들은 자신의 행동에 책임을 지도록 훈련받아야 해요. 현재 우리 아이들은 모두 검소하고 절제하는 생활을 하며, 규칙도 잘 지킵니다. 왜 그랬을까요? 부모가 그렇게 했기 때문입니다. 실천은 말뿐인 규칙보다 교육 효과가 훨씬 높거든요."

노스 박사의 열두 살짜리 딸이 적어 놓은 규칙은 무엇이었을까? 다음은 그중 일부이다.

- 강인해저라. 세상살이는 힘든 것이다. 즉, 장밋빛 미래가 너희를 기다리고 있는 건 아니다.
- 결코 자기 연민에 빠지지 마라.
- 신발을 꺾어 신지 마라. 낭비하지 않으면 부족하지도 않다. 즉, 물건을 함부로 사용하지 않아야 더 오래 쓸 수 있다.
- 현관문을 닫아라. 열이 밖으로 나가게 함으로써 부모의 돈을 낭비하지 마라.
- 물건은 항상 제자리에 두어라.
- 화장실 물을 반드시 내려라.
- 도움이 필요한 사람에게는 부탁받기 전에 먼저 도와주어라.

3. 아이들이 어른스러운 습관과 직업을 갖기 전까지는 부모가 부자라는 사실을 모르게 하라

노스 박사는 다시 한번 강조하며 이렇게 말했다.

"저는 아이들을 위해 신탁 기금을 마련해 두었습니다. 상속세를 좀 줄이기 위해서지요. 신탁금은 아이들이 40세가 넘기 전에는 분배되지 않을 겁니다. 그 나이라면 돈 때문에 생활 방식이 바뀌지는 않을 테니까요. 나이 40이면 이미 자신만의 생활 방식을 가지고 있겠지요."

노스 박사는 자녀들에게 현금 증여를 전혀 하지 않으며, 아이들이 성인이 된 지금도 마찬가지라고 했다.

"돈은 아이들을 유혹에 빠지게 합니다. 어릴 때는 특히 더 그렇지요. 대중 매체, 그중에서도 미디어는 젊은이들의 가치관을 마음대로 조종하고 있습니다. 그들이 케케묵은 농담으로 사람들을 웃기려고 하는 것과 마찬가지로요. 미디어는 소비를 지나치게 강조합니다. 저는 소비하라고 거저 돈을 준 적이 없어요. 아이들에게 살 것이 있으면 먼저 돈을 모으라고 항상 말하지요."

4. 자녀와 손주들에게 유산 상속이나 EOC에 관해 되도록 말하지 마라

"빌리, 너는 집을 받게 될 거야. 밥, 너는 여름 별장을 받을 거고. 바버라, 너는 은식기 세트를 가져라."라는 식의 구두 약속은 결코 하지 마라. 아이들이 모여 있을 때나 술자리에서는 특히 더 그렇다. 쉽게 잊어버리거나, 누구에게 무얼 주겠다고 했는지 혼동하게 되기 때문이다. 그러나 자녀들은 결코 허투루 듣지 않으므로, 그것을 받지 못하게 되면 당신과 다른 형제들에게 그 탓을 돌릴 것이다. 잘못된 약속은 대개 불화와 갈등을 빚어내기 마련이다.

5. 협상 전략의 일환으로 자녀에게 현금이나 고가의 선물을 주지 마라

그런 것은 사랑의 표시로 주거나 의무에 대한 대가로, 혹은 친절에 대한 감사의 표시로 주어라. 성인 자녀들은 압력을 가하기 위해 여러 가지 협상 책략을 쓰는 부모에 대해 애정과 존경심을 잃게 된다. 이런 식의 강요는 부모가 어린 자녀를 달래는 과정에서 생겨나게 되는데, 열두 살 정도 되는 아이들도 "자니한테 자전거를 사 주었으니 나에게는 왜건을 사 주세요!"라는 식의 방법을 터득하게 된다. 자니 형제는 사랑과 친절의 상징으로 선물을 빈아야 하지만, 아이들은 뭔가를 받아내기 위해 부모를 조르고 억지를 부려야 한다고 생각하게 된다. 그러면 형제끼리 서로 적대시하게 될 수도 있다.

성인 자녀들 사이에서조차도 부모가 이런 갈등을 발생시키는 경우가 종종 있다. 당신은 자녀나 손주들에게 다음과 같은 말을 해본 적이 있는가?

"우리가 너의 형 집수리 비용하고 아이들 사립학교 비용, 그리고 건강보험료를 대 주었단다. 그래서 너한테도 돈을 좀 주려고 하는데, 한 5,000달러면 되겠니?"

이런 제안에는 어떤 문제점이 있을까? 받는 쪽에서는 부모가 자신을 달래기 위한 방편으로, 혹은 미안함의 대가로 그런 제안을 한다고 생각할 것이다.

6. 성인 자녀의 가족 문제에 참견하지 마라

제발 부모들은 자신이 생각하는 이상적인 생활 방식이 성인 자녀나 며느리, 또는 사위의 생활 방식과 정반대가 될 수도 있음을 알아 두기 바란다. 성인 자녀들은 부모가 참견하면 화를 내게 되므로, 자녀들이 자율적으로 살아가도록 내버려두어야 한다. 충고를 하더라도 허락을 받고 하고, 성인 자녀에게 비싼 물건을 선물할 때에도 먼저 의사를 물어라.

7. 자녀와 경쟁하지 마라

당신이 그동안 축적해 온 재산이 얼마나 되는지 자녀에게 자랑하지 마라. 그런 태도는 자녀를 혼란스럽게 만든다. 자녀들은 재산 축적이라는 면에서 경쟁 상대가 될 수 없다. 그리고 그렇게 하고 싶어 하지도 않는다. 당신은 자신의 업적을 자랑할 필요가 없다. 자녀들은 당신의 업적을 높게 평가할 만큼 충분히 현명하다. 결코 "내가 네 나이 때에는 말이야…." 하는 식으로 대화를 시작하지 마라.

성취욕이 강한 부유층 출신의 성공한 자녀 중에는 재산 축적이 최상의 목표가 아닌 경우도 많다. 오히려 이들은 고등 교육을 받고, 동료들에게 존경받으며, 높은 직위에 오르기를 원한다. 또한 이들은 직종 간의 소득과 재산 차이를 부모만큼 중요시하지 않는다. 전형적인 제1세대 미국 백만장자는 사업가이다. 이런 사람은 재산은 많지만 대개 자부심은 적은 편이다. 돈만 많은 이가 고등 교육을 받고 고위직의 전문 직종에 종사하는 자녀를 통해 대리 만족을 얻는 경우가 많다. 자수성가한 백만장자에게 간단한 질문을 해보라. "로스 씨, 당신 자신에 관한 이야기를 좀 해주십시오." 이 질문에 대해 고등학교를 중퇴한 전형적인 백만장자가 이런 대답을 했다.

"저는 10대의 어린 나이로 결혼했습니다. 그래서 고등학교를 마치지 못했지요. 하지만 사업을 시작해 오늘날 크게 성공했고, 지금은 수십 명의 대학 졸업자들이 저를 위해 관리자로 일하고 있지요.
그건 그렇고, 제 딸이 바너드대학을 우수한 성적으로 졸업할 거라는 말을 제가 했던가요?"

이 백만장자는 자녀들이 사업가가 되지 않기를 바랐다. 실제로 백만장자의 자녀들은 대부분 사업가가 되지 않는다. 그들의 성취 목표 가운데 돈은 두 번째, 혹은 세 번째일 뿐이다.

8. 자녀들 각자가 개별 인격체라는 사실을 잊지 마라

자녀들의 행동 동기와 성취 목표는 각각 다르다. 당신이 EOC를 통해 아무리 애써 보아도 자녀들 사이의 경제 격차는 항상 존재하기 마련이다. 과연 EOC가 그런 차이를 줄일 수 있을까? 그렇지 않다. 생산력이 떨어지는 자녀에게 경제적 보조를 해주는 것은 그 차이를 줄이는 것이 아니라 오히려 더 벌리는 꼴이 된다. 또한 이 때문에 불화가 생길 수도 있다. 왜냐하면 EOC를 받지 못하는 고소득 자녀들이 화를 낼 수도 있기 때문이다.

9. 작은 것이라도 자녀의 성과를 강조하라

자녀에게 돈 쓰는 법만 가르치지 말고 성취하는 법도 가르쳐라. 소비 수준을 높이기 위한 돈벌이가 궁극적인 목표가 되어서는 안 된다. 켄의 아버지가 늘 켄에게 가르쳐 왔던 것이 바로 이것이다. 재정과 마케팅 부문을 전공한 켄은 우수한 성적으로 MBA를 마쳤다. 의사이며 PAW인 아버지는 켄에게 자주 이렇게 말했다.

"나는 사람들이 지닌 재산에는 감명받지 않는단다. 하지만 그들이 성취한 업적에는 감탄하지. 나는 의사가 된 것을 자랑스럽게 생각한다. 항상 네 분야에서 최고가 되도록 노력할 뿐 돈을 좇지는 마라. 네 분야에서 최고가 되면 돈은 자연히 따라오게 되어 있으니 말이다."

켄의 아버지는 이런 신념을 가지고 살았다. 그는 자신의 소득 수준보다 훨씬 검소하게 살았으며, 현명하게 투자했다. 켄은 이렇게 말한다.

"아버지는 8년에 한 번씩 새로운 뷰익 차를 삽니다. 아버지는 32년 동안 같은 집에서 사셨는데, 1에이커도 안 되는 아담하고 좋은 집이었지요."

켄이 오늘날 초점을 맞추고 있는 것은 성취이다. 그는 통신 및 연예 분야의 대기업에서 핵심 간부로 일하고 있으며, 상업용 부동산과 우수한 상장 회사에 투자하고 있다. 그리고 아버지와 마찬가지로 PAW이다. 켄은 평범한 집에서 살며, 중고 자동차를 몬다.

켄의 아버지는 아들에게 훌륭한 역할 모델이자 조언자가 되어 주었다. 그러나 켄은 고등학교 시절 식기 치우는 일을 하면서 얻은 경험 또한 자신에게 큰 도움이 되었다고 생각한다.

"저는 서민들의 삶을 보게 되었습니다. 다른 사람들이 어떻게 사는지를 알게 되었던 거죠. 가족을 부양하기 위해 쥐꼬리만한 보수를 받으며 오랫동안 얼마나 힘들게 일해야 하는지도 알게 되었습니다. 아무리 많이 벌더라도 돈을 낭비해서는 안 되지요."

10. 돈보다 귀한 것이 많다는 사실을 자녀들에게 알려 주어라

건강, 장수, 행복, 사랑 넘치는 가정, 자립, 진실한 친구. 이 중 5가지를 가지고 있다면 당신은 부자이다.

돈은 인생이라는 케이크 위의 장식물 같은 것이다. 돈 때문에 남을 속이거나 훔칠 필요는 없다. 돈 때문에 법을 어길 필요도 없으며, 탈세를 할 필요도 없다.

이 나라에서는 정직하게 돈을 버는 쪽이 더 쉽다. 사람들에게 바가지를 씌우면 당신은 업계에서 살아남을 수 없을 것이다. 인생은 장거리 경주이다.

당신은 역경을 피해 갈 수 없으며, 인생의 기복에 섰을 때 자녀를 보호할 수도 없다. 성공한 사람들은 어려서부터 장애와 맞서 이를 극복해 온 사람들이다. 이들은 자신이 헤쳐 나가야 할 역경을 거부하지 않은 사람들이다. 사실 이런 역경을 피해 가는 사람들도 있다. 그러나 사회의 모든 악으로부터 자녀를 보호하고자 하는 사람들은 결코 자녀를 두려움과 걱정, 그리고 의타심으로부터 벗어나지 못하도록 만들 것이다. 절대.

CHAPTER 7

평범한 일로
비범한 부를
이룬 사람들

The Millionaire Next Door

백만장자들은 자신에게 적합한 직업을 선택했다

10여 년 전, 전국 규모 잡지사의 기자가 우리에게 전화를 걸어 가장 흔한 질문을 했다.

"도대체 누가 부자입니까?"

지금쯤이면 여러분도 이 질문의 답을 예상하고 있을 것이다. 미국의 부자들은 대부분 사업체 소유주이다. 여기에는 변호사나 회계사를 비롯한 전문직 자영업 종사자도 포함된다. 미국 부유층 가정의 20%는 퇴직자가 가장이며, 나머지 80% 가운데 2/3 이상은 자영업자들이다. 미국 전체 가정의 약 18%는 가장이 자영업자이거나 프리랜서 등 독립적인 전문직에 종사하고 있다. 하지만 자영업자들이 백만장자가 될 가능성은 다른 일을 하는 사람들보다 4배나 높다.

기자는 이어서 다음과 같은 논리적인 질문을 던졌다.

"백만장자들은 어떤 종류의 사업체를 가지고 있나요?"

우리는 평상시와 똑같이 대답했다.

"어떤 사업체를 운영하고 있는지를 기준으로 그 사람이 백만장자인지 아닌지를 판단할 수는 없습니다."

<u>20년간 모든 산업 분야에 걸쳐 광범위하게 백만장자를 연구한 결과, 어떤 사람이 부자인지 아닌지를 판단하는 기준으로는 업종 분류보다 사업체 소유주의 성격이 더 중요하다는 결론을 얻을 수 있었다.</u>
그러나 우리가 아무리 이런 내용을 강조해도 기자들은 항상 문제를 단순화하고 싶어 한다. 아래와 같은 내용이라면 신문에서 큰 기사거리가 될 것이다.

'백만장자들이 경영하는 10대 사업의 종류!'

우리는 부자가 되기 위해 반드시 밟아야 할 단계가 있는 것은 아니라는 점을 강조하려고 애써 왔다. 그러나 기자들은 대개 그런 사실을 부정한다. 그러고는 우리의 연구 결과를 왜곡하거나, 센세이션을 일으키기 위한 기사로 만들어 버린다. 그렇다. 당신이 만일 자영업자라면 부자가 될 가능성이 더 큰 것은 사실이다. 그러나 일부 기자들은 대부분의 사업체 소유주가 현재 백만장자가 아니며, 앞으로도 백만장자가 될 가능성이 없다는 사실을 독자들에게 말하지 않는다.

우리가 기자들에게 일부 산업이 다른 산업에 비해 수익이 더 큰 경향이 있다고 말하는 것은 사실이다. 이론상으로 보면 사실 수익이 큰 산업에 종사하는 사람들의 실현 소득이 더 많다. 그러나 단지 수익이 큰 산업에 몸담고 있다고 해서 사업 생산성이 반드시 높은 것은 아니다. 심지어 생산성이 높은 사업을 하고 있으면서도 결코 부자가 되지 못하는 경우도 있다. 이유가 무엇일까? 그것은 아무리 수익을 많이 낸다 하더라도 사업에 관계없는 소비 제품 및 서비스에 더 많은 돈을 낭비할 수도 있기 때문이다. 당신은 어쩌면 이혼 경력이 세 번쯤 있을 수도 있고, 경마에 취미가 있을 수도 있다. 혹은 당신에게 연금 계획이 없거나, 질 좋은 상장 주식이 없을 수도 있다. 돈은 '재생하기 가장 쉬운 자원'이라고 생각하기 때문에 아마도 당신은 재산을 모을 필요를 거의 느끼지 못했을 것이다. 정말 그렇게 생각한다면 당신은 돈을 모두 써 버리고 투자는 결코 하지 않을 것이다.

그러나 당신이 검소한 데다가 투자자로서 진지한 태도를 지니고 있고, 사업 수익성도 높다면 어떨까? 만일 그렇다면 당신은 부자가 될 가능성이 있다.

대개의 경우 사람들은 어떻게 하면 부자가 될 수 있느냐는 질문에 대한 그럴듯한 답변을 듣고 싶어 한다. 더 나쁜 경우는 자료를 근거로 한 우리의 연구 결과를 왜곡하는 사람들이다. 다음은 어떤 비즈니스 중개인이 최근 우리에게 전해 준 메시지이다. 함께 생각해 보자.

"어떤 사람이 인쇄한 브로슈어를 보니 스탠퍼드대학의 교수인 당신이 미국 백만장자 중 20%가 세탁소 주인이라고 했다더군요. 이런 사실을 당신이 알고 싶어 할 거라고 생각했습니다. 그런데, 그게 사실인지요?"

첫째, 이 책의 저자인 우리 두 사람 모두 스탠퍼드에서 강의를 한 적이 없다. 둘째, 우리 중 누구도 미국의 백만장자 5명 가운데 1명 정도가 현재 세탁소를 경영하고 있다고 말한 적이 없다. 우리는 1980년대 중반에 세탁업이 수익성 높은 소규모 사업이라고 생각했다. 그러나 다시 한번 말하지만, 수익성이 높다고 해서 자동적으로 부자가 되거나 재산이 쌓이는 것은 아니다. 이것은 마치 남자아이들이 '에어 조던' 운동화를 샀으니 대학 대표 농구팀에 들어갈 수 있을 것이라고 생각하는 것과 비슷하다고 할 수 있다. 운동화의 브랜드가 대학 대표 농구팀에 들어갈 실력을 만들어 주는 것이 아닌 것처럼, 특정 산업에 종사한다고 해서 무조건 부자가 되는 것은 아니다. 수익을 창출하고 궁극적으로 부자가 되려면 '재능과 절제'가 필요하다. 그래서 우리는 대중들에게 다음과 같이 말하는 사람들을 싫어한다.

"저희 가정 학습용 기자재를 사기만 하면 당신은 새로운 벤처 사업에 성공할 수 있습니다. 오늘 당신의 사업을 시작하세요. 그러면 당신은 앞으로 부자가 될 수 있습니다. 저도 이 분야에서 성공했습니다. 당신도 할 수 있습니다! 정말 쉽습니다!"

다시 한번 이야기하지만, 당신을 성공하게 만드는 것은 가정 학습용 기자재도, 아이디어도, 특정 산업 분야도 아니다. 예를 들어, 25년 전에는 철물이나 목재 소매상의 수익성이 별로 좋지 않았기 때문에 사람들의 관심을 불러 모으지 못했었다. 자료상에 나타난 수익성을 살펴보면 이런 종류의 사업에 투자할 이유가 없었다. 그러나 고수익을 올리고 있는 '홈 데포Home Depot*'의 창업자들이 어떤 일을 했는지 생각해 보자. 그들은 그 산업을 재창조해 냈다. 사업의 운영 및 투자에 있어서 수익, 매출, 경상비에 대한 업계 기준에 영향을 받지 않았다. 이 창업자들은 대단한 재능과 절제력, 그리고 용기를 가지고 있었다. 사업에 성공하는 대부분은 자신만의 높은 기준을 설정한다.

예측 가능한 것은 변화뿐이다

모든 것은 변하기 마련이다. 소위 소유주·경영자의 사업 환경도 변한다. 앞에서 언급했던 산업인 세탁업(사실 적절한 명칭은 '세탁'과 '드라이클리닝' 그리고 '의류 수선 서비스업'이다)을 예로 들어 보자. 이 세탁업과 관련해 토머스 스탠리는 1988년에 다음과 같은 내용을 보고했다.

> 1984년에는 세탁업 부문에 6,940개의 합명 회사가 있었다. 이 가운데 91.9%가 순이익을 보았고, 매출에 대한 평균 이익률(순이익)은 23.4%였다.
>
> 출처: 토머스 J. 스탠리, '부유층을 상대로 한 마케팅' 홈우드,
> 일리노이주 : 어윈, 1988, p. 190

---

* 홈 데포 : 수리 및 개조용 완제품 등의 가정용 건축 자재 유통 회사로서, 미국에서 크게 성공했음.

1990년대에는 이 산업의 수익성이 어땠을까? 이를 알아보기 위해 우리는 미 국세청의 연방 소득세 신고 자료를 분석했다. 1992년에 4,615개의 세탁업 합명 회사가 있었는데, 이 가운데 겨우 50.5%만이 순이익을 보았고, 매출에 대한 평균 이익률은 13%였다는 사실을 알 수 있었다. 1992년에는 개인 세탁업소가 24,186개 있었으며, 이들의 평균 순이익은 5,360달러였다. 평균 순이익을 기준으로 할 때 171개 부문의 개인 기업 중 세탁업이 116위였다. 당시 개인 세탁업의 매출에 대한 이익률은 8.1%로, 119위였다. 순이익은 어땠을까? 개인 세탁업 중 거의 3/4에 해당하는 74.1%가 1달러 이상의 순이익을 냈다. 이런 면에서 세탁업은 분석 대상 171개 산업 가운데 92위였다.

8년이라는 길지 않은 세월 동안 정말 큰 변화가 있었다. 그러나 세탁업이 그런 변화를 맞이한 유일한 산업은 아니다. [표 7-1]에서 몇 가지 산업을 비교해 보았다. 세월이 흐르는 동안 여러 산업 부문이 큰 변화를 겪었음을 알 수 있다. 예를 들어, 남성용 의류 및 장신구를 판매하는 상점의 수가 1984년부터 1992년까지 2배 이상 늘었으며, 1984년에는 이 부문의 모든 개인 업체가 이익을 보았다. 그러나 1992년에는 겨우 82.7%만이 이익을 냈다. 이 부문의 순위는 분석 대상 171개 업종 중 1위에서 57위로 뚝 떨어졌다. 고속도로 및 일반 도로 공사업은 8위에서 138위로 하락했고, 석탄광업도 14위에서 165위로 급격히 떨어졌다.

대개 이런 산업 범주 내에 있는 산업과 기업들은 통제가 불가능한 여러 가지 외적 요인으로 인해 수익성에 영향을 받는다. 특정 산업 부문에 수익성 높은 기업이 늘어나면 점점 더 많은 사람이 그 부문에 뛰어들게 되고, 그

[표 7-1] 개인 사업체 각 부문의 순위 및 순이익 기준 : 1984년과 1992년 비교

업종	1984			1992			
	사업체 수	순이익을 기록한 사업체 수(%)	순위	사업체 수	순이익을 기록한 사업체 수(%)	순위	평균 순이익 (단위: 1,000달러)
남성용 의류 및 장신구 상점	1,645	100.0	1	3,410	82.7	57	8.2
접골(接骨) 의사	1,001	100.0	3	10,598	96.3	13	7.76
이동 주택 상인	4,718	95.4	7	6,844	92.3	23	10.1
고속도로 및 일반 도로 건설업자	6,812	92.5	8	8,641	56.0	138	12.7
목공 및 바닥 공사업자	312,832	92.0	9	497,631	92.0	25	8.9
척추 교정사	18,928	91.5	10	32,501	85.1	49	47.5
지붕 공사 및 판금 시공업자	53,539	91.4	11	98,235	86.9	42	9.1
약국	14,128	90.9	12	8,324	82.2	60	45.5
석탄광업	717	90.7	14	76	34.2	165	196.6
직물, 커튼 및 실내 장식용품 상점	17,508	90.3	15	29,827	79.2	74	6.2
농업·수의사	16,367	89.7	16	19,622	92.5	22	41.7
택시·여객 운송업	42,975	89.5	17	38,907	97.1	11	7.0
타지 및 도시 간 여객 운송업	16,945	89.4	18	30,666	93.6	20	8.8
치과 재료 제조업	15,246	89.4	19	28,101	96.0	15	15.2
1차 금속 제조업	4,972	89.2	20	3,460	100.0	1	26.1
도장(塗裝), 도배 및 실내 장식 공사	180,209	88.8	21	235,599	91.1	28	7.6
치과	77,439	88.2	22	96,746	94.9	16	73.1
볼링장	1,456	88.1	23	1,547	91.3	27	57.4
검안(檢眼) 의사	16,919	86.9	25	12,576	96.1	14	60.1

렇게 되면 수익은 당연히 떨어지게 된다. 소비 선호도의 변화도 수익에 영향을 미친다. 정부 조치 역시 영향을 미친다. 만일 정부가 석탄 사용을 선호하는 에너지 정책을 실시했다면 아마도 석탄광업 부문의 개인 기업체 수가 겨우 8년 만에 717개에서 76개로 급격히 줄지는 않았을 것이다. 76개의 석탄산업 기업체 가운데 겨우 34.2%만이 순이익을 냈다. 그러나 그럼에도 불구하고 76개의 석탄산업 부문 기업체들은 19만 6,618달러의 평균 순이익을 올렸다. 소수의 석탄광업 운영자들은 분명 업계 동향과 기준을 무시하고 있으며, 이들 가운데 많은 사람이 석탄산업에 대한 끈기와 신념에 대해 보상을 받은 것이다. 성공한 많은 기업가는 자신이 선택한 산업 부문에서 '잠시 동안의 어려운 시기'를 즐거운 마음으로 맞이한다고 말한다. 어려운 시기에는 많은 경쟁자가 사라지기 때문이다. 석탄광업이 바로 이런 경우인 것 같다. 석탄광업 부문의 기업체 중 수익을 낸 34.2%는 약 60만 달러의 순이익을 냈다.

많은 사람이 우리에게 "내 사업을 시작해야 할까요?"라고 물어 온다. 대부분이 사실 자기 사업을 하지 않고 있다. 게다가 1,500만 개가 넘는 미국 개인 사업체의 평균 순이익은 겨우 6,200달러밖에 안 된다. 개인 사업체의 약 25%는 1년 동안 한 푼의 이익도 내지 못한다. 합명 회사의 경우는 훨씬 더 심각해서 평균 42%가 이익을 전혀 내지 못하고 있다. 그렇다면 주식회사의 경우는 어떨까? 주식회사 중 겨우 55%만이 과세 소득을 올릴 뿐이다.

자영업 전문가와 기타 사업체 소유주

자신의 사업체를 자녀에게 넘겨주는 백만장자 사업가는 20% 미만이다. 왜 그럴까? 이들은 사업의 성공과 실패의 가능성에 대해 잘 알고 있기 때문이다. 이 백만장자 사업가들은 대부분의 사업이 상당한 경쟁과 소비자 기호 변화, 그리고 높은 경상비 지출 및 기타 통제 불가능한 변수에 많은 영향을 받는다는 사실을 잘 알고 있다.

그렇다면 이 백만장자들은 자녀들에게 어떻게 하라고 조언할까? 이들은 자녀에게 의사, 변호사, 엔지니어, 건축가, 회계사, 치과 의사 등 자영업 전문가가 되도록 권한다. 앞에서 언급했던 것처럼 백만장자 부부가 자녀를 의대에 보내는 비율은 일반 가정에 비해 5배나 많았고, 법대에 보내는 비율은 4배나 되었다.

부자들은 사업의 성공과 실패의 확률을 잘 알고 있다. 그리고 자영업 전문가들 중 연간 수익을 올리지 못하는 사람은 극소수라는 사실과, 전문 서비스 업체는 대부분 수익성이 일반 소규모 사업체의 평균치보다 훨씬 높다는 사실도 알고 있는 것 같다. 우리는 확실한 수치를 근거로 이 문제들을 자세히 다룰 것이다. 그러나 우선 자영업 전문가가 되는 데 수반되는 다른 요소들에 관해 논의해 보도록 하자.

잠시 동안 당신이 개인 기업 '존슨 석탄'의 소유 경영자인 칼 존슨이라고 가정해 보자. 당신은 석탄광업계의 76개 업체 중 작년에 수익을 올린 26개의 업체에 포함되는 '존슨 석탄'을 소유하고 있다. 얼마 전까지만 해도 이 업계에는 717개의 개인 기업이 있었다. 당시에는 10개 기업 중 9개 기업이 수익을 내고 있었다. 그러나 지금은 석탄광업 기업체 수가 90% 정도 줄었다.

그러나 당신은 강인하고, 재능이 있으며, 현명하다. 다른 기업들은 대부분 문을 닫았지만 당신은 끝까지 버틴 결과, 지금은 그 결실을 거두어들이고 있다. 당신 회사의 작년 순이익은 60만 달러였으며, 올해 역시 전망이 밝다. 현재 당신에게는 대학에 다니는 매우 똑똑한 자녀가 둘 있다. 당신은 다음과 같은 문제를 생각해 보기 시작한다.

- 우리 데이비드와 크리스티에게 석탄광업 사업을 하라고 권해야 할까?
- 결국 내가 부모로부터 물려받은 석탄광업 사업을 내 아이들에게도 물려주어야 할 것인가?
- 석탄광업이 과연 내 아이들에게 가장 좋은 일일까?

우리가 인터뷰했던 백만장자 사업가 대부분은 자녀에게 그 사업을 물려주지 않으려 했다. 자녀가 똑똑한 학생일 경우에는 특히 더 그랬다. 백만장자 사업가들은 어린 학자들인 데이비드와 크리스티에게 다른 진로를 생각해 보도록 제안할 것이다.

오늘날 사업을 하려면 대부분의 경우 토지, 장비, 건물에 상당한 투자를 해야 한다. 존슨 석탄사는 석탄이 매장된 산을 여러 개 소유하고 있으며, 수백만 달러에 상당하는 장비도 갖추고 있다. 또한 많은 광부를 고용하고 있어 끊임없이 안전 상태를 업그레이드해야 한다. 반드시 '미국 산업안전보건청OSHA'의 지시에 따라야 하며, 통제할 수 없는 시장의 톤당 석탄 가격에도 대응해야 한다. 끊임없이 경쟁자들을 경계해야 하고, 미국 정부의 에너지 정책 변화를 주시해야 한다. 또한 근로자들이 행복하고 안전하게 근무할 수 있도록 지켜 주어야 하며, 탄광의 낙반 가능성과 생산 중단 가능성을 지속적으로 체크해야 한다. 마지막으로, 이 기업은 고정된 장소에 있다. 산은 따뜻한 곳이나 좀 더 효율적인 철도 가까이로 옮길 수가 없다. 만일 철도 파업이 길어진다면 어떻게 되겠는가?

스스로에게 이런 질문들을 던져 보라. 만일 우수한 기업을 운영하고 있는데, 자신이 불안정한 위치에 있다는 사실을 깨닫는다면 어떻게 해야 할까? 위에서처럼 통제 불가능한 여러 가지 요소들이 당신의 사업을 망칠 수도 있다. 이런 점들을 감안한다면 당신 회사가 작년에 벌어들인 60만 달러는 실제보다 적게 느껴질 것이다. 앞으로 당신은 얼마나 자주 연간 60만 달러를 벌어들일 수 있을까? 만일 통제 불가능한 요소들이 내년에 당신을 파산으로 몰아넣는다면? 과연 지금까지 익힌 기술을 이용해 기술대학에서 석탄광업이라는 과목을 가르칠 수 있을까? 아마도 그렇지 않을 것이다. 당신의 기술은 지식적인 것이라기보다는 실전에서 익힌 경험에 바탕을 둔 것이기 때문이다.

나치의 유태인 대학살을 피해 유럽을 떠나 온 백만장자 사업가가 있었다. 그에게 자녀 모두가 전문직 자영업자가 된 이유를 물어본 적이 있었다. 그는 이렇게 대답했다.

"그들이 사업을 빼앗아갈 수는 있지만, 당신의 지식은 빼앗아갈 수 없기 때문입니다!"

이 말은 무엇을 의미하는가? 정부나 채권자들은 토지, 기계, 석탄 탄광의 구덩이, 건물 등으로 구성된 사업체를 몰수할 수는 있지만 머릿속에 든 지식을 몰수해 갈 수는 없다는 얘기이다. 전문가들은 무엇을 팔아 돈을 받는가? 석탄도, 페인트도, 피자도 아니다. 그들이 파는 것은 다름 아닌 자신의 지식인 것이다.

예를 들어, 의사는 자신의 지식을 미국 어디에서도 꺼낼 수 있다. 이들의 자원인 '지식'은 휴대용인 것이다. 이것은 치과 의사, 변호사, 회계사, 엔지니어, 건축가, 수의사, 척추 교정사 등에게도 마찬가지이다. 미국 전역에 있는 부유층 부부의 자녀들은 이런 직업에 종사하는 경우가 평균 비율보다 훨씬 높다.

존슨 석탄사와 비교하여 전문 직종 종사자들의 소득은 어떤가? 자영업 전문가 중 연간 수익이 60만 달러가 되는 사람은 소수에 지나지 않는다. 또한 대부분의 자영업 전문가는 오랜 기간 교육을 받기 때문에 여기에 드는 교육비는 돈과 시간이라는 면에서 매우 비싸다. 그럼에도 불구하고 대부분의 부유층 부모는 전문직 종사자가 되어 평생 누릴 수 있는 혜택이 그 비용보다 훨씬 더 많다고 생각한다. 이런 부모들은 대부분 자녀의 학비를 전부 혹은 상당 부분 보조해 준다는 점을 기억하라. 그들이 이런 생각을 하는 것은 자신이 힘들게 돈을 벌었기 때문이다.

당신이라면 어떻게 하겠는가? 석탄광업의 평균 순이익(19만 6,600달러)은 [표 7-2]에 나와 있는 어떤 개인 사업자보다도 많다. 그러나 같은 기간 조금이라도 순이익을 낸 석탄광업자의 비율은 얼마나 되는가? 겨우 34.2%이다. 이것은 [표 7-2]에서 전문 직종으로 분류된 사업자들의 비율과는 대조적이다. 전문 직종 사업자 중 수익을 내는 사업자의 비율은 얼마나 될까? 병원을 개업한 의사 중 약 87.2%가 수익을 낸다. 치과 의사 중 94.9%가, 수의사 중 92.5%가, 법률 서비스 제공자 중 86.6%가 수익을 낸다.

매출에 대한 평균 이익금은 얼마나 되는지 알아보자. 평균 순이익 19만

[표 7-2] 개인 사업주가 운영하는 사업체 중 수익성[1] 상위 10개 사업

사업의 종류	사업체 수	평균 순이익 (단위: 1,000달러)	평균 순이익 순위	순이익 창출 사업체 비율 (%)	평균 매출 이익률 (%)	평균 순이익 창출에 필요한 평균 매출 (단위: 1,000달러)	석탄광업의 평균 순이익 창출에 필요한 평균 매출 (단위: 1,000달러)
석탄광업	76	196.6	1	34.2	8.2	2,397.6	2,397.6
개인 병원	192,545	87.0	2	87.2	56.2	154.8	349.8
접골원	10,598	77.6	3	96.3	57.8	134.3	340.1
치과	96,746	73.1	4	94.9	34.2	201.9	543.1
검안(檢眼) 병원	12,576	60.1	5	96.1	30.7	195.8	640.4
볼링장	1,547	57.4	6	91.3	31.0	185.2	634.2
척추 교정소	32,501	47.5	7	85.1	39.3	120.9	500.3
약국	8,324	45.5	8	82.2	8.7	523.0	2,259.8
동물 병원	19,622	41.7	9	92.5	22.5	185.3	873.8
법률 서비스	280,946	39.8	10	86.6	47.4	84.0	414.8

주 1) 순이익은 1992년도 IRS(미 국세청) 연방 소득세 자료임. 당시 미국에는 171가지의 사업 유형, 1,500만 명의 개인 사업자가 있었음.

6,600달러를 벌려면 석탄광업자의 매출은 평균 240만 달러가 되어야 한다. 매출 240만 달러의 약 8.2%가 19만 6,600달러이기 때문이다. 의사들의 경우는 어떨까? 개업 의사의 평균 순이익은 8만 7,000달러인데, 이것은 매출 15만 4,804달러의 56.2%에 해당하는 금액이다. 그 정도의 수익성이라면 석탄광업자들의 평균 순이익인 19만 6,600달러를 벌기 위해 의사들은 얼마의 매출을 올려야 할까? 평균 34만 9,800달러의 매출만 올리면 된다. 이것은 석탄광업자들이 그만큼의 이익을 내기 위해 벌어들여야 하는 240만 달러에 비하면 엄청나게 적은 액수이다. 이 수치는 접골 의사의 경우

훨씬 더 작아진다. 접골 의사가 19만 6,600달러의 순이익을 내기 위해 올려야 할 매출은 평균 34만 138달러밖에 안 된다. 법률 서비스 제공자들의 경우 평균 41만 4,800달러의 매출만 올리면 된다.

그렇다면 당신은 데이비드와 크리스티에게 어떤 조언을 해주겠는가? 만일 당신이 대부분의 성공한 사업가와 비슷한 사람이라면 그들에게 전문가가 되라고 조언할 것이다. 미국의 부자들도 그렇게 한다. 제1세대 백만장자들은 대개 기업가인 경우가 많다. 이들은 어려움을 이겨내고 사업에 성공하여 부자가 된다. 이들의 성공은 대부분 검소한 생활을 하면서 사업을 일으켜 세운 데서 기인한다. 물론 운이 따르는 경우도 많다. 대부분의 성공한 기업가는 자신에게 여러 가지 여건이 불리할 수도 있었음을 잘 이해하고 있다.

그들의 자녀는 좀 더 나은 여건으로 큰 위험을 무릅쓸 필요가 없게 될 것이다. 자녀들은 교육도 많이 받아 의사, 변호사, 회계사가 될 것이다. 그들의 자본은 지식이다. 그러나 부모와는 달리 20대 후반이나 심지어 30대 초반이 되어서야 고용 시장에 뛰어들게 될 것이다. 그리고 직업 전선에 뛰어들자마자 중·상류층 생활을 하게 될 가능성이 매우 크다. 이런 생활 방식은 그들의 부모가 처음 사업을 시작하던 무렵의 검소한 생활 방식과는 상당히 다른 것이다.

부유층 자녀들은 대개 검소하지 않다. 어떻게 검소할 수 있겠는가? 부유층 자녀들은 상류층 직업을 갖게 되는데, 이런 직업은 소비 성향이 높고 투자 성향은 낮은 직종이다. 결과적으로 이들은 부모의 EOC를 필요로 하게 된다. 대부분의 전문 직종 종사자가 그렇듯 높은 소득만큼 소비의 규모도 크기 때문이다. 따라서 고소득의 범주에 속하는 많은 사업의 경우, 가계 지출이 그만큼 높아지기 때문에 여러 사업의 소득 특성만을 근거로 부의 수준을 예측하기란 어렵다.

'느리지만 꾸준히 성장하는' 평범한 사업과 부자들

최근《포브스》지에 다음과 같은 흥미로운 기사가 실렸다.

'속도는 느리지만 꾸준하게 이익을 올리며 성장하고 있는 평범한 기업들은 큰 성장에 대한 자축 파티를 열 일은 없겠지만, 장기적으로 가장 훌륭한 투자를 한 셈이 된다.'

출처: 플레밍 믹스 & 데이비드 S. 폼딜러, '성장이 느린 사업에 도전하기',
《포브스》, 1995. 11. 6, p. 228

이 기사의 후반에서 우리는 장기적으로 보았을 때 하이테크 기업들은 매출 규모가 대폭 감소할 가능성이 크며, 실제로 그런 경우가 많음을 지적하고 있다. 일반적으로 '느리지만 꾸준히 성장하는' 평범한 산업 부문의 기업들은 지속적으로 수익을 창출한다. 《포브스》지는 지난 10년간 엄청난 인내심으로 꾸준히 매출을 올렸던 상위 10개의 소규모 기업을 공개했다. 이런 기업 중에는 벽판 제조업, 건축 자재 제조업, 전자 매장, 조립 주택 사업, 자동차 부품 사업 등이 포함된다.

이런 산업들은 그다지 흥미진진해 보이지는 않는다. 그러나 사업주에게 부를 안겨 주는 것은 바로 이런 평범한 부문의 사업이다. '느리지만 꾸준히 성장하는' 평범한 산업에는 경쟁자가 많지 않으며, 대개의 경우 수요가 빠

[표 7-3] 자영업 백만장자가 선택한 사업체/직업

• 광고 전문 배급업자	• 인력 자원 컨설팅 서비스
• 구급차 서비스	• 산업 화학 물질의 청소·위생 시설 제조업자
• 기성복 제조업자	• 청소 용역업자
• 경매인·감정인	• 직업 훈련·직업 기술학교 소유주
• 셀프서비스 식당 경영자	• 장기(長期) 요양원
• 감귤류 재배 농부	• 육류 가공업자
• 동전 및 우표 판매상	• 이동 주택 단지 소유주
• 지질(地質) 컨설턴트	• 기관지 출판업자
• 조면(繰綿) 사업	• 사무직 임시 고용 서비스
• 디젤 엔진 재생/유통업자	• 병충해 방제 서비스
• 도넛 기계 제조업자	• 물리학자·발명가
• 엔지니어링·디자인	• 홍보·로비스트
• 자금 조달 사업	• 쌀 재배 농부
• 열전도 장비 제조업자	• 샌드블래스팅 시공업자

르게 감소하는 일도 별로 없다. 우리는 최근 자체적으로 백만장자 소유의 사업체 목록을 개발했다. 여기에서는 그 일부만 견본으로 보기로 하자([표 7-3] 참조). 부자들은 어떤 사업체를 소유하고 있을까? 매우 다양한 종류의 **'느리지만 꾸준히 성장하는'** 평범한 사업체를 소유하고 있다.

사업의 위험 부담은 곧 자유?

사람들은 왜 자기 사업을 할까? 우선 대부분의 성공한 사업가는 엄청난 자유를 누릴 수 있다는 점을 들 것이다. 자신이 사장이기 때문이다. 또한 자영업을 하는 것이 남에게 고용되는 것보다 덜 위험하다고 말할 것이다.

어떤 교수가 상장 회사의 간부급인 60명의 MBA 학생들에게 이런 질문을 던진 적이 있다.

"무엇이 위험한 것입니까?"

한 학생이 다음과 같이 대답했다.

"기업가가 되는 것입니다!"

그 학생의 동기들은 그 말에 동의했다. 그러자 교수는 한 기업가의 말을 인용함으로써 대답을 대신했다.

"정말 위험한 일은 바로 하나의 소득원에 의존하는 것입니다. 고용된 사람들은 단 하나의 수입에 의지하고 있기 때문에, 사실상 매우 불안정한 상황에 놓여 있는 셈이지요. 그러나 당신의 사장에게 청소 용업을 제공하는 사업가는 어떨까요? 그에게는 수백 명의 고객이 있습니다. 말하자면 소득원이 수백 개나 되는 것이지요."

사실 사업가가 되는 데에는 상당한 재정적 위험이 따른다. 그러나 사업가들은 자신의 위험 부담이나 혹은 최소한 위험에 대한 인식을 줄이는 데 도움이 되는 나름대로의 몇 가지 신념을 가지고 있다. 그것은 다음과 같다.

- 나는 내 운명을 스스로 통제할 수 있다.

- 위험이란 무모한 고용주에게만 해당되는 말이다.
- 나는 어떤 문제건 풀어 나갈 수 있다.
- 최고 경영자가 되는 유일한 방법은 스스로 회사를 차리는 것이다.
- 내가 벌어들일 수 있는 수입에는 한계가 없다.
- 매일 위험과 역경을 접하면서 나는 하루하루 더 강하고 현명해진다.

사업주가 되려면 자기 사업을 시작하겠다는 욕망도 있어야 한다. 만일 당신이 회사라는 환경 밖으로 나가기를 두려워한다면 기업가는 당신의 천직이 아니라고 할 수 있다. <u>우리가 인터뷰했던 가장 성공한 사업가들은 공통된 특성 한 가지를 가지고 있었다. 즉, 그들은 모두 자신의 일을 즐기고 있으며, 홀로 해 나가고 있다는 사실을 자랑스럽게 생각한다.</u>

수백만 달러의 재산을 지닌 어떤 백만장자가 자기 사업을 하는 것에 관해 우리에게 이런 말을 한 적이 있다. 잠시 생각해 보자.

"오늘날에는 좋아하지 않는 직업을 가진 직장인들이 더 많습니다. 솔직히 말해서, 성공한 사람이란 자기가 좋아하는 일을 직업으로 삼아 출근하고 싶어 안달이 나서 아침까지 기다릴 수 없을 정도가 되어야 한다고 생각합니다. 사실 나는 항상 그랬습니다. 아침에 일어나 직장에 가서 일을 시작하게 될 때까지 안달이 나서 기다릴 수가 없었습니다."

자녀도 없고, 아내마저 앞서 세상을 떠난 이 신사에게 중요한 것은 돈이 아니었다. 사실 그의 유산 상속 계획은 모든 재산을 모교에 대학생 장학 기금으로 기탁한다는 내용으로 되어 있다.

이들은 어떻게 자신이 원하는 사업을 선택할 수 있었을까? 그는 대학 시절 공대 교수들로부터 훌륭한 교육을 받았다. 교수들 중에는 사업가도 많았는데, 그에게 훌륭한 역할 모델이 되어 주었다. 대부분의 성공한 사업가는 자기 사업을 시작하기 전에 자신이 선택한 분야에서 상당한 지식과 경험을 쌓은 사람들이다. 예를 들어, 래리는 인쇄 서비스 분야에서 12년이 넘도록 일한 경력이 있다. 래리는 그 회사에서 최고의 실적을 올리는 직원이었다. 그러나 사장이 파산할지도 모른다는 끊임없는 두려움에 시달리던 래리는 스스로 인쇄 회사를 차려 봐야겠다는 생각을 하게 되었다. 그는 이에 관해 우리에게 자문을 구했다.

우리는 래리에게 간단한 질문을 하나 했다. "인쇄 회사에서 가장 필요한 것이 무엇입니까?" 그러자 래리는 즉시 이렇게 대답했다. "더 많은 사업 거리와 더 많은 수익, 그리고 더 많은 고객입니다." 이렇게 해서 래리는 자신의 자문諮問에 대해 스스로 해답을 구할 수 있었다. 그는 자신의 사업을 시작했는데, 인쇄 회사가 아닌 인쇄 서비스 중개 사업이었다. 래리는 현재 여러 곳의 유명한 인쇄 회사를 대행하고 있으며, 자신이 성사시키는 모든 계약에 대해 중개료를 받고 있다. 래리의 사업에는 경상비가 거의 들지 않는다.

자기 사업을 시작하기 전, 래리는 우리에게 자신은 기업가가 될 용기가 없다고 말했었다. '홀로서기'란 생각만 해도 두려움이 앞선다는 것이었다. 래리는 자영업자란 모두 두려움이 없는 사람이라고 생각했던 것이다.

우리는 래리의 잘못된 생각을 고쳐 주어야 했다. 그래서 그가 생각하는 '용기'의 정의가 틀렸다는 점부터 설명하기 시작했다. 우리가 정의하는 용기란 어떤 것인가? 용기란 **'두려움을 불러내어 맞서는 태도'**이다. 그렇다. 용기 있는 사람들, 즉 기업가들은 자신이 하고 있는 일에서 두려움을 느끼지만 그 두려움을 극복한다. 그렇기 때문에 그들은 성공하는 것이다.

우리는 상당히 많은 시간을 투자하여 용기 있는 사람들에 관해 연구해 왔다. 레이 크록은 전 세계 사람들에게 음식을 판매할 수 있으리라는 대담한 믿음과 용기를 지니고 있었다. 크록이 제1차 세계대전 당시 최전선에서 구급차 운전병으로 복무했었다는 점을 기억하자. 리 아이아코카는 미국 의회와 세상 사람들에게 크라이슬러가 다시 한번 '황금기'를 맞이하게 될 것이라고 말하는 큰 용기를 보여 주어야 했다. 엄격한 의미에서 그를 기업가라 할 수는 없지만, 우리는 그에게 기업가의 피가 흐르고 있다고 생각한다.

미국 사회에는 두려움이 널리 퍼져 있다. 그렇다면 우리 연구에서 두려움과 걱정이 비교적 적은 사람은 누구였을까? 500만 달러짜리 신탁 계정을 가진 사람일까?, 아니면 수백만 달러를 벌어들인 자수성가한 기업가일까? 정답은 후자다. 매일같이 위험과 마주하며 자신의 용기를 시험해 온 기업가들이 일반적으로 두려움을 덜 느낀다. 위험을 직면하고 돌파하는 과정을 통해, 그들은 두려움을 이겨내는 법을 몸소 익혀 온 것이다.

우리는 마지막을 위해 다음에 나오는 사례 연구를 남겨 두었다. 이 이야기가 PAW와 UAW의 차이점을 간단하고도 분명하게 요약해 준다고 생각하기 때문이다. 이 책에서 우리는 줄곧 두 집단에 속한 사람들이 완전히 다른 욕구를 지니고 있음을 강조해 왔다. PAW들은 무언가를 성취하고, 부를 창조해 내며, 재정적으로 독립하기를 원한다. 반면 UAW들은 대개의 경우 상류층 생활 방식을 과시하고 싶어 한다. 이 두 집단이 동시에 같은 공간을 차지하고 싶어 한다면 어떤 일이 일어날까? 다음에 소개하는 사례 연구에서 드러나듯이 아마도 집단 간의 '갈등'이라는 결과가 나타날 것이다.

W는 순자산이 줄잡아 3,000만 달러가 넘는 자수성가한 백만장자이다. 전형적인 PAW인 W는 산업 장비, 실험 기구, 특수 계측 기기를 생산하는 여러 회사를 소유하고 있으며, 부동산 투자를 포함한 여러 가지 투자 활동도 하고 있다.

W는 자신의 몇 분의 1도 안 되는 재산을 가진 사람들이 사는 중류층 지역에 살고 있다. W와 그의 부인은 제너럴모터스 세단을 몰고 다니며, 그들의 생활과 소비 습관은 중류층 수준이다. W는 넥타이를 매거나 양복을 입고 직장에 가는 일도 없다.

W는 고가의 부동산에 투자하기를 즐긴다.

"나는 장비 사업 이외에 부동산에 투자해서 돈을 법니다. 하나님은 사람은 계속 만들어 내지만, 땅은 더 이상 만들어 내지 않잖아요. 그러니 좋은 부동산을 현명하게 잘 고른다면 분명히 돈을 벌 수 있을 겁니다."

W는 사실 매우 세심한 투자가이다. 그는 가격이 적당하다고 생각될 때만 부동산 소유권의 전부 혹은 일부를 사들인다. W는 대개 재정적으로 어려움에 처한 부동산 소유자나 개발업자로부터 부동산을 매입한다.

최근에 W는 '선 컨트리'에서 또 하나의 우수한 투자 기회를 발견했다.

"어떤 불쌍한 친구가 호화스러운 고층 콘도미니엄을 건축하려고 했습니다. 그런데 건축업자에게 공사를 맡기려면 콘도 객실을 절반 정도를 팔아야 했지요. 그래서 나는 그 사람과 거래를 시작했습니다. 나는 평면도상에 나타난 같은 형태의 객실을 모두 매입했지요. 나는 그것을 사느라 많은 돈을 차입했고, 그는 그 돈을 받아 건물을 짓기 시작했습니다. 같은 스타일의 객실을 내가 몽땅 사 들였기 때문에 그런 스타일을 원하는 사람은 모두 나를 만나야 했어요. 나와 경쟁할 사람이 아무도 없어 마치 내게 독점권이 있는 것 같더군요. 나는 결국 객실 하나만을 남겨 두고 모두 팔았답니다."

그러나 W는 나머지 객실 하나도 그리 오래 가지고 있지 않았다. W와 그의 가족은 그 콘도를 휴가 때만 한두 번 사용할 뿐이었다. 때로는 가까운 친구들에게 빌려주기도 하고, 팔리기 전까지는 다른 사람에게 임대하기도 했다. 그런데 그는 왜 이 콘도를 영구히 소유하지 않은 걸까? 이 콘도는 그의 스타일이 아니기 때문이었다.

W의 휴양지 콘도를 사는 사람들은 대부분 중·상류층 UAW들이다. 그에게 콘도를 산 사람들과 W 사이에는 의견이 일치되지 않는 면이 많았다. 이전에 W가 샀던 콘도 단지 몇 군데에서는 그에게 콘도를 구매한 사람들이 제한 규정을 너무 많이 무시해서 W는 자신의 콘도에서 휴가를 보내는 것조차도 불편했다. 그래서 W는 각 콘도 단지에 남아 있는 자신이 쓸 한 개의 객실마저도 팔 수밖에 없었다. 바로 이런 이유 때문이다.

"우리 집에는 개가 1마리 있는데, 우리는 그 개를 '수십만 달러짜리 개'라고 부릅니다…. 나는 콘도를 여러 채 팔았습니다. 사람들이 개에 관한 원칙을 무시하기 때문이었지요. 그들은 나에게 '당신도 알고 있겠지만, 댁의 개를 없애야 합니다.'라고 말하더군요…. 나는 개를 없애기 전에 건물 전체를 팔아 버릴 겁니다."

W는 최근에 투자한 그의 부동산을 사들이는 사람들은 지위를 중요시하는 사람들이라 그들 역시 W가 개를 기르는 것을 이해하지 못할 것이라고 생각했다. 그래서 콘도 단지 공사를 시작하기도 전에 W는 건물 공고문에 개에 관한 내용도 포함시켰다. 그 공고문에는 "W 가족은 그 콘도에 머무는 동안 개를 데리고 있을 권리가 있다."라고 쓰여 있었다.

W의 말에 따르면 모든 콘도 구매자가 이 공고문의 사본을 받았다고 한다. 따라서 그들 모두 W가 그 단지 내에서 개를 기르고 있다는 사실을 알고 있었고, 콘도를 구매할 당시에는 단 한 사람도 이런 내용에 반대하지 않았다. 그러나 콘도가 완성되고, W 가족이 쓸 '마지막 콘도'를 제외한 모든 콘도가 분양되자마자 콘도 입주자들은 연대하여 행동위원회를 구성했다. 이들의 목적은 계약서상에 있는 제한 규정을 확대 실시하려는 것이었다. 이런 새로운 제한 규정들이 W와 개의 권리를 제한하게 될 수도 있었다. 아무튼 이런 권리들은 W가 공고문에 명시했던 내용이었다.

그러나 행동위원회는 개에 관한 새로운 법안을 통과시켰다. 단지 내에서 개를 기르는 것은 허용하되 무게가 15파운드 미만이어야 한다는 단서를 붙여 놓았던 것이다. 이는 얼핏 보아 개의 권리와 그의 공고문 내용을 상당히 존중한 것처럼 보였다. 그러나 W에게는 이 법이 그를 콘도 단지 내에서 쫓아내려는 구실로 보였다. W의 '수십만 달러짜리 개'는 무게가 30파운드나 나갔기 때문이다. 개에게 다이어트를 시킨다 하더라도 그 규정에 맞추는 것은 불가능하다고 W는 생각했다. 개와 관련된 제한 규정 사안을 통과시킬 때, 자신에게 투표권을 주지 않았다는 점이 W는 특히 불쾌했다. 그럼에도 불구하고 W는 그 제한 규정을 무시한 채 계속 개를 기르기로 마음먹었다. 어쨌든 그는 콘도의 건축이 시작되기 전부터 이 건물의 메이저 투자자였던 것이다.

"행동위원회 사람들이 나에게 편지를 보내 왔더군요. 우리 개가 15파운드가 넘으니 나가야 한다는 거였어요. 그래서 나는 그 모임에 나가 그들의 투표 제도에 관해 불평했습니다. 내게는 투표권이 없었다는 점을 말이죠."

그 모임을 떠나기 직전 W는 위원회 사람들을 향해 이렇게 말했다.

"우리 개가 15파운드가 넘는다는 것을 당신들이 어떻게 압니까? 그걸 어떻게 아느냐고요. 우리 개가 털만 북슬북슬한 것일지도 모르지 않습니까? 나는 개를 내보내지 않겠습니다."

그 모임이 있고 며칠 후, W 부인은 개를 데리고 산책을 하고 있었다. 그 때 마주친 행동위원회 위원장이 부인을 다그쳤다. 그는 법률 용어를 사용해 가면서 부인에게 "개를 내보내세요. 댁은 우리의 제한 규정을 어기고 있는 겁니다."라고 말했다. 그날 오후, 부인은 남편에게 그날 있었던 일을 얘기해 주었다. 부인은 굉장히 불쾌하게 생각하고 있었으나 W는 아내를 진정시켜 주었다.

그리고 몇 주 후, W는 개를 내보내라고 요구하는 편지를 받았다. 개에 관한 제한 규정을 따르지 않으면 법률 조치를 취하겠다는 내용이 들어 있었다. 그 후에도 두 통의 편지가 더 왔는데, 처음보다 더욱 위협적인 내용이 담겨 있었다.

W는 이런 요청 사항에 별로 놀라지 않았다. 그 편지를 쓴 사람은 행동위원회 위원장이었는데, 그는 변호사였다. 그러나 위원장의 변호사 면허는 콘도 단지가 있는 그 주에서는 사용할 수 없다는 사실을 알게 된 W는 행동위원회의 모든 요구를 즉시 무시해 버렸다.

그러나 W와 그의 가족들은 그 콘도 단지에서 휴가철에만 지내기에도 불편하다고 느끼기 시작했다. 행동위원회는 개를 이용해서 W의 가족들을 몰아내려 하는 것은 아닐까? W는 이 문제를 심각하게 생각하기 시작했다. 어떤 시각에서는 W와 그의 가족들은 '상류층 사람들'로 보이지 않을 수도 있었다. 반대로, 그 콘도 단지에 입주한 사람들 모두는 세상에서 가장 때 빼고 광낸 사람들이었다.

W는 행동위원회 사람들에게 점점 더 화가 나기 시작했다. 그들이 자신에게 무례하게 군다고 생각되었다. 특히 위원장이 다른 입주자들 앞에서 아내를 당혹스럽게 만들었다는 점이 몹시 화가 났다. 그래서 W는 한 가지 계획을 궁리했다.

행동위원회 회원 모두가 참여한 콘도 입주자 회의에서 W는 벌떡 일어나 자신을 소개했다.

"나는 우리 개에 관해 여러분의 편지를 받은 사람입니다. 나는 여러분의 제안에 관해 신중하게 생각해 보았습니다. 그러고 나서 우리 개를 내쫓지도, 콘도를 팔지도 않기로 결심했습니다."

이 말이 끝나자 예상대로 청중들로부터 야유의 소리가 들려 왔다. 그가 겨냥하고 있는 사람들의 집중적인 시선을 받으며 W는 자신의 참신한 제안을 제시했다. 자신의 콘도를 자기 회사의 이익 분배제와 연금 계획에 넘겨 공장 근로자들이 1년 내내 그 콘도를 휴양지로 사용할 수 있도록 하겠다는 것이었다. W는 청중들에게 "여러분, 그래도 괜찮으시겠지요?"라고 물었다.

청중 가운데 많은 사람이 불평하기 시작했다. 그들은 분명 W의 공장 노동자들이 1년 내내 그들의 공간으로 침입해 들어오는 모습을 상상하고 있었을 것이다. 어떤 참석자들은 "개를 그냥 계속 기르세요. 개를 그냥 길러요!"라고 소리쳤다. 위원장은 옆방으로 옮겨 행동위원회 회의를 속개하자고 제안했다. 5분 동안의 비밀회의 끝에 위원회 사람들은 다시 줄줄이 돌아왔다. 위원장은 콘도 입주자들에게 행동위원회의 결정 사항을 통보했다.

"이 상황의 모든 요소를 검토해 본 결과, 행동위원회는 W 씨 가족이 개를 계속 기를 수 있도록 허용하기로 했습니다. 나는 계약상의 규제 조항을 수정할 것을 요청합니다. 모두가 찬성하리라 믿습니다."

이렇게 멋진 승리를 한 뒤 얼마 지나지 않아 W 가족은 콘도를 팔아 버렸다. 그 이유를 W는 아래와 같이 설명했다.

"개를 좋아하지 않는 사람들과 같은 건물에서 살고 싶지 않았습니다."

W는 그 개가 자신과 가족에게는 매우 소중한 존재라고 말했다. 헐값에 콘도를 팔아 버릴 정도로 중요했던 것이다. W 가족은 그들의 개에게 적대

적인 사람들이 살고 있는 다른 단지의 콘도들도 팔아 버렸다. 그러니 이 개의 값어치가 도대체 얼마란 말인가? W 가족에게 있어 이 개는 수십만 달러의 가치가 있었다. 수십만 달러는 W가 콘도를 헐값으로 팔아치움으로써 입은 손실 추정 액수였다. 아무리 상류층 사람들이 사는 지역이라 할지라도 적대적인 환경은 개에게 좋은 곳이 못 되며, PAW들에게도 좋은 곳이 못 되는 것이다.

감사의 말

『이웃집 백만장자』의 초석은 내가 처음으로 부유층 사람들에 관한 연구를 시작하던 1973년에 세워졌다. 이 책에는 그 연구와 더불어 그 뒤에 이루어진 수많은 연구로부터 얻어 낸 여러 가지 지식과 통찰이 담겨 있다. 1995년 5월부터 1996년 1월까지 실시한 설문 조사에서 이 책의 공동 저자 윌리엄 댄코와 나는 가장 많은 것을 알아낼 수 있었다고 생각한다. 우리는 직접 이 연구를 실시함으로써 '미국에서 부자가 되는 방법'에 관련된 요소들을 집중적으로 다룰 수 있었다.

부자들에 관한 정보를 수집하는 동안 나는 특별한 사람들의 도움을 받았다. 윌리엄 댄코는 이 연구를 시작한 이후 줄곧 나에게 가장 중요하고 귀한 동료가 되어 주었다. 윌리엄 댄코만큼 훌륭한 공동 저자는 없을 것이다.

초기 원고 작성에 인내심을 가지고 조언과 도움을 준 아내 자넷에게 감사한다. 설문지, 인터뷰 녹취, 편집, 워드 프로세싱 등을 정성껏 도와준 루스 틸러에게도 정말 감사드리고 싶다. 원고를 멋지게 편집해 준 수잔 드 골란에게도 깊이 감사한다. 또한 학생 인턴으로서 이 프로젝트를 보조해 준 딸 사라와 아들 브래드에게도 고마움을 전하고 싶다.

마지막으로, 개인적인 이야기를 솔직하게 제공해 줌으로써 우리 작업을 도와준 수천 명의 참여자에게 감사드린다. 그들은 진정한 이웃집 백만장자 들이다!

조지아주 애틀랜타에서

토머스 J. 스탠리 박사

많은 사람이 나의 경력에 도움을 주었지만, 뉴욕 주립대학 올바니 캠퍼스의 핵심 지원자들에게 특별히 감사드린다. 빌 홀스타인 교수, 휴 팔리 교수, 돈 버케 교수, 살 벨라도 교수 등은 이 연구가 결실을 볼 수 있도록 학문적 여건을 지속적으로 조성해 주었다. 또한 1970년대 초에 빌 홀스타인 교수와 돈 버케 교수가 우리 대학에 토머스 스탠리 교수를 초빙한 덕분에 스탠리·댄코 팀의 여러 가지 노력이 결실을 맺을 수 있었고, 이 책이 출간될 수 있었다.

　　이 책을 완성하기까지 경험을 토대로 한 많은 연구가 필요했다. 이 엄청난 일을 어려움 없이 완성할 수 있었던 것은 내 지시하에 발 벗고 뛰어 준 크리스티, 토드, 데이비드 등 나의 세 아이 덕분이었다. 아이들이 보여 주었던 열정과 관심은 돈으로는 살 수 없는 것이었다. 이들은 이 프로젝트가 마치 자신들의 사업이라도 되는 듯 자신에게 주어진 과제를 열심히 수행해 주었다. 이 마케팅 연구에 참여한 덕분에 내 아이들은 앞으로 자신의 경력을 쌓아 나가는 동안 현명한 소비자가 될 것으로 확신한다.

마지막으로, 어머니께 감사드리고 싶다. 어머니는 나에게 절제와 신앙을 가르쳐 주신 분이다. 여러 가지 역경에도 불구하고 성실한 인간의 본을 보여 주심으로써 어머니는 나에게 하나님에 대한 믿음 아래 인내와 용기를 가지고 명예롭게 사는 법을 가르쳐 주셨다.

뉴욕주 올바니에서
윌리엄 D. 댄코 박사

나오는 글

우리가 백만장자를 찾아낸 방법

조사를 위해 어떤 방법으로 백만장자를 찾아내야 할까? 한 번은 마케팅 연구 과정에 있는 C라는 학생이 이 질문에 대한 답을 시도해 보았다. 그는 고급 자동차를 타고 다니는 사람들의 명단만 입수하면 될 것이라고 제안했다. 그러나 독자들도 지금쯤이면 알고 있겠지만, 대부분의 백만장자는 고급 자동차를 타지 않는다. 고급 자동차를 타는 사람들은 대부분이 백만장자가 아니다. 따라서 이 방법은 효과가 없을 것이다!

부유층 지역을 겨냥하라

우리가 실시해 온 수많은 조사뿐 아니라 가장 최근의 연구에서의 사용 방법 역시 '지역 코드화' 방법이었다. 이것은 우리의 동료인 존 로빈이 개발해 낸 방법이다. 로빈은 우선 미국에 있는 30만 개 이상의 지역을 하나하나

분류하였다. 즉, 각 지역을 코드화한 것이다. 이 시스템을 이용하면 미국 내의 1억 가구 가운데 90% 이상을 코드화할 수 있다.

로빈은 다음과 같은 방법으로 이 지역들을 코드화했다. 첫째, 각 지역의 평균 소득을 분류했다. 둘째, 각 지역의 평균 순자산을 추정해 냈다. 이를 위해 우선 지역별로 평균 이자 소득, 임대 순소득, 그리고 가구당 기타 소득을 알아낸 다음, 로빈의 수학적 총 자본금 모델을 이용하여 소득 발생에 필요한 평균 순자산을 추정했다. 일단 각 지역의 추정치 평균 순자산을 알아낸 후, 로빈은 각 지역에 코드를 부여했다. 코드 1은 추정치 평균 순자산이 가장 높은 지역에 부여하고, 코드 2는 그다음으로 높은 지역에 부과하는 방식이었다(토머스 스탠리의 머피 시월 공동 연구, '우편 조사에 대한 부유층 소비자들의 반응', 《Journal of Advertising Research》, 1986, p. 55-58).

이렇게 얻어진 '추정치 순자산 기준표'를 이용하여 우리는 조사에 참여할 백만장자를 찾아냈다. 첫째, 추정치 순자산 기준표에서 평균보다 훨씬 높은 등급의 지역을 표본으로 선택했다. 다이렉트 마케팅 회사에서 우리가 선택한 각 지역의 가구 수를 계산한 다음 이 지역 내 가정의 가장을 무작위로 선택했다. 이렇게 선택된 사람들이 우리 조사에 참여한 사람들이다.

1995년 5월부터 1996년 1월까지 전국적으로 실시했던 가장 최근의 조사에서 우리는 3,000명의 가장을 선정했다. 그들에게 각각 8페이지짜리 설문지를 보내 참여를 요청했는데, 수집 자료에 대한 익명과 비밀을 보장하는 내용의 안내장, 그리고 감사의 표시인 1달러짜리 지폐와 완성한 설문지를 반송할 우편 봉투를 함께 넣어 보냈다. 총 1,115개의 설문지가 제시간에 완성되어 우리 분석에 사용되었다. 전체적으로 응답자 비율은 45%였다. 총 1,115명의 응답자 가운데 34.5%인 385명이 순자산 100만 달러 이상인 가구의 가장이었다.

고소득 직종을 겨냥하라

우리는 이 조사를 제대로 완성하기 위해 보완 조사를 실시했다. 소위 '특별 조사'라는 방법을 자주 사용하는데, 부유층 지역에 살고 있는 사람들을 대상으로 한 조사와는 달리 '특별 조사'는 세분화 집단을 조사하는 방법이다. 이런 세분화 집단에는 부유한 농부, 기업체 고위 간부, 중간 관리자, 엔지니어·건축가, 의료 전문가, 회계사, 변호사, 교사, 교수, 경매 관리인, 기업가 등이 속한다. '특별 조사' 방법은 매우 유용하다. '지역 코드화' 방법이 아무리 좋다 하더라도 대개 시골 지역에 거주하는 부유층 사람들까지 포함시키지는 못하기 때문이다.

이웃집 백만장자

펴낸날 2022년 6월 10일 개정판 1판 1쇄
2025년 8월 10일 개정판 2판 1쇄

지은이 토머스 J. 스탠리, 윌리엄 D. 댄코
옮긴이 홍정희
펴낸이 金永先
편집 정아영
디자인 검정글씨 민희라

펴낸곳 지니의서재
주소 경기도 고양시 덕양구 청초로 10 GL 메트로시티한강 A동 19층 A1-1924호
전화 (02) 719-1424
팩스 (02) 719-1404
출판등록번호 제13-19호

ISBN 979-11-94620-13-6 (03320)

지니의서재와 함께 새로운 문화를 선도할 참신한 원고를 기다립니다.
이메일 geniesbook@naver.com (원고 투고)

- 이 책은 저작권자와의 계약에 따라 발행한 것이므로 본사의 허락 없이는 어떠한 형태나 수단으로도 이 책의 내용을 사용하지 못합니다.
- 파본은 구입하신 서점에서 교환해 드립니다.